生态翻译学背景下
英美作品翻译比较创新

王晓忆◎著

吉林出版集团股份有限公司

图书在版编目（CIP）数据

生态翻译学背景下英美作品翻译比较创新 / 王晓忆
著 . — 长春 : 吉林出版集团股份有限公司 , 2020.7
ISBN 978-7-5581-8740-7

Ⅰ . ①生… Ⅱ . ①王… Ⅲ . ①英语－翻译－研究
Ⅳ . ① H315.9

中国版本图书馆 CIP 数据核字 (2020) 第 108790 号

生态翻译学背景下英美作品翻译比较创新

著　　者	王晓忆	
责任编辑	王　平　姚利福	
封面设计	李宁宁	
开　　本	787mm×1092mm　1/16	
字　　数	218 千	
印　　张	11.75	
版　　次	2021 年 3 月第 1 版	
印　　次	2021 年 3 月第 1 次印刷	

出　　版	吉林出版集团股份有限公司
电　　话	010–63109269
印　　刷	三河市悦鑫印务有限公司

ISBN 978-7-5581-8740-7　　　　　　　　　　定价：58.00 元

前　言

　　随着时代的发展、社会的进步，生态翻译学作为翻译学的一种新兴理论，已经受到越来越多的翻译者的关注和认可。生态翻译学是在原有的翻译理论上发展而来的，依托东方哲学理念并借鉴东方生态智慧的一种新兴的翻译学理论，这一理论通过借鉴达尔文的"物竞天择，适者生存"学说，将生态学和翻译学结合起来，适应了时代的发展要求。该理论为指导翻译行为提供了全新的、和谐的、多维的视角和崭新的研究范式，同时，为翻译行为提供了一种全新的理论指导。

　　生态翻译学的发展适应了社会发展和进步的要求，为翻译学科和实践提供了全新的理论视角和研究角度。在生态翻译学的视角下，各种翻译策略的使用也有了全新的变化，尤其在文学文本的翻译上有了较为突出的体现，具体表现在语言思维、文化思维和交际思维三个维度上为文学文本的翻译提供了全新的理论视角，为文学文本的翻译实践提供了较强的理论支撑。这对于进一步理解文学文本的文学内涵、写作风格和文学特征有重要的指导意义。生态翻译学的发展在为翻译学的发展提供理论支撑的同时，也丰富了文学文本的内涵和外延，使得文学文本的外译更加符合并适应译入语的语言特色和风格，同时又保证了原文本的文学特色。生态翻译学视角的提出，也为中国文学作品的英译提供了全新的理论指导。

　　生态翻译学虽然是翻译学科一个新兴的理论视角，但其发展迅速，在理论提出之后不断得到发展和完善。国内外的专家学者对这一理论的重视和应用程度也不断增强。本书主要介绍了生态翻译学产生的背景及其基本内涵，并在此视角下以英美部分小说作品翻译举例，具体分析在该小说翻译过程中所使用的主要翻译策略，旨在提供一定的翻译实践参考，进而在深入理解生态翻译学基本理念的基础之上，通过使用相应的翻译策略，强化和提高文本翻译技巧的应用能力，综合提升自己的翻译水平。

　　整体来说，本书是在参考大量文献的基础上，结合作者多年的研究学习经验撰写而成的。在本书的撰写过程中，得到许多专家学者的帮助，在这里表示真诚的感谢。同时，限于作者的水平，虽经过多次细心修改，书中仍然不免会有疏漏与不足之处，恳请批评指正。

编　者
2020 年 4 月

目　录

第一章 生态翻译学理论

第一节 生态翻译学的理论框架

一、生态翻译学的理论综述

作为翻译学科的一门新兴理论，生态翻译学起步于 2001 年，全面发展于 2009 年，这一理论的发展是一个循序渐进的过程，也体现出时代的发展和社会的进步对于现代翻译学的最新要求。生态翻译学是综合了生态学和翻译学的综合性科学，其蕴含的思想内涵既体现了生态学的理论要求，同时又是翻译学在全新的时代背景下的呈现。自生态翻译学产生之后，便受到了广泛的关注，其理论内涵和实际应用价值也得到了长足的发展。总而言之，生态翻译学为翻译学的发展提供了全新的理论视角。

（一）生态翻译学发展的背景

生态翻译学的产生是多种因素共同作用的结果和产物。

首先，它是社会文明转型在翻译学方面的具体体现。从 20 世纪 60 年代开始，人类社会逐渐开始由工业文明到生态文明的转型。越来越多的地区和国家开始注重生态问题，越来越多地关注环境的整体性和发展性的关系。科学的发展观和可持续的发展方针也越来越被接受。在这样的大背景下，"生态"维度越来越多地被引入到包括翻译学在内的社会科学研究领域。

其次，生态翻译学的出现又是现代哲学思想出现转型的必然结果。从 20 世纪以来，在思想界和哲学领域逐步发生由主客二分到主体间性、由中心到整体观念的转化。60 年代开始，法国哲学家雅克·德里达提出"中心"的概念——他将其阐述为：既在结构之内又在结构之外，"中心也即非中心"的观点。发展到 70 年代，挪威生态哲学家阿伦·奈斯提出"深层次生态学"的相关理论，由此开始将生态学逐步引入哲学和伦理学的学科领域，提出生态自我、生态平衡和生态和谐发展的重要生态哲学理论。后来的美国哲学家戴维·格里芬等人又在之前的基础上，对这一学说进行了发展。由此可见，现当代哲学所要面临的是从认识论到存在论、从人类中心观到生态整体观的重要转向。由于这种哲学转向的存在，翻译研究也转向了从"翻译生态"视角来综管翻译活动的思路。生态翻译学的研究就此形成。

（二）生态翻译学的主要内涵和基础理论

中国学者胡庚申基于生物进化论提出的生态翻译学，是从生态学的角度研究翻译理论的科学。其理论的根基是"翻译适应选择论"。生态翻译学"着眼于'人'，致力于'纲'举'目'张，最终确定以译者为中心的翻译等同于适应＋选择"的翻译适应选择论，还被概括为以达尔文"适应／选择学说"的基本原理和主要思想为指导，以"翻译即适应与选择"的主体概念为基调，以"译者中心论"为核心，能够对翻译文本做出全新解释的翻译理论模式。胡庚申认为从实际上讲，翻译是一个"译者适应翻译生态环境的选择性活动"。从本质上说，翻译是语言的转换，语言又是文化的重要载体，文化是各种人类活动甚至是自然界的重要内容，所以可以把整个翻译的过程看作一个翻译生态系统。在这样的生态系统中，自然环境中的"适者生存""优胜劣汰"等生态平衡现象同样适用。从实质上讲，翻译可以理解为这样一个过程：译者在翻译的生态环境中不断适应和选择的动态转换过程。具体而言，翻译的整个过程是译者对以原文为典型要件的翻译生态环境的"适应"和以译者为典型要件的翻译生态环境对译文的"选择"。在这里，"翻译生态环境"指的就是原文、原语和译语结合起来所呈现的世界。语言、交际、文化、社会连同作者、读者等是各不相同又相互联系的统一整体。它是制约译者最佳适应和优化选择的诸多因素的集合体。因此，成功的翻译必然是译者成功地进行多维度适应与适应性选择的重要结果。这种"整合性适应选择度"，即"多维"的"适应"和"选择"对译者又提出了全新的要求和更多的维度，在翻译的过程中，译者要真正做到"多维"地适应特定的翻译的生态环境和"三维"的选择性转换（"三维"指的是语言维、文化维和交际维三个不同的维度），只有这样，才有可能产生恰当的译文。译文中的"多维度选择性适应"和"适应性选择"度越高，它的"整合适应选择度"相应地也就越高。"整合适应选择度"越高的翻译，其翻译的理论水平和应用价值相应地也就会越高。

生态翻译学的基础理论对翻译方法进行了概括和总结。简而言之，在生态翻译学的视角下，翻译的主要方法要实现"三维"的转换，即在"多维度适应与适应性选择"的原则基础之上，相对集中在语言维、文化维和交际维的适应性转换与选择。换句话说，译者在整个翻译过程中，不仅仅要实现在语言层面上的转换，更要关注和实现翻译过程中文化的传达和交际意图的传递。

二、生态翻译学的主要理论

生态翻译学作为一种生态学途径的翻译研究抑或生态学视角的翻译学研究，涉及到了生态学和翻译学至少两个学科，因此，它属于一项跨学科性质的研究。生态翻译学着眼于翻译生态的整体性，从翻译生态环境的视角解读翻译过程，描述译者与翻译生态环境之间的关系，聚焦译者的生存境遇和翻译能力发展。单从概念定义可以看出，生态翻译学聚焦于"生态学"，"生态环境"等关键词，尝试引入跨学科的新途径来研究翻译。从内容上看，生态翻译学倡导"译者为中心"，基于翻译理论的生态学建构和整体生态系统内的翻译环境，从译者视角对翻译本体活动做出新的描述和解释。从语法学角度来看，翻译学是生态翻译学中的核心词，生态是修饰语，可以理解为从生态学的角度来探索翻译现象，与语言翻译学、文化翻译学、认知翻译学、社会翻译学同属于翻译学范畴。从翻译学的本位立场出发，生态翻译学比较适合作为翻译学一门分支学科的称谓。可以这样说，生态翻译学是翻译研究的新方向。

翻译作为一项复杂的文化交际活动，对译者提出了诸多挑战。加之文化的差异，译者在进行翻译之时，不免会有各种各样的困惑。在整个探索过程中，译者总会面临这样抑或那样的矛盾。应该把翻译作为一门科学、还是一门艺术？在翻译的过程中，形式和内容应该做怎样的取舍？原文的作者和译者究竟有什么样的关系？这些矛盾的存在使得关于翻译的理论研究容易形成一种二元对立的局面。当论及翻译策略之时，往往也会陷入这种二元对立之中。在这样的情况下，翻译策略的使用显得十分必要。作为一个抽象的概念，翻译策略不同于通常所说的翻译"方法"或翻译"技巧"，它是一个系统且完整的概念，它包含了翻译过程中译者所采用的各种方法和技巧。也可以理解为在翻译的过程中，译者为了实现自我翻译的目的，将多种方法结合在一起的一门艺术。在本章中，将重点阐述直译与意译、语义翻译和交际翻译、归化和异化等几组翻译的主要策略，并结合生态翻译学的观点，在生态翻译学视角下对这些翻译策略进行全新的解读。

第二节 生态翻译学之"生态环境"探析

生态翻译学是一个由中国学者首倡的翻译研究的学问，是近年来在翻译研究领域进行理论构建的又一新颖尝试。2001 年以来，胡庚申教授通过其专著《翻译适应选择论》及数十篇论文的深入论证，已基本确立起一套以生态学视角进行翻译研究的话语表述方式、评估语言、评估方式和评估标准。

生态翻译学的确立，以 2008 年胡庚申教授在《中国翻译》上发表的《生态翻译学解读》一文为标志；2010 年 11 月，在澳门举行的"首届国际生态翻译学研讨会"，更是让学者们看到生态翻译学研究队伍在不断壮大，生态翻译学在不断充实和完善。然而这一理论的出现和发展并非一蹴而就，而是顺应各种趋向、适应翻译研究各层次生态环境的成果。

一、学科外部环境——生态学思想的渗透

随着环境污染与能源危机的日益严重，人们不断审视和思考人类与自然之间的关系，更加关注自身赖以生存的环境，逐渐从不同角度进行探索和研究。生态学理论因此迅猛发展，植物生态学、动物生态学、海洋生态学、土壤生态学、地理生态学、生态气象学等生态学分支学科迅速建立和发展起来。不仅如此，迅猛发展的生态学思想还逐步走出生物学的范围，渗透到其他领域，生态的思考和生态的理解成为普遍采纳的思维方式，从生态的角度探讨问题，成为人文和社会科学研究的重要趋势。数学、计算机等自然学科，社会学、文化学、美学、文学、语言学等与翻译研究关系密切的人文学科也逐渐浸染了浓重的生态学色彩。

生态学与文学创作的结合可以追溯到 150 年前的梭罗（Henry David Thoreau）这位有"生态学之前的生态学家（an ecologist before ecology existed）"之称的美国超验主义作家，他在整个社会沉浸在享受工业革命带来的便利生活的时代，以其代表作《瓦尔登湖》开创了美国自然主义创作的先河。卡森（Rachel Carson）的《寂静的春天》则以事实和科学知识为依据，揭示了滥用化学药物"对自然环境造成破坏和严重的生态危机"，引发了公众对环境问题的注意和环境保护运动的蓬勃发展，生态文学的创作自此繁荣起来。在文艺理论界，环境恶化的影响及生态学的渗透则催生出了文学生态批

评这种文学批评视角。肇始于 20 世纪 70 年代的欧美文学生态批评（literary ecocriticism）是探讨文学与自然环境之关系的批评，它将文学批评的视野延伸至自然生态，进而创建一种生态诗学理论。生态批评的核心思想是"生态整体主义（ecological holism）"，推行以整个生态系统为中心而非"人类中心主义（anthropocentrism）"，强调生态整体利益，以及整体中的各个部分的相互关联和相互依赖。90 年代中期以来，一批生态文学批评的专著相继出版，文学生态批评现已成为文艺理论中极具生命力的流派之一，显示出强劲的发展势头。

20 世纪 70 年代，生态思维进入语言学研究领域并形成了生态语言学（ecolinguistics）。1971 年，美国斯坦福大学的豪根（E.Haugen）将语言环境与生物生态环境作隐喻类比，提出"语言生态学"，研究语言与所处环境的相互作用关系。20 世纪 80 年代，德国学者进一步拓展了语言学研究的生态视角，将生态学原理和方法引入语言研究，建立了"生态语言学"，认为语言系统是生态系统不可或缺的一部分，语言系统是对自然生态系统的映射，语言与自然环境相互依存、相互作用，语言与生态的结合不仅仅是新范式的建立，而且是一个双赢的互动过程。近年来，中外学者不断拓展和深化生态语言学理论，论证了"语言物种属性、语言全息态、语言生态系、语言进化律"等新理念，提出了"'零排放'语用伦理、语言公平、RLS 工程"等生态语言学应用理论，使生态语言学日臻成熟，向成为一门独立语言学科迈进。

文学与语言学是翻译学的近邻，关系极为密切。文学作品历来是众多翻译家青睐的实践对象，是检验译者素养、发挥译者主体性和创造性的最佳试金石。两个学科的研究方法及研究成果均是译者翻译实践的必备参考材料，它们既能指导人们制定宏观的翻译原则、翻译策略，也可以调控微观操作层面的句法、词汇转换。这两个邻近学科与生态学的结合带动了生态视角翻译研究的发展。

二、学科内部环境——翻译学的跨学科本质与趋向

翻译是跨语言、跨文化的转换活动，必然涉及文本及文本之外各因素的研究。以翻译活动为研究核心的翻译学，与许多学科与艺术的门类息息相通，借助许多人文学科，甚至自然学科的最新研究成果，从不同的角度来探讨翻译问题，在本质上是综合的、跨学科和多学科的。

无论是有"西方翻译理论奠基人"之称的西塞罗（Marcus Tullius Cicero，公元前 106—43）从修辞学角度研究翻译问题，还是撰写了中国"佛经译论开篇"之作的支谦（约 3 世纪）讨论哲学视角翻译方法，都是站在跨学科视角

展开研究的。20世纪中期，以美国翻译家奈达（Eugene A.Nida）为先导，西方翻译学界出现了一次"语言学转向"——轰轰烈烈地把跨学科的方法论系统地引入翻译研究领域，并主要借鉴语言学的方法和成果研究翻译问题。20世纪80、90年代，以美国学者勒菲弗尔（André Lefevere）和英国学者巴斯奈特（Susan Bassnett）为先锋的"文化转向"，倡导以制约翻译的文化因素，如权力关系、赞助者、意识形态、读者、主流诗学等方面为研究重点，使社会学与翻译研究的关系得到持续的关注，从而推动了翻译学跨学科研究的进一步发展。

翻译学在20世纪90年代取得了独立学科身份之后，不断从其他学科借用理论模式和研究方法，以跨学科探索为研究特色，注重多元文化互补、不同学科彼此交融，逐步形成了开放性、多角度、多层次的特点。借鉴其他学科的研究方法，利用其他学科的成果扩展新的思路，成为翻译学研究寻求理论突破的基本模式，跨学科性成了翻译研究的突出特点之一，并成为翻译研究的关键词。"跨学科转向（interdisciplinary turn）"无论是在理论还是在实践层面，都是推动翻译研究自身发展的必经之路。从某种意义上说，跨学科特性是翻译学的活力所在，翻译研究的发展趋势必然是语言分析与文化/社会批判的结合，翻译研究方法必定是跨学科的综合性研究。人文学科各分支，甚至某些自然科学的分支，如模糊数学、人工智能、生态学等，都可以是研究翻译的一个途径。

三、译者研究的纵深化发展——译者主体地位的确立与译者的话语权诉求

译者是翻译活动的直接参与者与翻译过程的具体操作者，翻译界对译者的关注由来已久。翻译史上出现的各种翻译观对译者研究的重视程度不尽相同，对译者有不同的定位。概括说来，译者研究受到越来越多的重视，研究视角越来越多元化，译者逐渐由"边缘"走向"中心"，这也是翻译史中另一个不容忽视的发展趋势。

（一）译者主体地位的确立——译者从"隐身"到"在场"

翻译研究史表明，自有翻译活动以来，中外译论家关于译者的作用、要求、主体性和主导性等的论述就持续不断。在整个翻译史上，译者研究不断向纵深化发展的同时，译者由"隐身"到"在场"，在翻译中享有的权利不断增强，地位不断上升。

20世纪之前的传统译论阶段，翻译理论以早期的宗教文本翻译、欧洲文

艺复兴时期的文学翻译以及中国明清时期的科技翻译为研究对象,原作和作者具有绝对的权威,"忠实"标准把译者束缚在以原文为依托的作者身边。这段时间的译者研究大多局限于感想式、比喻式的论断,译论多关注译者的功能和作用,且对译者褒贬不一,如译文"主宰"、艺术"天才"或"仆人""奴隶""传声筒""媒婆"等,或者是译者总结自身翻译实践经验,提出各种翻译原则、方法、素质要求等规范译者的翻译活动,如奥古斯丁的译者必备条件、颜琮的"八备"以及后来泰特勒的"三原则"和严复的"信达雅"等。

20世纪初到80年代的学者们逐渐开始用现代语言学的、科学的、系统的新视角审视翻译问题,发展较为成熟的语言学理论成果和研究方法进入翻译研究中,翻译的语言学派发展起来并成为这个时期的主流翻译视角。奈达、卡特福德、威尔斯等学者的研究卓有成效。奈达是翻译的语言学派的领军人物,其翻译理论发展经历了三个阶段,基本显示出这个时期译者研究的发展趋势。奈达的早期翻译研究主要受结构主义和转换生成语法的影响,探讨词法、句法语言翻译的基本问题以及形式对等;20世纪五六十年代,奈达转向以话语语言学和信息理论为依据的交际功能模式,提出动态对等翻译观,从译文读者的角度评断译文文本;70年代,奈达创建了翻译的社会符号学模式,结合社会文化环境解释翻译活动,以功能对等取代动态对等,扩展了翻译研究的视野,最终将文化问题包容在内。

翻译语言学派在关注文本微观层面的同时,将视野扩展到了宏观的社会文化因素,译者在翻译过程中的主导性得到一定的释放。但是,这种释放是以忠实于原著思想为前提的。以"文本中心论"为基础的翻译"等值论"仍就捍卫着原作的中心地位,同时,译文读者因素逐渐受到重视而形成另一个中心,译者陷入"一仆二主"的尴尬境地,被要求在文化价值观上保持中立性而做"隐形人",译者的主观能动性仍就受到限制。

20世纪80、90年代,翻译研究视角更加多元化,对翻译问题的探索更加科学化、理论化。翻译的"文化转向"重视译者与目标语文化,译者的主体性成为重要的研究课题之一。解构主义翻译理论在消解文本意义确定性的同时,也瓦解了原作的绝对话语权,从理论上充分肯定了译者的重要地位,阐明了发挥其主观能动性的必要性,从而为创译正了名,译者摆脱了"仆人"的从属地位;解释学翻译理论主张意义在对话中生成,为译者的主观能动性的发挥提供了理据,译者获得了发挥主体性,对原文进行补偿的权力;在功能翻译中,译者是翻译拥有极大自由性的专家,在达到一定交际目的前提下掌握着对信息的取舍权。

这个时期,对译者研究有突出贡献的是美国翻译理论家道格拉斯·罗宾逊（Douglas Robinson）和中国文学翻译理论家杨武能。罗宾逊的一系列著作开启了西方译学界重视译者因素的研究潮流，关注译者在翻译过程中的主观能动性、所受的影响和制约，使译者的主体性逐渐得到重视。杨武能等学者的数十篇文章探讨了翻译主体与翻译的主体性、主体间性的界定等问题，论证了译者主体性的本质和限制。从韦努蒂"译者在译文中必须有形可见"的主张，到赫曼斯认为"文本由译者操控"和罗宾逊"轮到译者'主事'"的译者中心论，译者的主体地位得到充分肯定，译者的主体地位确立起来。

（二）译者心理环境——译者的话语权诉求

20 世纪中期以来，世界进入翻译时代（age of translation），翻译理论研究有了质的飞跃，研究的领域日益广泛，有影响的翻译理论家层出不穷。随着经济全球化进程的深入，日益频繁的国际交往对译者的需求越来越大，翻译教学普遍展开，译者队伍日益壮大，许多国家建立起翻译协会，创办了各种翻译刊物。

随之，译者已不满足于只处于从属地位，通过各种渠道争取话语权。许多翻译组织强调通过立法手段明确译者的法律地位，采取有效措施以保障译者的合法权利（尤指译者所应享有的版权），提高译者的社会地位，增加译者的经济收入，改善译者的学习和工作条件，为译者争取实际利益和权利，表达了译者对社会话语权的诉求。同时，这一时期的翻译理论家把译者由幕后推到台前，由原作的"仆人"推向翻译过程"操控者"的地位，从各种角度论证译者的能动性和主体性，在某种意义上说，这是译者争取理论话语权的表现。

四、翻译生态学——翻译学与生态学融合的尝试

翻译学的跨学科本质和趋向以及生态学思想的渗透既为翻译学与生态学的融合提供了可能，又成为促进两者结合的有利因素。在学科内部环境和学科外部环境的作用下，译学界也开始了以生态视角进行翻译研究的尝试。国外首先进行生态学理论与翻译研究结合尝试的是英国翻译理论家米歇尔·克罗尼恩。他在《翻译与全球化》中提及"翻译生态学（Translation Ecology）"这一研究宏观的研究视角，强调一元化和地方化同等重要，呼吁译者关注翻译的生态（ecology of translation），保持不同语种翻译之间的平衡。中国学者祖利军论及的"生态翻译（eco-translation/translation ecology）"对克罗尼恩的"翻译生态学"进行了扩充，认为除了以"保持语言地位的平衡，文化交流的平衡"为目的翻译活动外，生态翻译还包括力图"将他种语言中的'不洁

拒之门外、保持自我本族语的洁净","重视语言的生态性，即绿色性、清洁性和伦理性"的翻译活动。

进行生态学与翻译学融合尝试的还有中国学者许建忠。受克罗尼恩启发，许建忠教授 2009 年撰写出版的专著《翻译生态学》一书，将生态学的研究成果引入翻译研究，将翻译及其生态环境相联系，并以其相互关系及其机理为研究对象进行探究，进而从生态学角度审视翻译、翻译研究，力求对翻译中的多种现象进行剖析和阐释。这种以生态视角研究翻译现象的观点"强调整体论""把多维、多参数的系统观、翻译与生态环境协调发展观，看作翻译生态学的最基本观点"，认为"翻译是译者同其翻译生态环境相互作用的活动"，把翻译的生态系统和生态平衡看作其中心课题。

克罗尼恩、祖利军和许建忠的研究很具创见性，三位学者都是借鉴生态学思想、采用非常宏观的视角去研究与翻译有关的整个生态环境。但是，这些研究都是指向翻译本体之外的，并未涉及翻译过程、翻译策略、翻译原则与标准等翻译研究的核心问题，并非真正意义上的生态视角翻译研究。

五、生态翻译学的诞生和发展——多层次的交叉与互动

把生态学思想与翻译研究加以融合、以生态视角进行翻译本体研究的是清华大学的胡庚申教授。胡庚申教授借鉴达尔文"进化论"中"自然选择""适者生存"等核心理论，于 2004 年提出"翻译适应选择论"，并于 2008 年发展成为"生态翻译学（eco-translatology）"。这一理论站在译者角度对翻译的本质、过程、标准、原则和方法以及翻译现象等做出新的描述和解读，翻译被描述为译者适应和译者选择的交替循环过程。

生态翻译学侧重于从生态学的宏观角度研究翻译活动本体，是关于译者与翻译生态环境之间相互关系的整体性研究，它强调翻译涉及各因素之间的有序关联、多维转换和整体互动。它将翻译研究与生物进化的选择适应理论相联系，正契合了人文科学与自然生态协调发展的研究趋势，对"变化"的突出强调是这一理论的特征之一。胡庚申教授以达尔文生物进化学说中的"适应与选择"为主线，构建了一个极富解释力的翻译理论框架，提出了一个新的综观翻译活动的宏观理论视角。

同时，生态翻译学从"三元"关系、诸者关系、译者功能、译品差异、意义构建、适应选择、翻译实践等视角论证了译者的中心地位，明确提出了"译者中心论"，顺应了译者研究的发展趋势。而且，以"译者中心论"为核心理论突出了译者的地位和能动性，再附以"汰弱留强""适者生存"机制制约译者的翻译行为，既表明了译者主体性是受一定限制的主体性这一点，又

避免了"主体性"这一概念引起的诸多争论。

生态翻译学是生态主义逐渐向其他学科渗透、译学理论和译者研究向纵深发展的产物，更是翻译活动重要性日益凸显、译者地位不断提高继而探寻话语权的心理诉求在翻译研究领域的理论呈现。作为一个全新的翻译理论，生态翻译学的诞生也是适应"生态学思想的渗透"这一学科外部环境、"翻译学的跨学科本质和趋向"这一学科内部环境、"译者主体地位的确立与译者的话语权诉求"这一译者研究纵深化发展趋势等因素多层次交叉与互动形成的特定"生态环境"的要求，是翻译研究者在这种特定"生态环境"条件下的必然选择。近年来，一批译界学者和研究生感受到生态取向翻译研究的魅力，逐渐以生态学的眼光研究和处理翻译问题，以近百篇学术论文和数部学术专著作为前期成果，有 53 篇参会论文出现在 2010 年 11 月 9—10 日（于澳门举行）的"首届国际生态翻译学研讨会"上，展示了近年来生态翻译学研究进展的同时，也预示着生态翻译研究视角的生机与活力。

第三节 生态翻译学的研究焦点与理论视角

本节的形成有以下三个动因：

一是生态翻译学在中国学者提出之前是"世界上原本没有的东西"，可谓之"无中生有"；同时，生态翻译学是从一个与以往研究有很大不同的新视角对翻译所做的系统综观和探讨，其中还有不少新的术语和概念，又可谓之"自说自话"。那么，生态翻译学从无到有究竟"生"出了一些什么样的东西？生态翻译学自己到底又"说"出了一些什么样的话语？本节试图对此简作列述与阐释。

二是近年来已有逾百篇有关生态翻译学理论研究和应用研究的文章在海内外发表，全国也有 60 余所高校师生（硕士／博士）运用生态翻译学的基础理论作为整体的理论框架完成学位论文和发表研究论文。对于这些包括学位论文在内的各类研究文章，它们主要是围绕生态翻译学的哪些理论视点展开研究的？这些研究视点与生态翻译学的整体研究又是一种什么样的关系？本节试图对此简作梳理与例示。

三是肇始于中国的生态翻译学即将走过十年的历程。十年，对于历史的长河而言，可谓短暂的一瞬；然而，对于一种研究途径或一个话语体系而言，却是一个关键的时段。那么，经过十年的洗礼和实践的检验，生态翻译学中的哪些基本理论命题或学术观点得到认可或逐步接受？又有哪些在逐步改进或自然淘汰？本节也试图对此简作回望与梳理。

一、关于"生态范式"

范式（paradigm）是个大概念。它涉及到的是特定研究领域里大的"方向"和大的"原则"，是一种研究途径或研究模式的总体理念、价值判断和研究方法的集中体现。

生态翻译学多次对其译论"范式"做出定位。例如，在谈到生态翻译学的基础理论"翻译适应选择论"的研究目的时指出，在于试图找到一种既具有普适的哲学理据、又符合翻译基本规律的译论范式；其翻译观是"着眼于'人'，致力于'纲'举'目'张，最终确立译者为中心的'翻译＝适应＋选择'的理论范式"。翻译适应选择论还被概括为"以达尔文'适应/选择'学说的基本原理和思想为指导、以'翻译即适应与选择'的主题概念为基调、以'译者为中心'的翻译理念为核心、能够对翻译本体做出新解的翻译理论范式"；该理论"致力于揭示和复现翻译之本来面目，并试图找到一种既有普适的哲学理据、又符合翻译基本规律的译论范式"。总之，作为一个具有跨学科性质的生态学翻译研究途径，生态翻译学是运用生态理性、从生态学视角对翻译进行综观的整体性研究，是一个"翻译即适应与选择"的生态范式和研究领域。

根据 *The New Oxford English-Chinese Dictionary*（2007），paradigm 释意为：a world view underlying the theories and methodology of a particular scientific subject. 科学哲学家托马斯·库恩（Thomas Kuhn）指出，"科学不是事实、理论和方法的简单堆砌，科学的发展也不是知识的简单积累，而是通过范式的不断转换所进行的不断革命的进程"。赫曼斯也指出，"范式"为翻译研究制定指导原则，是研究特定问题的手段和解决问题的方法。可见，范式实际上包括了学科共同体所共有的理论假设、研究模式、研究方法、价值标准和形而上学的原则，是某一学科共同体成员的世界观、价值观和方法论的总和。

在生态翻译学研究领域里，上述从生态学视角探讨翻译理论的"生态范式"正在逐步形成，并受到越来越多的认同。其主要标志是，不少学者在研究相关问题时的基本观念、价值判断、研究方法、以及所采用的术语和结论的指向等都基本上纳入了翻译理论的生态学研究途径。

这些聚集在生态翻译学"共同体"里的研究者们认同生态翻译学对翻译的基本描述，接受生态翻译学对翻译研究的指导原则，遵循生态翻译学整体关联的研究方法，而他们在进行特定问题研究时也采用了生态翻译学共同的价值标准。这些研究已经不是孤立的、单一的个案研究，而可以看作是约定在生态翻译学理论"范式"之下的共同研究。

据不完全的文献资料统计,在已经检索到的百余篇有关生态翻译学理论研究和应用研究的期刊论文和学位论文中,2005 年发表了 6 篇,2006 年 10 篇,2007 年 15 篇,2008 年 15 篇,2009 年 30 篇,2010 年(含已接受待发表的文章)预计在 40 篇以上。可以看出,在生态翻译学研究范式之下,以生态翻译学归类和直接以生态翻译学命名的各项研究,在近年来的翻译研究中,有逐年增加的趋势。

应当说明的是,以上只是生态翻译学研究在第一个十年的发展情况,到 2011 年将迈入它的第二个十年。随着"国际生态翻译学研究会"的成立,随着"首届国际生态翻译学研讨会"的举办,随着《生态翻译学学刊》的创刊,随着生态翻译学研究队伍的不断壮大,生态翻译学研究"范式"在其第二个十年里的发展之势当更为可观。

二、关于"关联序链"

早在生态翻译学的基础理论起步研究之初,我们就阐述了翻译活动(翻译生态)和自然界(自然生态)之间的关联性和互动性,并曾图示了一条从"翻译"到"自然界"的具有内在逻辑联系的认知视野延展的链条,姑且称之为"关联序链(the sequence chain)"。

该"关联序链"的要点是:鉴于翻译是语言的转换,而语言是文化的一部分;文化是人类活动的积淀,而人类又是自然界的一部分,这样一来,我们便可以从中看到一个很有意义的内在联系:

这一"关联序链"体现了人类认知视野扩展和理性进步的基本路径,它符合人类认知能力演化的基本规律,同时具有互动性和递进性的特征,可以说勾勒出了人类认知视野递进衍展的逻辑序列和内在的指向机制。翻译研究的重心从翻译本身到语言、文化、人类生态,其间又不断反复、互动,正好反映出这一走向及其特征。从上述"关联序链"也可以看出翻译活动与生物自然界之间的互联关系,以及自然生态系统与人类社会系统共通互动的基本特征。

"关联序链"的重要性使之成为生态翻译学形成和发展的一个重要前提和依据。近年来,不断有学者开始注意并应用和发展"关联序链"的基本内容。

孟凡君在《生态翻译学视野下的当代翻译研究》一文中指出,翻译研究与学术系统内的其他学科研究一样,在本体论研究之后,就会按"语言学→文化学→社会学→人类学→生态学"的次序进行研究范式的转向。他认为,翻译研究的范式转换,并非是翻译研究视角的转向,而是翻译研究视野的扩大。

从生态翻译学中"关联序链"的理论视角来看，从"翻译"（翻译生态）到"自然"（自然生态），其中具有明显的关联性、互动性和递进性的特征。该理论视点所勾勒出的"翻译→语言→文化→人类→自然界"的人类认知视野递进衍展的逻辑序列和关联界面，不论对于宏观的译学整体研究，还是对于微观的文本翻译研究和评析，显然会更为全面、更为系统，因而也会更为接近所研究事物的真实。

三、关于"生态理性"

笔者曾将翻译生态理性归纳为：注重整体 / 关联、讲求动态 / 平衡、体现生态美学、关照"翻译群落"以及提倡多样 / 统一。

所谓注重整体 / 关联，就是遵循生态理性，研究翻译生态体系时，不能只是孤立地局限于某子生态系统（如翻译本体生态系统）或某一相关利益者（如翻译活动资助者）。从生态理性视角来看，需要关照不同生态系统之间的关联及其整体性。

所谓讲求动态 / 平衡，就是遵循生态理性，研究翻译生态体系时，通过关注翻译活动主客体之间、翻译活动主体与其外部生态环境之间的相互作用、相互影响，形成翻译生态相互依赖的动态平衡系统。

所谓体现生态美学，就是遵循生态理性，研究翻译生态体系时，在翻译学研究过程中，无论是宏观层面还是微观层面，一直追求着美，一直在讲求着"对称""均衡""对比""秩序""节奏""韵律"等这些审美要素和生态审美原则。

所谓"翻译群落"，指的是翻译活动中涉及到的"人"，即以往所称的"诸者"，包括译者、读者、作者、资助者、出版者、评论者等等，当然是以译者为总代表。而所谓关照"翻译群落"，就是将以译者为代表的"翻译群落"作为整体加以关照，这是翻译生态系统具有的整体、关联、动态、平衡的"生态理性"使然，也是生态翻译学研究重视译者、重视"人"的因素的一个特色和优势。

所谓提倡多样 / 统一，体现了人类生活与自然界中对立统一的规律。整个宇宙是一个多样统一的和谐整体。"多样"体现了各个事物个性的千差万别。"统一"体现了各个事物的共性或整体联系。遵循这一生态理性，研究翻译生态体系时，特别是对于实现"多样统一"的宏观译学系统架构和中观理论体系构建都具有统领的意义。鉴此，笔者认为，任何一种理论在一定程度上都具有普适性，但应该有一种理论在整体上具有普适性。

正是由于上述注重整体 / 关联、讲求动态 / 平衡、体现生态美学、关照

"翻译群落"和倡导多样 / 统一的"五大"生态理性，才使之成为建构生态翻译学话语体系的宏观指导理念。而以生态理性为宏观指导的生态翻译学，表现为一种整体性思维、有机性思维、关联性思维和过程性思维，既注重分析与综合的结合与统一，又注重翻译生态环境对译者行为的影响与制约；既强调"译学""译论""译本"的贯通与协调，又追求"译者""文本""环境"的整合与一体。

上述生态理性对构建生态翻译学的话语体系具有重要的指导意义。笔者也相信会有越来越多运用生态理性的理论翻译研究和应用翻译研究。

四、关于"译有所为"

生态翻译学基础理论中提出的"译有所为"，从内涵上看，主要表现在两个方面：一是译者从事翻译有其特定的动因（侧重主观动机）；二是翻译出来的东西可以做事情（侧重客观效果）。

对于前者，译者从事翻译活动有温饱情欲之需，有功名利禄之求，有道德伦理之爱，有宗教信仰之信，还有渴求天地宇宙之悟。因此，从译者主观动机的视角看，"译有所为"可以：（1）"为"在"求生"；（2）"为"在"弘志"；（3）"为"在"适趣"；（4）"为"在"移情"；（5）"为"在"竞赛"，等等。

对于后者，翻译功能之大、业绩之丰无人否认。从"译有所为"的视角来看，翻译之功可以：（1）"为"在促进交流沟通；（2）"为"在引发语言创新；（3）"为"在激励文化渐进；（4）"为"在催生社会变革；（5）"为"在推动译学发展，等等。

许建忠在"'不作为'：译者的一种适应性"一文中认为，译者作为谦谦君子，应该有所为，有所不为。他指出，译者的主动拒绝译事也能从翻译适应选择论中获得解释，因为这也是适应性选择（adaptive selection）和选择性适应（selective adaptation）的结果。

五、关于"翻译生态环境"

"翻译生态环境"的概念最早是在《翻译适应选择论初探》一文中提出来的。开始引入"翻译生态环境"的概念、而没有沿用"语境"或"文化语境"，笔者当时的主要考虑：一是使用"生态"环境的提法能与达尔文生物进化论中"适应 / 选择"学说匹配。二是"翻译生态环境"与语境、文化语境在基本概念、范围、所指等方面有很大的不同。语境即使用语言的环境，而文化语境还是语境，只是侧重在文化学视角，或只是用文化学的术语而已。语境是以使用语言为参照，不包含语言本身或语言使用。而"翻译生态环境"的构成要素包含了源语、原文和译语系统，是译者和译文生存状态的总体环境，因此"翻译生态环境"的概念要比翻译的"语境"更拓展一些。

随着研究的深入，"翻译生态环境"更为明确地是指原文、源语和译语所构成的世界，即语言、交际、文化、社会，以及作者、读者、委托者等互联互动的整体。"翻译生态环境"构成的要素包含了源语、原文和译语系统，是译者和译文生存状态的总体环境，它既是制约译者最佳适应和优化选择的多种因素的集合，又是译者多维度适应与适应性选择的前提和依据。翻译生态环境是影响译者最佳适应和优化选择的多种因素的集合。

近几年，"翻译生态环境"定义更为宽泛，是指由所涉文本、文化语境与"翻译群落"，以及由精神和物质所构成的集合体。翻译生态环境有大环境、中环境小环境之分；翻译生态环境也既包括物质环境又包括精神环境等。可以这么说，对于翻译而言，译者以外的一切都可以看作是翻译的生态环境；同时，每个译者又都是他人翻译生态环境的组成部分。

由于翻译生态环境是生态翻译学的核心概念之一，特别是近年来其概念外延在不断调适和扩展，因此也正在引起学者们的关注。

如同一则英语名言"No context, no text."翻译生态环境对于翻译文本的产生至关重要。对于具体翻译来说，大到内容风格，小到选词造句，总会与翻译生态环境有关联，只是这种关联可能表现为不同的形式（如直接的或间接的、物质的或精神的）或者不同的程度（如较密切的或稍远一点儿的）等等。有鉴于此，这一方面的专门研究还应当进一步加强。

六、关于"译者中心"

翻译理论的根本问题之一，是如何描述和解释译者在翻译过程中所扮演的角色。译者在翻译过程中的重要性，也使得对这一问题的研究成为翻译界一个永恒的话题。

生态翻译学研究的是译者与翻译生态环境的关系问题。就译者而言，他们是一个独立主体，翻译活动自始至终必须通过译者主体意识和主导作用才能完成。译者处于不同语言和不同文化间各种力量交互作用的交互点上，既是翻译过程的主体，又是译事得以进行的基石。

生态翻译学认为，译者是翻译过程中一切"矛盾"的总和。"译者为中心"的翻译理念把活生生的、感性的、富有创造性的译者推向译论的前台，使翻译理论建立在真实的、具体的译者基础之上。"译者为中心"翻译理念的提出，有助于使翻译学中译者研究的"研究半径"得到延伸，并使其理论层次有所提升；同时，对译者的自重、自律以及自身素质的提高也有促进作用。

这种取向于译者并以译者为终极关照的翻译理论，其优越性日益彰显，从而使对译者中心、译者主导、译者主体等方面的专题研究持续不断。

七、关于"适应 / 选择"

"适应"与"选择"之间的关系如何，在生态翻译学的基础研究"翻译适应选择论"出现之前尚鲜有论及，更无人做过专题、系统的描述和阐明。翻译适应选择论认为，对于译者来说，既要适应，又要选择。适应中有选择，即适应性选择；选择中有适应，即选择性适应。这种选择性适应和适应性选择的具体特征：一是"适应"——译者对翻译生态环境的适应；二是"选择"——译者以翻译生态环境的"身份"实施对译文的选择。翻译被描述为译者适应和译者选择的交替循环过程。这一循环过程内部的关系是：适应的目的是求存、生效，适应的手段是优化选择；而选择的法则是"汰弱留强"。翻译批评的标准也从"适应 / 选择"的视角作了相应的表述：最佳的适应是选择性适应；最佳的选择是适应性选择；最佳的翻译是"整合适应选择度"最高的翻译。

由于"适应 / 选择"是生态翻译学基础理论研究的一个核心理念，因此，在生态翻译学研究范式下，围绕"适应 / 选择"的理论视角展开的相关研究相对比较多。可以说，从 2005 年以来，以此视角考察翻译的相关研究逐年增多。

八、关于"'三维'转换"

生态翻译学的基础理论将翻译方法简括为"三维"转换，即在"多维度适应与适应性选择"的原则之下，相对地集中于语言维、文化维和交际维的适应性选择转换。

所谓"语言维的适应性选择转换"，即译者在翻译过程中对语言形式的适应性选择转换。这种语言维的适应性选择转换是在不同方面、不同层次上进行的。所谓"文化维的适应性选择转换"，即译者在翻译过程中关注双语文化内涵的传递与阐释。这种文化维的适应性选择转换在于关注源语文化和译语文化在性质和内容上存在的差异，避免从译语文化观点出发曲解原文，译者在进行源语语言转换的同时，关注适应该语言所属的整个文化系统。所谓"交际维的适应性选择转换"，即译者在翻译过程中关注双语交际意图的适应性选择转换。这种交际维的适应性选择转换，要求译者除语言信息的转换和文化内涵的传递之外，把选择转换的侧重点放在交际的层面上，关注原文中的交际意图是否在译文中得以体现。

显而易见，所谓"三维"转换，主要是发生在翻译操作层面的，也是应用研究的一个焦点。

九、关于"事后追惩"

所谓"事后追惩（post-event penalty）"，不是指具体的翻译方法或具体做法，而是指对于翻译理论或对于译者行为的要求或指导思想。

"事后追惩"是一种比喻的说法，它不重在事先对译者提出"说教""警告""限定"，而是强调在翻译活动的每一个阶段都尽由译者能动地去"操纵／支配／摆布／重写"，即一切由译者去作适应性的选择；然而，在每一个阶段的选择之后，或在"事后"（即译事之后）对译者的选择、特别是对最终的译文给予评判与处理。具体来说就是，译事之后依据翻译生态环境所遵循的"适者生存""汰弱留强"的法则对译者的选择做出再次选择和仲裁。

这里的"事后追惩"与"适者生存""汰弱留强"的思想是一致的。事前和事中"不教""不惩"，可以体现以"译者为中心"、一切由译者"主导"。但事后则不然，要由"自然"选择、裁定，对于（译者和译文）"不适者""弱者""劣者"进行撤稿、滞销、批评等等不同形式、不同程度的淘汰，相对来说，这都可以视为一种"惩罚"，即所谓"事后追惩"。

"事后追惩"的情形在翻译活动中的表现相当普遍。

例如，在译界举办的各式翻译竞赛里，尽管所有参赛者在赛前、赛中都是平等地、公平地由自己去适应、选择、决策、发挥，但在"交卷"之后，则就由不得译者了。应该说，除第一名（头等奖）之外的其它参赛者，都可以看作是在"事后"受到了不同程度的淘汰，即受到了不同程度的所谓"追惩"。

梁实秋先生曾参与了 1942 演出《哈姆雷特》（Hamlet）的工作。他的译本也多少犯了田汉译本的毛病，并不很适合上演。1942 年重庆演出不大成功，剧本当然要负一部分责任。这里的"不很适合上演""演出不大成功"，以及译本所受到的种种批评，可以说都是译本相对于舞台演出来说的"不适"和"弱"的一种反映，也可以说是一种形式的"淘汰"或"惩罚"。

译员在口译现场被当场撤换的情形也并不鲜见。对这种情形的解释，可以说是由于译员"适应／选择"的失误而被"淘汰"，或是因为译员的现场表现（on-the-spot performance）"失当"所受到的"惩罚"。

可以看出，在翻译过程中，译者是名正言顺的"主宰"，译者可以充分展示自己的适应能力、判断能力、选择能力和创造能力。一句话，译者可以充分发挥自己的一切优势，做出自己的一切决定；而只是到了译文（译著、译案）形成之后，才由翻译生态环境的自然法则—"适者生存""汰弱留强"—对译者的行为和表现做出最后选择和裁定。

关于译者适应与选择的"事后追惩"的机理问题似乎尚没有引起关注，因此，目前这方面的理论应用研究尚嫌欠缺，这也是今后可以做的研究之一。如果从"事后追惩"的理论视点研究翻译中的"误译"问题，特别是对于译者的适应与选择失误造成重大损失（政治外交、经济贸易、科学技术、文化教育、人际关系等等方面）的翻译案例进行分析研究，应当不失为有意义的研究选题。

以上所述是生态翻译学及其前期理论研究中的一些研究焦点与理论视角。其中，既有比较宏观一些的，如关于生态范式、生态理性、翻译生态环境、译有所为、译者中心等；也有相对微观一些的，如关于关联序链、适应/选择、"三维"转换，以及"事后追惩"等。文献研究也表明，一些理论视角如适应/选择、"三维"转换、译者中心、译有所为，以及生态范式、生态翻译环境等命题在翻译研究中的接受程度相对较高一些，应用研究也更广泛一些；而生态理性、关联序链、"事后追惩"等理论视点似乎尚未引起足够的注意，这方面的理论应用研究还有较大的发展空间。同时，除以上所述的研究焦点和理论视角之外，还有"整体适应选择度""翻译生态体系""翻译群落""科际关联互动"等等，限于篇幅，未予详述。即便是本文已述各项，也只是列述了它们的主体内容或主要结论、结果表述，限于篇幅，它们立论的理据和论证的过程也都未做详述，有兴趣的读者可以进一步参阅相关的专著和论文。

第四节 翻译研究若干关键问题的生态翻译学解释

人类是自然之子，任何人类活动必然与自然界有着千丝万缕的联系，作为人类交际活动之一的翻译活动也不例外。在生态危机不断恶化的今天，如何进行有效的生态翻译，以彰显东方传统有机自然观中的天人和谐，增强目的语读者的生态意识，是译者必须要考虑的一个问题。生态翻译学是以生态学视角对翻译进行综观的研究范式。该范式以生态整体主义为理念，以自身的术语和概念为叙事方式，以翻译生态、文本生态、"翻译群落"生态及其相互关系为研究对象，对翻译生态整体和翻译理论本体加以描述解读，对翻译活动和现象重新阐释。本拟文从生态翻译学角度审视翻译研究中若干关键问题，试图在新的理论框架中趋近问题的本质。

一、关于可译性问题

《晏子春秋》有论："橘生淮南则为橘，生淮北则为枳，叶徒相似，其实味不同。所以然者何？水土异也。""水土异也"，表明生态环境条件即物种形成的地理、气候、水质、土壤、生物链是物种成型的前提和关键。万物都是环境的产物，生态环境质量不同，物种自然会存在差异。

翻译文本生态和文本移植的情形也大体如此。

用生态翻译学的术语来说，原语是一个文本生态系统，译语是另一个文本生态系统。原语的文本生态系统涉及到原语系统里的语言生态、文化生态、交际生态等；译语的文本生态系统涉及到译语系统里的语言生态、文化生态、交际生态等。

从生态翻译学的视角来解读，可译性不单单是原语系统与译语系统之间语言文字的差别问题，而是原语生态与译语生态里的语言生态、文化生态、交际生态之间的"差异度"问题，即原语生态与译语生态的差异度问题。

一般来说，原语生态与译语生态里的语言生态、文化生态、交际生态之间的差异度越小，其可译性就越大，或者说其不可译性也就越小；反之，原语生态与译语生态的差异度越大，其可译性就越小，或者说其不可译性也就越大。这种反比关系可以如下等式表达：

该表达式的含义是，作为翻译行为，在原语生态不变的情况下，原语生态与译语生态的差异度越大，其可译性越小；原语生态与译语生态的差异度越小，其可译性越大。而当原语生态与译语生态的差异度最小时，这种情况下的可译性为最大。原语生态与译语生态的差异度与可译性的关系，以及"差异度"大小变化和"可译性"的变化，可以进一步描述为：双语生态差异度小则可译性大，双语生态差异度大则可译性小。同时，双语生态差异度和可译性变化是一个连续统（continuium），是一个增减渐变的过程。

例如，汉语文言文与白话文之间可译性就大于汉语与日语之间的可译性，而汉语与日语之间的可译性又大于汉语与英语之间的可译性，根本原因即是相关双语生态差异度的明显不同。即使所译的两种语言不变，不同语域的可译性也源于相关语域的生态差异度，比如一般认为法规文献比报刊新闻可译性大，报刊新闻又比小说散文可译性大，而比较而言，诗词歌赋可译性最小。

既然可译性问题与原语系统和译语系统里的语言生态、文化生态、交际生态之间的差异度密切相关，要提高翻译的"可译性"，译者就必须首先考虑维持原语生态和译语生态，即采取所谓"直译"的策略，如果不能维持，只能采取妥协的策略，在原语生态和译语生态之间进行协调，以寻求平衡，即所谓"直译和意译兼顾"，而如果原语生态系统和译语生态系统差异过大，译者就只得想办法营造一个与原语生态类似的生态环境，从而使译文能够在新的译语生态环境中生存。

至于怎样在翻译过程中具体地"维持""协调""平衡""重建"原语系统和译语系统的生态，那就要看译者的功夫了，因此也有着广阔的探讨空间。

但从原理上讲，一方面，要"维持"和"平衡"双语生态，关键要维持和平衡原文和译文的"基因"和"血液"，使原文的基因和血液在译文里依然流淌并得到体现。另一方面，由于译者在理解原语文本时，往往是以自己生存的那个生态环境为出发点的，不可避免带着自己的"先见"去理解原语文本，因此，为了维持、协调、平衡、或重建与原语生态相适应的生态环境，译者往往需要将自己头脑里先有的"生态"尽量地"变换"乃至"掏空"（empty），这样才有可能植入新的、与原语生态相适应的生态环境。

二、关于复译问题

"复译"与"首译"相对，是指一部作品被再次或多次翻译的行为和结果。复译的情形比比皆是，也是极富翻译哲学意义的课题之一。从生态翻译学的角度来看，文本生态、翻译生态和"翻译群落"生态不断变化，使得复译活动成为翻译区别于创作的特有现象。

（一）因"文本生态"变化所致

文本生态的变化包括原语生态和译语生态变化两种情况。前者如不同版本的语言变化、不同语种的变化等。后者如文本体裁形式的变化，文本语种的变化，文本表达形式的变化等"符内翻译"。又如原译文本的语言陈旧、问题太多，或由于种种原因造成的不同程度的译文缺陷等。相对来说，因译语生态变化而导致复译的情形较为常见。

（二）因"翻译生态"变化所致

翻译生态的变化变量因素多、涵盖范围广，如社会历史环境的变化，价值观取向、意识形态的变化，高新技术提供新的解题能力的变化，接受文化（融合、趋同）程度的变化等。尽管译品脱离了时代仍然具有一定魅力，但是，随着时空的远隔，那些曾经生机勃勃的译品，可能会越来越难以为当下的人们所接受，随之为复译提供了可能性和必要性。

（三）因"翻译群落"生态变化所致

"翻译群落"是"诸者"的集合，但以译者为代表。这类变化更为繁多。仅就译者来说，同一个译者不同时期都有可能对同一作品进行首译和复译。再就读者来说，不同时代的读者的接受意识不同，不存在一个能满足所有读者的翻译"定本"。此外，因出版者而产生复译的情形也屡见不鲜，如由于主事者的更迭、出版方式的变化，以及由于赞助强度的变化等都有可能成为复译的动因。

（四）因其他翻译生态环境因素变化所致

学术思潮的变化，译论取向的变化，译评导向的变化等等，都有可能为复译提供可能的条件和理据。

（五）归结到"译有所为"的种种动因所致

复译，说到底还是翻译，翻译就有目的，即要有所"作为"。关于"译有所为"，对于解释复译现象也是适用的，已有专门集中的讨论，此处不再赘述。

简言之，从生态翻译学的观点来看，复译是原译的翻译生态环境变化所致。用生态翻译学的术语来说，复译是保持翻译生态平衡的一种必然，它是翻译活动中的"自然现象"，可视为翻译行为的一种常态。

三、关于翻译策略选择问题

无论是翻译实践还是教学，翻译策略都是必不可少的内容。人们探讨翻译策略，通常会用二分法来谈论直译与意译、语义翻译与交际翻译、形式对等翻译与功能对等翻译、异化翻译与归化翻译等概念，而这种非此即彼的分类往往难以有效地描写和指导动态变化的翻译活动。

从生态翻译学的角度来看，译者面对原语生态和译语生态（即"双语"生态）的制约，其对翻译策略的选择，可以视作为了适应翻译生态环境，面对"双语"生态不同程度的制约，主动地选择"顺应"或"叛逆"，即译者为适应翻译生态环境做出相应的翻译策略的选择，也就是对翻译生态环境适应度的选择。

因此，用生态翻译学的术语来解释，不论是异化还是归化，不论是直译还是意译，也不论是语义翻译还是交际翻译，这些翻译策略乃至方法，都可以看作是译者为了适应翻译生态环境所做出的动态灵活的选择，而译者做出选择的目的是在翻译过程中"维持""协调""平衡""重构"原语系统和译语系统的生态。例如，为了维持与平衡原文和译文的"基因""血液"或"滋味"，作为生态翻译的策略选择，译者可以采用高度"依归"策略处理文本。从生态翻译学的视角来解读，就是在翻译过程中译者尽量地适应和依归于原语生态环境来选择译文；或尽量地适应和依归于译语生态环境来选择译文。又例如，为了维持、协调、平衡、重建与原语生态相适应的生态环境，译者也可以先将自己身体里原有的"生态"尽量地"变换"、乃至"掏空"，从而在译语里植入新的、与原语生态相适应的生态环境。

生态翻译学理论既不是从作者或原文的角度、又不是从读者或译文的角度看待翻译，而是从译者的角度阐释翻译，因此，关于应该异化还是归化、应该直译还是意译，我们都可以把它归结为：审时度势，择善而从。从生态翻译学理论之一的"适应/选择"理论的角度来解释上述问题的道理可以说是比较简单的：由于翻译是"以译者为主导，以文本为依托，以跨文化信息转换为宗旨，译者适应翻译生态环境对文本进行移植的选择活动"，而包括社会、文化、诸者等在内的翻译生态环境又是在不断地、动态地变化之中，为了适应动态的、不断变化的翻译生态环境，译者在归化和异化，或者在直译和意译等等之间做出与翻译生态环境相适应的选择也就很自然了，也就是"顺其自然"了。

四、关于翻译技巧作用的问题

学翻译的人都对增减、分合、正反等技巧耳熟能详，然而其对指导翻译活动有多少作用却一直令人怀疑；许多人学了技巧却没见翻译能力提高，而那些翻译高手却往往从未把技巧当回事。传统的翻译教学效果不佳亟待我们反思，并找出解决问题的思路。

以往的翻译教学多借用语言学模式为组织框架，从词到句再到篇，比较原语和译语两种语言的异同，并在此基础上给出常用的翻译方法技巧，例如词性变换、字词增删、词序正反、句式分合等。以这种理念安排翻译教学计划，看起来系统规范，顺理成章，合乎由浅入深、从易到难、有条不紊、循序渐进的学习规律。然而，从事翻译实践的人都知道，底层的词语却往往最难译，最高层的篇章则相对容易得多。所以，建立在词法、句法对比之上的传统翻译教学法固然能加强或提高学生的语言能力，可是他们能否适应实际工作的需要却值得怀疑。林林总总的翻译教程在给出上述翻译技巧后，不厌其烦地罗列例证，似乎技巧是翻译的灵丹妙药，然而到了翻译实践中，学习者往往仍感到束手无措。

从生态翻译的整体观来看，传统教学中翻译技巧的运用与相应的译例选择没有考虑到其所来自的生态整体系统，脱离了翻译生态的整体性观照。生态整体论认为先有事物的整体，后有整体的组成部分；部分的性质由整体决定，整体是决定性方面。而在实际翻译活动中，几乎没有一词一句的翻译任务，待译文本和译后文本往往是一个大量词句组成的有机整体，某一词句的理解与翻译，必须适合其所处的生态整体的性质，而不取决于游离于生态整体之外的、抽象的翻译技巧。传统教学中应用某翻译技巧之后得到的译例，由于缺乏整体视角关照，可能看起来精练通顺，令人信服，却完全没有顾及该译例是否适应其所存在的生态环境。例如讲授英汉翻译的省译技巧时，往往在指出英语重形合、汉语重意合后，要求学生不可将 when，as 等译为

"当……的时候"，避免欧式译文。但事实上，我们若考虑译文生态整体的功能和效果，是否省译便值得商榷。例如为体现某正式场合语体（如悼词）的庄重舒缓，when，as 等若省译就与整体氛围不相适应。

生态翻译学整体观十分强调整体和联系，重视个体对环境的依赖，认为整体与部分不是组成关系，不能强调整体是各相关元素的集合；而应认识到二者是生成关系，部分是整体生成的。为教学方便而借用语言学框架，并在语言对比基础上讲授翻译技巧，必须特别考虑翻译活动的生态整体性，即整体各组成部分的性质和功能，应取决于这一整体的独有特性和功能。所以，评价某个技巧的作用，鉴赏某个词句译例的优劣，必须将其放入其所在的系统中加以考察才能得出有益的结论。即使出于权宜之计考虑而不便给出每个译例的语境，也应时时提醒学习者所做判断的相对性和灵活性，尽量避免脱离整体效果和功能而对译文作简单的优劣判断。

正如前面我们将可译性问题归结为原语和译语的生态环境差异，传统翻译技巧也可看作是剥离了生态环境的静态的语言对比、或独词独句翻译的结果，只是考虑了原语系统与译语系统之间语言文字的差别问题，却忽略了原语生态里的语言生态、文化生态、交际生态与译语生态里的语言生态、文化生态、交际生态之间的"差异度"问题，即原语生态与译语生态的差异度问题。曾有西方翻译学者提出在动手翻译之前，译者的脑子里应先有一个"虚构的译本"，在翻译过程中，对译文的选择受控于"虚构的译本"。这里的"虚构译本"，其实就是从整体的视角进行翻译。

五、关于回译问题

回译就是将译文再译成该译文的原语言，一般见于将来自于甲语言原文的乙语言译文再译成甲语言。在翻译教学中回译法也颇为常见，常用作检验学生的译文是否"忠实"原文，或是否"对等"。确切地说，这种"回译"更多用于母语译为外语的教学（如汉译英），通过将学生汉译英"回译"出来的英译文与最初的英语原文进行比较，以判断学生英译文的正误优劣。

但是人们在使用回译法时，往往将其等同于数学的验算，以为可以通过结果来推导条件，进而发现运算过程的错误。然而，生态系统的整体观认为，任何事物都存在于特定的生态环境中，是在生态环境系统自组织演化过程中产生、形成、发展的，生态整体观因此是一种过程性思维，而事物的运动过程是不可逆的。事物不仅具有空间展开的多样性，而且有其时间上的历史，时间是与不可逆过程相联系着的。事物都有其演化发展的历程，人们只能根据其历史和过程来理解一个复杂系统。由于时间箭头的不可逆性，生态系统的演化过程也同样不能回到此前的状态。建立在翻译生态与自然生态同构隐喻基础之上的翻译生态系统，也自有特定的双语语言文化的时空形态演变，所以，从生态整体论的过程性思维看，回译教学法若以是否能回译到原文来评判翻译活动，显然有悖于过程性思维的不可逆性。回译可以帮助我们发现原文的一些结构或意思，但决不可能与原文相同。

这一观点对重新认识回译法教学很有意义。虽然翻译活动中可以一文多译或复译，但不需要也不可能有两个完全相同的译文，正如自然生态中也不存在两片相同的树叶。而翻译生态系统中各种因素错综变幻且相互作用，使得产生于某一特定生态环境的译文难以在另一特定生态环境再现，因此每次翻译行为都是不可完全重复一致的。在这个意义上，采用回译法来检验译文忠实度的做法是值得商榷的。例如曾有一部颇有影响的翻译专著，让35位中国学生把一句英语的汉语译文再回译成英语，以剖析汉译文的言语风格与英语原文言语风格的忠实程度。现在看来，其做法虽有特色，但其考查"忠实"的效果却值得商榷。严格来讲，能回译成原文的所谓译文，其翻译质量都值得怀疑。翻译教学中，特别是文学翻译教学，以是否能译回"原文"的原文作为标准译文来衡量学生翻译能力的做法，显然缺乏科学的理论基础，对于真正改善教学质量、提高翻译能力并没有实用价值。

六、关于翻译研究"转向"问题

翻译研究领域里的"转向"，也是近年来国内外"热议"的话题之一。翻译研究的种种"转向"，从生态翻译伦理的视角来看，它是翻译理论探索"共生共存"生态伦理原则使然。"共生共存"的生态伦理原则指出，根据生态学原理，共生性是生物存在的一种基本状态，即生物间相互依存，共同发展的状态。如同自然生态中的生物多样性和生物共生性一样，翻译理论研究的多元化应该成为翻译学发展的一种常态。译论研究就是一种学术研究，而学术研究就要讲求"同而且异"。因此，译论研究讲求多元，体现了对翻译理论研究者"构建权"的尊重。从这个意义上可以说，"转向"之说也是理论构建者的一种权利。

翻译研究的种种"转向"，从生物"多样化"的视角来看，是生态翻译研究"多样化"的必然。"生态学"是研究生物体与其环境之间相互关系的科学，而从生态学视角展开的翻译研究，内容会包括翻译生态系统与自然生态系统之间的方方面面。从不同方面和不同侧重点展开研究，都有可能成为不同研究的重点转移，呈现"多样化"的"转向"就很自然了。从这个意义上可以说，"转向"之说又是拥有理论构建的"条件"的。

翻译研究的种种"转向"，从生态翻译跨学科的视角来看，它是翻译学跨学科特征的自然反映。由于跨学科性是翻译研究的一个重要特征，因此，跨到哪个学科，这个学科就有可能被视作翻译研究重点转移的一个方向。从这个意义上可以说，翻译学科发展的这种特征也为"转向"之说提供了理论构建的可能性。

翻译研究的种种"转向"，从生态翻译研究的视角来看，它是翻译研究寻求"更接近真理"的过程。它是视角的转换，视野的拓展，视阈的延伸，思维的转变……同时，这里的"转向"，也是翻译理论家从不同的方面对翻译研究的界定，既有研究领域的拓展，也有研究角度的改变；既有对传统译论和理念的更新，也有研究焦点的转移；既有研究思路的创新，也有研究手段的改进，等等。从这个意义上，"转向"之说有其动因和方法。

从生态翻译学视角来看，翻译研究"转向"是有规律可循的，即依照"关联序链"转向拓展。"翻译←→语言←→文化←→社会/人类←→自然界"的"关联序链"体现了人类认知视野扩展和理性进步的基本路经，它符合人类认知能力演化的基本规律，具有明显的"推导"功能和"预见"功能。从这个意义上又可以说，翻译研究"转向"之说有其立论依据。

从"关联序链"既可以看出翻译研究的重心从翻译本身到语言、文化、社会、人类、自然生态的走向及其特征，也可以看出翻译活动与生物自然界之间的互联关系，以及自然生态系统与人类社会系统共通互动的基本特征。"关联序链"是翻译研究"生态范式"转向的重要前提和依据。

生态翻译学将翻译活动作为翻译生态的整体做出系统的探讨和描述，致力于从生态视角综观和描述翻译活动，对翻译的本质、过程、标准、原则和方法、以及翻译现象和翻译生态系统等做出新的描述和诠释。本节尝试对翻译研究的若干关键问题在生态翻译学框架里加以解释，意在表明使用这一理论视角，可以使解释更统一连贯，更接近现象的本质，从而更有说服力。

第五节 生态翻译学研究

一、生态翻译学的背景

任何一种理论的产生，都有与之相关的社会背景及时代思潮。因此，生态翻译学的出现符合其所处时代的社会背景以及学术研究的方向。

首先，它是从翻译研究中的经济和社会转型的思考出发的。从20世纪60年代开始，人类社会开始了从工业文明向生态文明的转型之路。美国著名海洋生物学家瑞秋·卡森（Ra-chel Carson）在其于 1962 年发表的著作《寂静的春天》（*Slient Spring*）中说到人类破坏自然的雄辩事实表明，人类的生存和发展在转折点上。在 1972 年联合国召开的一次环境会议上，著名的《人类环境宣言》使全人类开始关注自然环境的保护这一问题。从 1970 年开始，生态环境的保护也逐渐在中国引起重视和关注，并因此提出了具有重大意义的可持续发展观和科学发展观。基于这种时代背景，"生态"这一维度被引入包括翻译在内的各个研究领域体现了时代发展的特色。其次，它是现代哲学思想转变的必然结果。自 20 世纪，在思想界和哲学领域发生了由主客二分到由中心到整体观念的转型。1967 年，法国哲学家雅克·德里达提出了"中心"既可在结构之内也可在结构之外，"中心也就并非中心"的重要观点。1973 年，挪威著名的生态哲学家阿伦·奈斯（Alen Naess）提出的"深层生态学"理论，将生态学引入哲学与伦理学领域，并提出生态自我、生态平衡与生态共生等重要生态哲学理念。1995 年，美国生态哲学家戴维格·里芬（Dave Griffin）提出了"生态存在"的重要概念。这一系列的哲学思想的转变，开启了从生态翻译学的视角来研究翻译活动的序幕，由此应运而生了翻译生态学这一新的翻译理论研究视角。

二、生态翻译学的发展过程

随着世界经济国际化和网络技术的进步，国与国之间的各种交流也日益频繁，翻译也成为不同语言之间沟通交流必不可少的桥梁。因此，对翻译现象的各种研究理论也层出不穷。通过这些年学者们的共同努力，翻译研究（translation studies），或翻译学（translatology）有了很明显的进步，并最终获得了属于自己的学科地位，并且正在往一门相对独立和成熟的人文社会科学分支学科的方向发展。生态翻译学应该算是翻译研究的一个分支学科。我们现在已经看到一个不容忽视的现象，也即生态翻译学伴随着另一些研究文学的生态学理论和批评方法正在翻译学界崛起，它强有力地对传统的文学和文化翻译以及翻译研究本身的教义形成了挑战。

但是在当代翻译研究领域内，仍有相当一部分学者对这一分支学科的意义和生命力持怀疑态度，其理由主要在于生态学之应用于人文学科，确切地说应用于文学研究，只是近 20 年的事，它究竟拥有多少学科意义上的合法性还须论证。但作为一种实验性的研究方法和视角，它已经被证明自有其合理之处，最近 20 多年来生态批评在西方和中国的比较文学和文学理论批评界的风行就是其不可忽视的明证。鉴于生态翻译学的研究事实上已经存在于翻译学的实践中，因此本文首先要探讨的就是生态翻译学与文学的生态研究或生态批评的关系。

三、生态翻译学的主要内容

作为一种新兴的翻译理论，生态翻译学这一概念最早是由胡庚申教授在2001年第三届亚洲翻译家论坛上被提出的。之后，许多学者开注并研究生态翻译学。生态翻译学即是从生态学的角度来研究翻译的一种理论。这一理论着眼于翻译生态系统的整体性，从生态翻译学的视角，以生态翻译学的叙事方式，对翻译的本质、过程、标准、原则和方法以及翻译现象等做出新的描述和解读概括来说，生态翻译学的九大研究焦点和理；（1）生态范式；（2）关联序链；（3）生态理性；（4）译有所为；（5）翻译生态环境；（6）译者中心；（7））适/选择；（8）"三维"转换；（9）事后惩罚。

四、生态翻译学国内外的研究现状

自从生态翻译学这一概念被提出后，国内外许多学者都发表了相关研究生态翻译学的论文。这些论文从不同的角度讨论了生态翻译学这一理论，也使生态翻译学成为一个日渐成熟的翻译理论。

在 CNKI 上输入检索关键词"生态翻译学"，从 2001 年 1 月 1 日至 2015 年 12 月 12 日共搜到 4464 条结果。其中，中国学术期刊总数为 2810 篇，优秀硕博论文 1589 篇，其他会议论文为 65 篇。

在生态翻译学被正式提出之前，国外许多学者对此就已有所研究。例如，在《翻译与全球化》中，作者米歇尔·克罗尼恩提出要重视语种"翻译的生态"问题。1990 年，苏珊·巴斯奈特和安德烈·勒非弗尔提出了"文化转向问题"，多次将翻译的语境描述为"文化环境"，并使用"发现树木生存之地""描述植物生长之状"等生态类比翻译研究中语言学家的探索行为。

近些年来，很多国际上著名的学者都接受邀请相继前往中国，和中国学者就生态翻译学的各种问题进行了极具意义的讨论。

从国内的角度出发，胡庚申教授对生态翻译学已经做了详细的阐述。其他的一些学者也从不同的角度对生态翻译学进行了理论研究。在首届国际生态翻译学研究会综述上，就收到了 43 篇有关生态翻译学的论文。这些论文从各个视角对生态翻译学进行了阐述。还一些学者将生态翻译学应用到具体的翻译实践中去。

生态翻译学可以说是首个脱离了西方学术环境的由亚洲人提出的翻译理论。从 2001 年至今，在胡庚申教授和众多学者的努力下，生态翻译理论已日益完善，但是其中还是有很多不足之处需要我们共同努力，来使生态翻译学越来越成熟。

五、中国文学海外传播的生态翻译学研究

中国文学是中国故事、中华文化的形象化表达，是中国作家原创力的生动体现。文学"走出去"为海外读者认同与接受，是中国文化软实力提升的重要标志之一。传播中华文化、提升中国文化软实力，文学传播负有重要的职能。然而，汉语文学与英语文学之间存在的巨大的"翻译逆差"现象，却严重地影响着这一职能的有效发挥。有学者调查统计，从 1900 年到 2010 年 110 年间，中国翻译西方书籍近 10 万种，而西方翻译中国的书籍种类还不到 500 种。中国每年出版外国文学作品 1500 多种，而美国出版中国的文学作品平均每年不到 10 种。以 2009 年为例，美国总共翻译出版了 348 种新书，中文文学作品仅有区区的 7 种。尽管从 2010 年以来，经过多方努力，"翻译逆差"现象有所改善，但收效颇微。鉴于此，本文就中国当代文学的海外传播，从生态翻译学的方法论意义、译著者在翻译生态环境中的重要作用、和谐生态翻译环境的衡量尺度，即如何构建和谐的文学生态翻译环境、缩小翻译逆差入手，作如下探讨，请方家不吝赐教。

（一）生态翻译学为中国文学海外传播提供了新的视域

2001 年 12 月，中国学者胡庚申在国际译联举办的"第三届亚洲翻译家论坛"上，宣读了《翻译适应选择论初探》的学术论文，发出了生态翻译学的声音，此乃纯粹的"中国创造""中国倡导"，自此，在国际译坛，开启了具有独立知识产权的生态翻译学学术探索的序幕。

作为一种从生态视角纵观翻译的研究范式，生态翻译学"以生态整体主义为理念，以东方生态智慧为依归，以'适应／选择'理论为基石，系统探讨翻译生态、文本生态和'翻译群落'生态及其相互关系和相互作用，致力于从生态视角对翻译生态整体和翻译理论本体进行纵观和描述"。具体说来，它以"'文本生态'为研究对象，探讨原语文本生态系统与译语文本生态系统的特征与差异，考察原语生态与译语生态在移植、转换过程中的规律和机制，研究译本的生存状态、'短命'或长存的原因以及寻求译本生存和长存之道，从而为翻译策略选择和解读文本的'可译性'或'不可译性'提供新的生态视角和理论依据，最大限度地发挥翻译的效能和发掘译本的价值"。

透视生态翻译学的内涵及其研究对象不难看出，这一概念的提出及其理论体系之构建，为中国文学"走出去"、扩大海外传播受众层面奠定了不可多得的坚实的理论基础。这主要表现在：

1. 拓展了文学翻译理论的研究视角

考察中外翻译学说，绝大部分的研究视点都定位于翻译方法、聚焦于翻译效果上。例如：玄奘提出"既须求真，又须喻俗"，即内容上愈加接近真谛，形式上又易于为人们理解接受；严复提出了译界耳熟能详的"信、达、雅"，兼顾了文学翻译的方法与效果，但更注重效果；许渊冲提出的"意美、音美、形美"，将效果提升到了美学范畴。即使西方翻译理论家西塞罗也不苛刻"字当句对"的表现形式，而是主张"保留语言的风格和力量"，也同样是在翻译效果上做文章。而生态翻译学不仅注重翻译效果，既蕴含于以译者为中心的"翻译群落生态"之中的"读者需求""接受文化"，而且更加关注翻译活动发生、发展的全过程。作为生态翻译学的核心内容，实现这一过程的翻译生态、文本生态和"翻译群落"生态的平衡，才能实现译本的"生存和长存"，彰显译本的价值。可见，将全部翻译活动视为一个动态的、追求平衡与和谐的文化产品生产与再生产的传播过程，这一理论体系较之仅仅局限于"方法论"、瞄准"效果论"更全面、更科学，自然为中国文学的对外传播提供了重要的理论滋养。

2. 有机地契合了文学翻译规律

在全部翻译活动中，按照翻译学科对象划分，可分为文学翻译、哲学社会科学翻译；按照翻译活动的表现形式划分，可分为笔译、口译和机译；按照行业领域即工作性质划分，可分为外交翻译、商务翻译、医学翻译，等等。实事求是地说，生态翻译学涵盖了全部翻译活动的特点和共同规律，也正是基于此，胡庚申将翻译活动的最终成果称之为"译品"。然而，研究发现，在这诸多翻译类别中，生态翻译学更加契合了文学翻译规律。这是因为在文学创作、翻译与欣赏活动中，翻译居于中间环节，他的前端是原创者的原语生态，后端是阅读者欣赏的译著生态，而生态翻译学的研究对象，恰恰考察的是"原语生态与译语生态在移植、转换过程中的规律和机制"，这较之社会交际中的口译、虚拟世界的机译，拓展了翻译生态观照的视域，使对规律的探索更全面、更科学，机制之构建更规范。而文本的可译性和不可译性，又取决于文学作品的原语文本生态，这较之口译与机译又扩大了译著者的"自由裁量权"。将文学创作与欣赏全部纳入翻译生态的整体视域，使之成为举足轻重的组成部分，使生态翻译学理论对文学翻译规律的契合性获得令人信服的彰显。

3. 突出了译著者文学传播的主体地位

在生态翻译理论体系的翻译本体理论视域下，"翻译即生态平衡"，这个平衡有赖于译著者去维护协调；"翻译即文本移植"，由原语生态转化为译语生态，全部移植活动有赖于译著者的使命肩负和责任担当。"翻译即适应 / 选择"，即无论是译著者追求的生态平衡，还是译著者完成的文本移植，最终还要有赖于译者的选择性适应与适应性选择。究其原因，生态平衡、文本移植、译者选择三者之间是一种递进的、因果互动的关系。译著者的全部传播活动，以追求原语与译语生态平衡为标准，以文本移植为目的，以适应与选择为路径。并且，这种适应与选择，又往往是超越性的、"大尺度"的。例如，在上海外国语大学翻译研究所所长谢天振看来，翻译莫言的作品，译著者葛浩文"恰恰不是'逐字、逐句、逐段'地翻译，而是'连译带改'地翻译的"。由此可见，在实现原语文本到译语文本的文学传播过程中，译著者进行着"二度创作"，这也是在本文中，笔者将一般通用的"译者"称为"译著者"的缘由所在。并且，译著者的主体地位不仅表现在生态平衡、文本移植、译者选择最终分别体现的翻译标准、翻译目的与翻译路径上，即使在决定译著传播之前，对原著文本的确定，也同样是由译著者的选择性决定的。

总之，生态翻译学理论为中国文学的海外传播所提供的新视域，必将为传播实践注入生机与活力。同时，我们还应看到，生态翻译学从其探索"立论"起始（2001），到自成一派（以 2011 年《生态翻译学学刊》的创刊发行为标志），至今也仅仅 15 年的时间，而将这一理论引入中国文学海外传播领域，对理论自身的深化、拓展、完善以及再传播，使之"放之四海而皆准"，也必将大有裨益。

（二）译著者在构建文学翻译生态和谐中的重要作用

中国文学"走出去"，从传播与接受的关系说来，是中国作家的作品通过译入语国度译著者的再创作（当然，就译著者的国别说来，也有中国本土的，但往往不易为译入语国度所认同与接受），与阅读者阅读心理、求知欲望和审美趣味相协调、相融合的过程，即在传播与接受上实现翻译生态和谐的过程。如果说，生态翻译学理论作为助益文学"走出去"的世界观与方法论，为中国文学的海外传播拓展了"欲穷千里目"般的广阔天地，那么，对于译著者说来，必然也必须在这片天地中有所作为，这种作为则表现在促进和谐上。中国文学的海外传播从宏观上说，它表现为"天人合一"。所谓天，反映了一定时代的社会生活，表现为客观时势和事实，即生活的原生态；所谓人，包括原创者、译著者、出版者、评论者和阅读者，即原创者的艺术造诣为译著者所欣赏，译著者的译本为出版者所认同、为评论者所关注并推介、更为阅读者所接受。从中观上说，译著前的原语文本与译入后的译语文本平衡协调；从微观上说，译著的文本与阅读者的思维方式、阅读习惯乃至语速、语气都十分吻合融洽。20世纪70年代末80年代初，我国一流的文学翻译家杨宪益、戴乃迭夫妇所译出的《红楼梦》在西方的英语世界受到冷遇，而西方阅读者更钟情于英国翻译家霍克斯的文本。个中原因，与微观上的和谐不无关系。

就实践操作层面而言，语言、文化、交际一直是翻译界普遍认同的要点，是翻译过程中通常需要重点转换的视角；译者也往往是按照语言、文化、交际不同阶段或不同顺序做出适应的选择转换。换言之，译著者在构建翻译生态和谐中的重要作用，是通过语言维、文化维、交际维的三维转换得以体现的。那么，具体说来，其作用表现在哪些方面？或者说，通过译著者的"三维"作为，实现了怎样的预期传播效果？

1. 语言转换：满足阅读者审美需求之根基

语言维关注的是翻译的文本语言表达。众所周知，语言作为交际的工具、传播之载体，它是由原创者的原语文本此岸到达译著者译语文本彼岸的媒介与桥梁。而文学作为语言的艺术，愈加凸显语言维在创造文学传播生态和谐中的基础性作用。语言维不仅决定着文化维和交际维，更决定着所译著作的文学情境能为阅读者所接受、收到审美愉悦的传播效果，即既践行着原创者原语文本的主旨，又使译语文本最终满足着受众的阅读需求。这其中，译著者对原著语的睿智转换力、对译入语的娴熟驾驭力和丰富表现力起到至关重要的作用。2014年，浙江省作协主席、有着"中国谍战之父"之称的麦家，其长篇小说《解密》蹿红欧美，阅读者如醉如痴，在领略了时而山穷水尽、时而柳暗花明的悬疑探秘故事之后，普遍认为英译文本呈现一种古典之美的文学风格。这与《解密》的第一译著者米欧敏的家庭氛围、求学经历和工作性质密切相关。米欧敏出生于英国的语言学家庭，父母分别为土耳其语、波斯语教授，她本人获得牛津大学吴越古汉语博士学位，并且在韩国首尔国立大学用英语讲授汉语，所有这些使之拥有不可多得的艺术造诣。所以说，无论是作为交际工具、传播载体，还是作为文学本身即语言的艺术，语言转换都是第一位的，它是全部文本转换之基础，也是满足阅读者审美需求之保障。

2. 文化观照：实现阅读者接受译本之媒介

如果说，全部译著生态的培育从语言转换开始，那么，译入语文本为阅读者所认同与接受则是文学传播的旨归。认同、接受与否，译著者在译著生态培育中的文化观照发挥着关键性的主导作用。所谓文化观照，是指译著者从原语文本向译语文本转换过程中，妥善处理文化差异，并有效维护原创与译著各种文化要素之间和谐关系的再创作过程。典型的案例，当属"人肉真香，再来一口"了。其语境为：北美某公园的鳄鱼池畔，标示牌上写着"The last one is delicious, bring me another one."的文字，以鳄鱼的口吻提醒游人，洋溢着西方人的幽默感。如何译成汉语，产生了三种不同译法：（1）上一个好吃，再来一个。（2）鳄鱼伤人，禁止入水！（3）人肉真香，再来一口！这最后一种译法附有一幅图画：一条鳄鱼正张着沾有血污的大口，以此弥补并修复了译文中"缺憾"的生态环境。尽管"译文（3）"增加了辅助符号图画，看似累赘，但却从语言维、文化维、交际维、美学维以及标示主旨、旅游情境和阅读心理等不同视角，图文并茂、有机协调地维护了原语生态与译语生态之平衡。正如胡庚申先生所指出："对原语生态和译语生态来说，首先要求'维持'，维持不了需要'协调'；协调的目的在于'平衡'，难以平衡而又要文本移植、翻译转换，就需要营造和'重构'——即需要在译语系统里创建一个与原语生态相适应的生态环境，从而使译文能够在新的译语生态环境中生存、长存。"这里的维持、协调、平衡、营造乃至重构，似乎是为使译语文本生态与原语文本生态保持平衡的技术手段，实则是译著者进行的再创作，说到底，它更是一种文化观照。译著者往往独具匠心、苦心孤诣般地维持、协调与重构，旨在消除跨语言、跨文化交流的障碍。由此看来，实现从原著到译著、从译著到阅读的和谐过程，是文化观照的过程，是消除由于语言文化差异而导致阅读障碍的过程，也是文化创新的过程。有了这种文化创新，阅读者才能欣然认同与接受。

3. 交际诉求：作品生命"适者长存"之中枢

全部生态翻译学理论表明，翻译是译著者适应翻译生态环境进行文本选择与文本移植的再创作活动。按照事物发展的内在逻辑，当译著者完成了语言信息的转换和文化内涵的创新传递之后，自然把适应与选择的侧重点转移到交际层面上。译著者作为翻译群落的主导，维护翻译群落生态平衡作为适应翻译生态环境的后续工程，其交际维的全部诉求必然在翻译群落展开。所谓翻译群落，是指"与特定翻译活动的发生、发展、操作、结果、功能、效果等彼此影响相互作用的、与翻译活动整体相关的'诸者'的集合体"。在这个集合体中，包括全部传播链条上的参与者。在翻译群落这一以"人本"为中心的生态系统中，译著者必须通过协调整个传播链条上的各个环节，使之环环相扣、有序进行。换而言之，这种诉求旨在促使所翻译的作品在翻译生态环境相融合的态势下、氛围中脱颖而出，即"适者长存"，永续传播、永续阅读、永续利用。

（三）实现文学传播生态和谐的价值取向

自近代以来，在翻译学发展的历史进程中，不同的翻译理论家根据各自的译品价值取向与切身感悟对翻译绩效提出了不同的衡量尺度。而生态翻译学"从生态视角纵观翻译，从而使翻译活动和翻译研究具有平衡和谐的生态意义"。由此说来，平衡与和谐应成为生态翻译学衡量文学译著的总的价值取向。不仅如此，就生态翻译丰富性的内涵而言，它既可以指"以生态视角纵观翻译整体"，也可以指"维护翻译语言和翻译文化的多样性"；既可以指"以生态适应来选择翻译文本"，也可以指"以生态伦理来规范'翻译群落'"。而就"翻译群落"说来，它构成了一个独特的生态子系统。有鉴于此，笔者认为，文学作品的生态翻译，它是以译著者为中心，以原创者为起点，以异国（相对原创者而言）阅读者欣然接受为终端，并且，作为文化产品的一条生产线在译著者的两端又各有评论者与出版者活跃其间的复合生态系统。换而言之，就优秀的文学作品说来，从作家原创开始，则已经开始进入翻译生态的"领地"，埋下了被译著者选择的种子。由此说来，正是整个翻译群落的勠力同心、平衡和谐地有序运行，为文学作品的海外传播创下应有的绩效。基于此，实现文学传播生态和谐，生产的各个阶段或者说参考者各自的价值取向为：

1. 反映生活生态，原创者视域宏阔

中国文学走出去，得以在海外传播，作家的原创是前提。唯有原创者具备宏阔的视野，才有希望创做出传播海外的文学作品。所谓视域宏阔，主要表现在：（1）观察生活生态的宏阔性。作家以博大的胸襟，通过对特定历史时期人物命运的深刻揭示，反映了波澜壮阔的社会生活的本质；通过故事情节的编织、人物形象的塑造以及血肉丰满的生动的细节，使生活生态得以淋漓尽致的反映。例如，莫言的《生死疲劳》，作家直面新中国成立 50 年来，中国农村的政治运动、历史转折以及农民命运的坎坎坷坷、跌宕起伏，使之成为中国农民回归土地的反思之作。其宏大、深邃的题旨揭示并凸显了丰厚的社会历史内涵。可见，作家视域的宏阔性决定了作品反映社会生活生态底蕴的深刻性。（2）浏览作品生态的宏阔性。即作家善于从他人的文学创作中发现创作题材的盲区，以反映别有洞天的生活生态胜出，令人耳目一新、不曾体验过甚至是充满神秘色彩的原生态生活，对现代都市人来说，更令人心驰神往。麦家以其反映谍战题材的《风声》《暗算》，分别获得华语文学传媒大奖和茅盾文学奖，以及他第一部谍战题材的《解密》于 2014 年走俏海外、蹿红欧美，无不是"题材为王"的结果。这固然与麦家所熟悉的"密码破译"生活生态有关，但是，之所以选择这一领域而非其他领域，与他浏览作品生态、填补中国谍战题材创作空白不无关系。（3）洞察艺术表现手段的宏阔性。如果说，言人之所未言、反映他人不曾反映的生活生态是着眼于思想内容，那么，洞察作家艺术表现手段的宏阔性，则立足于创作方法与表现形式。独辟蹊径、新颖奇特的表现形式，既源自生活生态，又以其反映生活生态的形式回归于生活生态。《生死疲劳》表达了对人的生命的尊重、人的尊严之神圣，作品之所以感人至深、使人共鸣，在于莫言奇特而睿智地借鉴了佛家"六道轮回"的原理，让被冤杀的地主西门闹不断变幻，进行驴、牛、猪、狗、猴的畜类体验，使中国式的荒诞与魔幻跃然纸上！创新与创造是一切文学艺术的生命。原创者反映生活生态的宏阔视域，通过题材选择、观察视角和艺术手段，即思想内容和艺术形式的创新体现出来。也正是这样的文学作品，蕴含着走向海外的潜力。

2. 选择作品生态，译著者独具慧眼

事实上，中国文学走向海外的篇目，较之中国众多作家说来，可谓凤毛麟角，其原因至少有三：一是从原创者主体说来缺乏全球视域。正如德国汉学家顾彬所批评的："中国作家多缺失外文能力"，其作品自然"缺少国际性视野"。二是就文学作品自身说来，篇幅冗长、体现于过度描述而又疏于对人物心灵的探索及其命运的揭示，进而未能展现历史本质与时代精神。三是译著者追求市场效应使然。一部作品译介到海外，它的市场效应如何，即它能否为阅读者所认同与接受，这是译著者所必须考虑的首要问题。就此，曾翻译过莫言10部小说、有着莫言"御用翻译"之称的葛浩文，在来华的一次演讲中，披露了译著者对这方面的特别关注："由于经济、政治，甚至思想等方面的原因，英译中国小说很难销售。译者耗费半年的时间翻译一部小说故事集，心无旁骛，可这不能自然地保证作品会有皆大欢喜的结局。商业和学术出版商都要寻找卖座的作品。"可见，译著者对作品生态的选择是慎之又慎，而"寻找卖座的作品"则成为其第一要务。鉴于以上三个方面的原因，译著者只能也必须独具慧眼，选择适宜的作品生态。

在这方面，《解密》的第一译著者米欧敏为这种"独具慧眼"作了生动的诠释。2010年，身为韩国首尔国立大学中文教师的米欧敏参观上海世博会后返回首尔。她在候机厅的书店里，发现了麦家的成名之作《解密》和《暗算》。而"之所以要买这两本书，是因为她的爷爷在二战时期曾经在英国布雷奇利庄园供职过"。为了孝敬参加过谍战、曾为密码破译家的爷爷，为其退役后的晚年生活增添快乐与愉悦，这是米欧敏独具慧眼、选择作品生态的初衷。事实上，有着破译密码生活经历的专家，他所喜欢的谍战题材作品，同样也能为英语世界其他更多的阅读者所认同与接受，这是欧美受众探秘、猎奇的阅读心理使然，并且，已为《解密》一书的畅销欧美所证明。米欧敏的选择，主观上是一片孝心驱使，客观上赢得了受众市场。说到底，是译著者慧眼识金的结果。

3. 移植文本生态，出版者缜密策划

作为生态翻译学的文本移植，确切地说，它包括两个阶段：第一阶段，译著者将所选择的文本进行语言转换，将原语生态转换为译语生态；第二阶段，在语言移植完成后，出版者倍加关注的是被移植的、已经转换为译语生态的文本的生存与生命状态。作为全部翻译活动的终端，译语文本在新的阅读群体中的生存与生命状态，既是对原创者反映特定时代生活艺术造诣的检验，也是对译著者的独具慧眼，即"发现"与"再创造"张力的检验。而后一个阶段，为了保证文本的译语生态在新的交际群落中"水土适应"甚至如鱼得水，出版者必须进行市场的前期准备。由此说来，移植文本生态，出版者的缜密调研、精心策划则成为衡量文学传播生态和谐的又一价值取向。

麦家的《解密》得以在英语世界著名的企鹅出版集团出版，就经历了这一个调研与策划过程。据报道，企鹅编辑获得了译稿后，仿佛发现了"新大陆"，在为故事情节赞叹的同时仍不忘缜密调研与市场策划：首先，通过网络，搜索麦家文学作品在英语世界的出版资讯，结论"几乎是空白"，只有几个零星短篇进入过英语世界。其次，颇费周折地联系到麦家的代理人，确认麦家的长篇小说不曾与英语世界的其他版权代理机构或出版社签署出版协议。于是，企鹅集团与麦家和米欧敏分别签署了出版与翻译合同。再次，就英语文本出版后，图书的流通、铺货以及市场宣传拟订了方案。而所有这些，使麦家驰名海外：《解密》的英译文本于 2014 年 3 月 18 日，在英、美等 21 个英语国家同步上市，当天即创下了中国作家在英语世界销售的最佳成绩，并被英国老牌杂志《经济学人》评为年度优秀图书之一。应该指出的是，原语文本生态在国内的首次出版，也需要调研与策划，但这种调研与策划，是在出版者熟悉国情、掌握市场发育、对作家作品十分谙熟的出版生态条件下做出的，因此，相对容易胜出。而译语文本生态的移植出版，是凭借出版者对原语文本生态的把握，凭借出版者对译入语国度交际群体的阅读需求、审美心理的把握，以及准确地判断市场之后做出的决策。所以，译语文本生态的移植出版，较之原语文本生态在国内出版，其难度更高、风险更大。由此说来，译语文本的出版，策略缜密作为衡量文学传播生态和谐的价值取向，愈加显得重要和必要了。

4. 聚焦译本生态，评论者导读驱动

就中国文学海外传播的价值取向而言，海外本土译著者的再创作主旨有二：一是市场销售，满足阅读者的文学需求；二是学术研究，为汉学家理论研究提供所必需的文献资料。显然，这后者远远超越了文学本身，已经具有了社会学意义。诚如葛浩文所言，学术出版商也要寻找"卖座"的作品，旨在为海外汉学家研究原创者所在社会的国情提供丰厚的第一手资料。有学者的研究表明，从 1926 年鲁迅的《阿 Q 正传》以单篇小说的形式走向英语世界开始，至 1949 年新中国成立，至少有 17 位译著者英译了鲁迅的作品，译著者如此之众，是因为"鲁迅的思想博大精深，目光所至几乎触及了哲学社会科学的所有学科"，因此，他的文学作品也就成为认识半殖民地半封建社会、了解中国历史与文化以及研究他本人思想的"最佳范本"。

事实上，译本一经在译入国度出版，这种市场销售与学术研究往往并不能截然分开，二者是相辅相成的。葛浩文除了翻译莫言的作品外，亦翻译过贾平凹、刘恒、王朔、苏童、阿来等 20 余位中国知名作家的作品。从葛浩文在常熟理工学院"东吴讲堂"的讲演中可见，美国的《纽约时报》《洛杉矶时报》《纽约客》等媒体就曾发表过《丰乳肥臀》(莫言)、《我的帝王生涯》(苏童)、《尘埃落定》(阿来)、《玩的就是心跳》(王朔)等文学作品的评论。尽管这些评论有褒有贬，甚至是吹毛求疵，就连译著者葛浩文本人也不赞同，但是，研究者的评论所产生的舆论效应，却在驱动着阅读者阅读，驱动着市场发育。由此说来，聚焦译本生态，研究者的研究与评论，即使是负面的、批评性的、不为译著者所认同，也有助于阅读者深入地感受、理解作品，读有所得地选择和鉴别作品。总之，正常的文学批评在调节着翻译生态系统平衡，它在交际群落的和谐翻译生态构建中是不可或缺的。

5. 欣赏译著生态，阅读者审美愉悦

尽管中国文学海外传播的旨归有两个方面，然而，学术研究毕竟是"小众的"，市场化才是大众的、主流的。由此，欣赏译著者的作品，令阅读者获得审美愉悦，则成为全部中国文学海外传播的着眼点。并且，从译著者发现作品生态到阅读者阅读译著生态，已经经历了语言转换和文化观照，因此，阅读译著能否获得审美愉悦，进而"一传十，十传百"地产生辐射效应，在不同阶层形成一个又一个受众群体，才是对全部生态翻译活动的最终检验。正是从这个意义上说来，中国文学的海外传播，不仅要"落地"，更要"生根"。"所谓生根，即作家、作品以及作品中的人物，能走进海外受众的心里，并为汉学家、作家、文学专业的大学生以及文学爱好者耳熟能详。"可见，从"落地"到"生根"，还有相当的距离。正如葛浩文所指出，"正因为莫言获得诺贝尔文学奖，才使中国当代文学提升了世界关注度"，但是，"决不可因此就断言他国读者必然喜欢中国文学，毕竟反映当下社会生活的中国文学作品在英语世界并没有受到普遍欢迎。"可见，"生根"较之"落地"更艰难，道路也更漫长，但是，有了审美愉悦的传播效果，也就有了良好的开端。中国文学的海外传播，有了生态翻译学的理论观照，完整地把握传播生态和谐的价值取向，必将极大地维护传播的各个阶段、各个子系统的生态平衡。这种平衡如同为实现"落地"后的"生根"目标，铺就了坦途，提供了沃土。

第六节 关于生态翻译学理论建构的三点思考

公元前55年，古罗马哲学家西塞罗（Cicero）提出语篇意义要大于单词意义，提倡"演说家"式的翻译，即译者创造性质的意译或活译，这是西方最早的翻译理论。从西塞罗、贺拉斯、昆体良、哲罗姆等古代翻译理论家到现代的纽马克、奈达、雅克布森、德里达，西方翻译理论家不胜枚举，翻译理论层出不穷。译学领域从最初的语文学研究范式到之后的"语言学转向（linguistic turn）""文化转向（cultural turn）"再到翻译研究的解构主义和多元系统理论，西方翻译研究的风向标频繁转向。在理论建构方面，中国"拿来主义"的历史悠久，翻译理论方面也不例外，国际译坛很少听到中国译界学者的声音。所以，2001年胡庚申教授在第三届亚洲翻译家论坛上所作的《翻译适应选择论初探》一文格外引人注目也就不难理解了。在全球生态浪潮的大背景下，胡氏翻译学的出现成为国内翻译理论研究新的"兴奋点"。生态学时代是一个众神喧哗、多元共存的时代，是一个理性与情性这对千年怨偶相互牵手的时代。

2006年，胡教授在"翻译全球文化：走向跨学科的理论构建国际会议"上宣读"Understanding Eco-Translatology"（生态翻译学诠释）一文，将翻译适应选择论深化为生态视角的翻译研究。十五年来，生态翻译学研究呈现蓬勃的发展态势：以此为理论框架的博士硕士论文超过80篇，相关的应用研究已逾400篇，生态翻译学国际研讨会每年一次，已连续召开五届。第五届国际生态翻译学研讨会2015年6月在台湾长荣大学举行。胡庚申教授的专著《生态翻译学：建构与诠释》也在2013年问世，著作对生态翻译学做出了全景式描述，对其理论话语体系的建构进行了全方位论述，是展示生态翻译学研究成果的最重要著作。

翻译学本质上是多语种和跨学科的（by its nature it is multilingual and also interdisciplinary）。胡庚申教授创立的生态翻译学充分利用供体——生态学作为显学的优势，从生态学视角推进翻译研究的理论创新与深化。生态翻译学具有独特的研究视角、跨学科的研究方法、明确的翻译原则和极强的翻译实践指导意义。它结合东方哲学的智慧，提倡生态整体论，直面中国翻译界缺乏理论创新的困境，用独特的叙事方式对翻译的本质、过程、原则和现象做出解释，显示出较强的理论张力与价值。胡庚申教授几十年如一日，独树一帜，百折不挠，其颇具创新性的译学理论使东西方翻译理论研究的平等对话成为一种可能。但另一方面，自生态翻译学提出以来，译界一直争议不断：其中一些问题是由于该学说在初创期外界对其理解不透引起的，而另一些反驳和争议则是由于该学说本身不完善导致的，胡庚申教授也对部分质疑进行了回应。随着生态翻译学的发展，有必要在全球化视野下考察生态学与各学科的交互现状，可以发现生态学与翻译学的跨学科研究仍然困难重重。任何一种新的理论都有不完备甚至理论盲点，生态翻译学也不例外，其术语体系、复杂的哲学理据和相似类比的研究方法仍然值得商榷，有待完善。

一、生态翻译学之跨界的术语体系：重要性及不足

翻译理论体系必须具有一套严密科学的翻译理论话语，尤以术语为代表。中国译界的"求真说""神韵说""化境说""神似说"等译学理论无不以神秘的、随感式的研究方式出现，且一直处在"零敲碎打"的阶段，缺乏对整个翻译系统的"宏大叙事"。其中，翻译术语体系的匮乏是中国翻译理论无法走向世界的重要原因。生态翻译学通过概念移植和跨学科类比尝试性建立一整套翻译术语体系。这套术语体系融合了生态学术语的特点，创建了"选择性适应""适应性选择""生态移植""多元共生""翻译生态环境""翻译群落""事后追惩""生存""生态"和"三维转换"等术语。这些术语新颖、独特、辨识度高。然而，在明晰性、准确性和专业性上仍然有待加强，在解释翻译过程和描述翻译现象时，术语使用不够严谨。以"翻译生态环境"这一核心术语为例，它被定义为译者、原文、源语和译语所构成的世界，即语言、交际、文化、社会，以及作者、读者、委托者等互联互动的整体；近几年，它又拓宽为包括物质环境和精神环境在内的、除译者以外的所有因素。生态翻译学视域下对译文产生过程的解释是，第一阶段，适应——译者适应翻译生态环境或者翻译生态环境选择译者；第二阶段，选择——翻译生态环境选择译文，就是译者以翻译生态环境的"身份"实施选择，而选择结果的累积就产生了译文。在第一阶段中，胡庚申教授强调的是原语翻译生态环境的客观因素，是物化的一面——但如果这样理解，作为客观的、物化的"环境"又如何具有主动选择权，从而选择合适的译者呢？也许是认识到这一点的局限，胡教授随即将其转换为译者适应翻译生态环境的提法。但问题是，译者被翻译生态环境所选择≠译者适应翻译生态环境，译者的地位从"被选择"的对象到"主动适应"的主观能动者之间存在天壤之别；译文产生的第二阶段是"翻译生态环境选择译文"，这里的翻译生态环境即是译者，即"译者选

择译文"，既然"翻译生态环境"是与"译者"相对的概念，如何又以翻译生态环境的"身份"实施选择，成为翻译生态环境的替代词呢？

生态环境这一术语来自生态学，它是影响人类生活、生产的一切自然形成的物质和能量的总和，是相对独立于人类世界的术语概念，是一种客体化的概念（objectify）形式。离开了生态学这个语境，两者概念的嫁接就只能以隐喻为认知机制，缺乏生态学科专业的概念系统之下，是无法厘定"翻译生态环境"这一概念的。生态翻译学中的术语系统具有显著的跨学科特性和较强的辨识度，但其存在的概念边界含混、术语概念的任意替换以及原始定义与实际术语运用自相矛盾等问题，值得商榷。与"翻译生态环境"这一术语类似的还有"共生互动""生存""生命""生态"等概念，它们的定义过于笼统，缺少专业标记性和稳定的解释力。

当然，翻译跨学科研究的术语借用并非不可，翻译研究因从语言学、文学、数学和物理学等学科借用术语而获得丰富的术语，但翻译跨学科研究主要借鉴的还是其他学科的理论思想与方法。不同学科的理论话语体系有其特定的生存和使用语境，离开了这个语境，这些术语的使用就要格外小心，否则会造成理论话语系统内部的抵牾。若借用某些术语，便要在新的翻译学语境下重新定义并将其纳入翻译学科理论话语的系统中，使其可以适存并利于本学科理论话语体系的整体建构。在这个吸纳过程中，要涉及不同程度的术语改造，使之能产生与翻译学语境融合的可能。新的术语必须接受翻译理论和实践的考验，移植的最终产物不能是"混合物"，而应是"化合物"。

韩礼德认为，语言具有概念、人际和文本三大主要功能。就翻译领域而言，翻译理论话语在概念功能方面要能以简洁的语言清晰表述翻译研究的多层次内容，能对译者的真实经验世界和内心世界（心理特征与过程）进行关照；在人际功能方面，翻译理论话语要能解释主体间意义的跨语言理解与生成过程，特别是能描述作者、译者和读者等交际主体之间的跨文化人际关系；在文本功能方面，翻译理论话语应当以文本的衔接性、连贯性和信息性为特征，考虑交际者的可接受性，同时考虑其情境性和互文性特征。笔者认为，生态翻译学的术语建构基于隐喻和转意之上，因此其术语系统在描述作者、译者、读者等交际主体间关系的人际功能方面较强，但在概念功能方面欠清晰，部分跨学科术语缺少科学性，可接受性较弱。

二、生态翻译学之哲学理据：困惑及潜力

哲学理据是翻译理论得以支撑的根本，是译学理论在哲学层面的基石。生态翻译学不是无源之水，无本之木，它是在前期翻译适应选择论的基础上

产生的，其哲学理据一直是达尔文的适应 / 选择学说。2006 年 8 月，胡庚申教授在"翻译全球化：走向跨学科的理论构建（Translating Global Cultures: Towards Interdisciplinary Construction）"国际会议上提出"Eco-translatology"一词，之后在《中国翻译》上发表《生态翻译学解读》一文，正式将翻译适应选择论深化为生态视角的翻译研究，改称"生态翻译学"。

翻译学的建立离不开哲学的视野，翻译理论涉及语言学、美学、心理学、符号学、社会学众多供体学科的边缘性，胡庚申教授认为达尔文的传世之作《物种起源》可以认为是生态学的先驱著作，其能成为生态学思想的伟大倡导者就在于他认为生物进化的原因是生物与环境之间的适应性的演进。为此，以生物进化论为重要理论启示来源的翻译适应选择论和后续发展的生态翻译学是"同源"的，是一种继承关系，本质上是一致的。不过，从翻译适应选择论到生态翻译学，其哲学理据却发生了微妙的变化，前期的理论基础是进化论，后期的理论基础则为自然选择学说和中国古代的生态哲学。那么，进化论是否可以完全作为前期翻译适应选择论和后期生态翻译学的哲学基础呢？答案值得商榷。

首先，达尔文的自然选择学说与生态翻译学的基本理念不同。进化论强调自然观基础上的生物进化和自然选择，其最大意义就在于让"绝对的人类中心说"成为过去。它克服了人类中心观念的盲目性，为确立人与自然的和谐关系奠定了科学基础。自然选择是达尔文进化论的核心和灵魂，它产生的结果是生物对环境的适应以及新物种的形成；而翻译学科的研究对象是译者、译作、原作及其相关的翻译过程和翻译元素，其研究目的在于探讨影响翻译的多种因素及成因，研究"怎么译""为什么这样译"，他们或关注翻译行为本身，或研究翻译行为所处的译入语语境以及相关的诸多制约翻译的因素。可以说，翻译行为更多关注翻译各因素的制约和影响，而生物进化论则更关注生物对环境的适应和新物种的形成。

其次，生态学所属的自然学科与翻译学所在的人文学科在研究内容和方法上存在巨大差异。将达尔文的生物进化论进行人文科学领域的移植，不得不提及哲学社会科学领域斯宾塞的社会达尔文主义。虽然没有非常确切的事实表明斯宾塞的社会达尔文主义完全建立在进化论的基础上，但社会达尔文主义的确将类比和隐喻的方式运用于解释人类社会发生和发展的社会学理论。它用适者生存、不适者淘汰的定律诠释人类社会发展的规律。隐喻的逻辑前提就是事物或现象之间存在相似关系，因此，如果将两者进行类比，势必假设人文科学与自然科学具有"同质性"和"同构性"，但事实上，人类社会的复杂性远非生物界可比，其文化、道德、伦理和社会组织方式与自然界存在太多差异。将进化论运用于翻译学说是一种大胆的尝试，将其基本规律以隐喻的方式类比翻译研究中诸多因素的相互牵制作用是创新、无可厚非的，但实指则不太理智。两者之间理论移植的可能或者说跨学科理论研究的方法，应该主要是认识论和方法论的"启发（inspiration）"或借鉴，而不是机械的理论借用或类推。

第三，胡庚申教授撰文指出，生态翻译学以生态学原理为指导系统探讨翻译问题，中国传统文化中的经典生态智慧是生态翻译学的一个重要的理论支点和思想依归。生态翻译学的独特之处就在于它的东方智慧，这种中国式的对翻译的观察源自中国"天人合一"的传统理念（This Chinese way of observing translation springs from traditional Chinese thinking about the universal harmony between man and his-or her-environment）。参加第二届生态翻译学会议的 Radegundis Stolze 女士还专门写了报道——《生态翻译学在中国》（Ecotranslatology in China），认为生态翻译学是以"天人合一""中庸之道""以人为本"等中国传统哲理为特征，这些由儒家、道家和佛家所提倡的生态翻译学理念成为翻译研究生态学视角的基础。欧洲翻译协会对生态翻译学给予关注，对它持乐观态度，认为可以提供很多东西（have much to offer）。与西方译界对中国古代生态智慧的关注程度相比，国内生态翻译学研究相对较弱，就连胡庚申教授对此也语焉不详、泛泛而谈（Hu himself adduces the main principles of the ecological thought in fairly broad strokes）。相关生态翻译学的研究中很少涉及东方哲学对生态翻译学的具体影响。此外，当代生态学与中国古代的生态智慧之间关系如何，在生态翻译学理论架构中扮演何种角色，都是生态翻译学研究所欠缺的。中国古代生态智慧是生态翻译学的一大亮点，但这个哲学基础更多流于表面，在整个理论架构中缺少实质性的体现。同时，即使是将进化论与中国古代生态智慧同时作为哲学基础，其作用也并非平分秋色；孰轻孰重，地位如何，都需要研究者将其分清。生态翻译学是基于翻译适应选择学说的基础建构的，将进化论与中国古代生态智慧置于同一理论框架下，必然出现后者的"贬低"与"边缘化"。笔者认为，找准中国古代生态智慧与翻译理论建构的共振点和切合点、挖掘中国古代生态智慧的研究价值、凸显东方文化"异质性"，从而塑造中国译学理论的民族认同，是生态翻译学在哲理层面需要继续深入研究的根本问题。

三、生态翻译学之方法论：相似类比的困境

西方文化注重演绎思维，东方文化注重类比思维。中国古代先人很早就用相对完备的符号类比推理系统写成了《周易》，流传至今。类比推理能将任

意的对象放在一起进行比较和推论，因此它不但可使不同种类事物的知识相互移植，而且有触类旁通、举一反三的特殊功能。相似类比是生态翻译学理论的重要研究方法之一，其基础和前提是客观世界的普遍联系。

生态翻译学将翻译学与生态学进行类比的前提是翻译活动与自然界存在的互联关系，即翻译与自然界之间存在"翻译—语言—文化—人类—自然界"这一关联序列。狭义的翻译活动的确是语言的转换，而语言是文化的载体，是文化的组成部分，文化又是人类区别于动物的重要属性，人类是自然存在物，属于自然界的一部分。诚然，这一关系链中翻译活动与自然界之间存在联系，但是却忽视了一个重要事实：翻译、语言和文化都是人类活动的属性或现象，人类和自然界则是客观实体，"翻译—语言—文化"与"人类—自然界"分属于不同范畴，将其进行关联合乎情理，但将其作为翻译学与生态学相似类比的基础和前提则欠妥。此外，从翻译与自然界存在关联并不能归纳推断出适用于自然界的基本规律亦适合于翻译活动研究。

相似类比推理是指两个或两类对象在一系列属性上是相同或相似的，而且已知其中的一个或一类对象还具有其他属性，从而推出另一对象也具有同样的其他属性的推理。相似类比是生态翻译学跨学科研究得以存在的重要的思维方式和方法论基础，其概念移植的方法也建立在这一理据之上。运用相似类比推理能让类比对象的抽象概念形象化和具体化，但相似类比推理只能给出或然性推理，并且这种推理的根据是不充分的。这是因为进行类比的两类事物之间，除同一性外，还具有差异性。事物在某些属性上相同或相似，无法保证其他属性上也相同或相似。就生态翻译学而言，虽然翻译生态与自然生态存在较多相似性，如系统内各要素之间互相影响和关联，都会形成一定的生态平衡，都存在"适应""选择""竞争"等现象，但应该看到，翻译生态与自然生态的差异也是显而易见的。自然界生态系统以食物为核心要素形成"食物链"，促使物质和能量在整个系统内流动，翻译生态系统中却缺乏这样的核心要素。此外，自然生态系统中最关键的要素——生产者，具有排他性和独一性，生产者不可能同时又是消费者和分解者。而在翻译生态系统中，生产者具有双重指向性（bidirectionality），既指译者，又指作者，作者提供原作，是翻译链中的发起者，译者以原作为根据提供译作，既可以认为是生产者（就读者而言），又可以认为是初级消费者（就原作者而言）。这种双重身份在自然生态系统中是不存在的。既然翻译生态系统与自然生态系统存在如此本质性的差异，在考察翻译生态系统时使用"汰弱留强""共生共存"这类自然生态系统中的核心理念就值得商榷了。

相似类比推理属于归纳推理的一种，哲学家休谟曾对其客观性提出根本性质疑，认为归纳推理以自然齐一律和普遍因果律为基础，而两者并不具有客观真理性，只不过是出于人们的习惯性心理联想罢了，这就是著名的"休谟问题"。无独有偶，德国哲学家赖欣巴哈也指出，类比推理可以"刺激人们的想象力图景，但没有科学解释所具有的那种说明问题的力量"。生态翻译学将从属于人文学科的翻译学与从属于自然学科的生态学作相似类比，毋庸置疑需要使用更严谨的科学研究方法。但类比推理的结论可靠程度低，在科学研究上不能仅仅依靠类比就建立科学定律，还必须用其他方法补充。提高生态学与翻译学可靠性程度的方法是尽可能多地搜集和列举所比较对象的相同属性和本质属性，提高翻译学与生态学已知属性之间的相关程度。如果仅仅根据表面现象进行类推，就会犯"机械类比"的错误。

从某种程度上说，中国译界学问家多，思想家少；理论实践者多，自创体系者少；在新世纪，中国学者固然仍有必要"照着说"，但更要有勇气"自己说"，让国际译界听到中国学者的声音。生态翻译学的创新是东方生态智慧运用于翻译研究的结果，也是人文性强的中国传统翻译论为科学性强的西方翻译论提供滋养和互动的结果。具有东方思想的生态美学和生态文化正在化解人和他人、人和自己、人和自然的冲突，东方哲学有更多的人性深度和人文厚度。我们需要在东方哲学中找寻自性圆融的灵感，给西方中心主义的思维模式以新思维，在人类未来文化新价值中寻找新的文化契机。东方哲学以生态之气韵给翻译以灵性，为其提供了译论价值观和方法论的指导，即在翻译研究时注重系统观和整体观的运用，这是它与西方翻译理论最大的区别。

生态翻译学作为一种生态学的翻译研究途径，属于自然科学与人文科学的跨界研究，是一种理论创新，但在理论建构中要更加突出东方元素，尤其是东方的生态整体论，而不是片面盲从适应选择学说。东方的生态智慧给予翻译研究更多哲学层面的思考，而西方生态学说的适应选择论在生态翻译学中更多的是方法论的指导。生态翻译学中的"生态"二字，其喻指大于实指，在仔细分析跨学科及学科交叉的性质、模式和特征后，研究者应做到合理有效的借鉴、整合及利用。生态翻译学的术语建构仍然困难重重，很多术语缺少专业性和稳定的解释力。生态翻译学无法解决翻译学的所有问题，它和其他学派一样只能解决翻译学某些方面的问题。从这三点来说，从事生态翻译学研究的学者们，仍然任重道远。

第二章 国内外生态翻译学解读

第一节 国内生态翻译学研究综述

生态翻译学是从生态视角对翻译进行的探索性研究。它发轫于 2001 年，发展至今已有十多年时间。作为一门新兴的翻译学理论，其发展快影响大。由中国学者首次提出的具有中国本土化特色的原创性翻译理论，理应受到我们更多的关注、完善和推广。因此，有必要对生态翻译学十多年来研究发展状况进行概要的回顾与总结，以便发现其研究的不足及需改进之处，引导更多的学者从不同的角度对其进行全面系统的研究，以期提高生态翻译学的实际价值和影响力。

一、生态翻译学发展回顾

在全球性生态思潮的影响下，由于中国古代生态智慧的启发、相关领域学科发展的激励以及译学界生态取向翻译研究的促进，再加上现有译学理论研究的局限与缺失所产生的需要，生态翻译学应运而生。生态翻译学的产生，不仅解决了译学理论研究的局限和缺失的问题，而且为当今踟蹰不前的翻译理论研究注入了活力。生态翻译学起步于 2001 年，全面开展于 2009 年。据此，我们暂且按这两个阶段来分析总结。

（一）起步阶段（2001—2008）

生态翻译学的起步阶段主要表现为理论的提出和构建，以及参研的聚集与扩大。它主要是由胡庚申教授提出并创立，构建过程也主要是由他个人独立完成。在生态翻译学产生的初期，有不少学者参与到其中的讨论中来。具体表现如下：

1. 理论的提出与建构

2001 年 12 月 6 日，胡教授在国际译联第三届亚洲翻译家论坛上宣读了

《翻译适应选择论初探》一文，是我国学者在国际会议上宣读的关于生态翻译学方面的第一篇文章。生态翻译学是在翻译适应选择论的基础上发展起来的，该文对翻译活动中译者适应翻译生态环境并对译文做出选择的探讨，为更系统构建翻译适应选择论铺平了道路，因而也为生态翻译学的发展奠定了基础。为更系统地构建翻译适应选择论，胡庚申教授于 2004 年出版专著《翻译适应选择论》，介绍了生态翻译学是如何大胆借用达尔文进化论中的"适应 / 选择"学说中的"自然选择""适者生存"基本原理，并把这种原理引入到翻译学领域，第一次比较全面系统地讲解翻译适应选择论的产生背景、理论基础和基本理论。此后，为进一步构建完善翻译适应选择论和夯实生态翻译学的理论基础，胡庚申教授相继在国内外各大期刊发表十余篇系列论文，全面系统地从理论与实证的角度提出生态翻译学的理论构建依据及应用原理。这一时期，主要是胡庚申的理论的提出与建构时期，涉及到的研究内容和方法主要有：采用文献性研究方法，对生态翻译学理论进行建构，如对翻译适应选择论的哲学理据、翻译过程、译者中心观点以及对术语及译论的论述等；采用文献性研究方法与实证研究方法相结合的方式，对翻译理论进行阐述和证明，如对翻译适应选择论应用例析、实证调查以及其翻译原则与翻译方法的示例等。

2. 参研的聚集与扩大

生态翻译学产生初期就已经受到了很多的关注和认可。在理论的提出和构建初期，除胡教授外，陆续有其他学者参与到生态翻译学的研讨中，发表他们的看法和观点，并在核心期刊上发表了相关论文对生态翻译学给予充分肯定。例如：刘云虹和许钧在《中国翻译》上发表了《一部具有探索精神的译学新著——〈翻译适应选择论〉》；李亚舒和黄忠廉在《外语教学》上发表题为《别开生面的理论建构——读胡庚申〈翻译适应选择论〉》；祖利军在《中国外语》发表"全球化背景下的生态翻译"论文。通过检索发现，在 2001—2008 年间发表的翻译适应论方面的论文，除胡庚申外，其他学者发表的论文已有 37 篇，其中包括硕士学位论文 9 篇，博士论文 1 篇。

（二）全面展开阶段（2009—至今）

全面展开阶段的特点是理论研究逐步深入，并走向成熟与应用。体现这一阶段发展与成熟的一个明显标志是研究论文数量骤增和不同层次的研究人数显著增多，研究范围明显扩大。仅以"生态翻译"为关键词和题名在中国期刊网和维普资讯网进行检索，从 2009 年至 2014 年底的期刊论文就有 600 余篇，其中硕士论文 60 余篇、博士论文 5 篇，研究范围涉及到理论研究、各类翻译文本研究、翻译家思想研究和教学研究等。具体表现如下：

1. 研究性标志年的出现

2009 年生态翻译学已经基本形成自己独特的理论框架，在理论深入发展的同时，已开始步入应用实践检验理论的阶段。胡庚申 2009 年发表 2 篇论文，其中《傅雷翻译思想的生态翻译学诠释》一文属于实证研究方面的论文。其他学者在外语类核心期刊发表论文 5 篇。例如：孙迎春在《上海翻译》发表题为《张谷若与"适应与选择"》；黄忠廉在《上海翻译》发表题为《适应与选择：严复翻译思想探源》；蒋骁华在《上海翻译》发表的题为《译者的选择性适应与适应性选择——评〈牡丹亭〉的三个英译本》；刘艳芳在《上海翻译》发表的题为《从翻译适应选择论看新闻报道中隐喻习语的翻译》；陈红在《解放军外国语学院学报》发表的《E 时代词语的翻译：适应与选择》等文章。这些文章均属于实证研究方面的论文。这一年研究的成果突出，与之前相比，不仅论文数量明显增多，而且研究向纵深方面发展。以许建忠教授于 2009 年出版的《翻译生态学》专著为代表，其与胡教授的生态翻译学有一定的交叉，但更多的是互补性差异，是一种可以称为背靠背的关系。

2. 理论与实证研究不断深化

2010 年后，胡庚申和国内许多学者在国内外语类及其他核心杂志发表论文涉及到的主要内容有：第一，胡庚申理论研究的继续深化。2010 年后，胡庚申教授又在各类核心期刊连续发表了十几篇论文，出版专著 1 部，对生态翻译学进行深入的理论阐释与介绍，使其理论更加清晰明朗。例如：对翻译生态和自然生态的对比使生态翻译学概念更清楚；通过对生态翻译学的产生背景、发展基础、研究焦点和理论视角阐述，不仅理清了生态翻译学的构建基础，而且为生态翻译学的发展指明了方向等。第二，其他学者的理论与实践探讨。他们纷纷在各类核心期刊发表文章，从各个不同角度对生态翻译学进行理论与实践的探讨，研究范围广泛。例如：对各种译文文本的分析研究有焦卫红发表的题为《严复译著〈天演论〉的生态翻译学解读》，朱慧娟发表的题为《生态翻译学视角下的公示语翻译——以上海世博会主题标语为例》等文章；对翻译家翻译思想的研究有佟晓梅、霍跃红发表的题为《对张爱玲译者身份边缘化的生态翻译学解读》，刘爱华发表的题为《徐迟：绝顶灵芝、空谷幽兰——生态翻译学视角下的翻译家研究》，邓科、孟凡君发表题为《王佐良翻译思想的生态翻译学诠释》，刘艳芳发表的题为《鲁迅翻译思想的生态翻译学诠释》等文章；对生态翻译学的纯理论探讨有刘爱华发表的题为《生态视角翻译研究考辩——"生态翻译学"与"翻译生态学"面对面》，王宁发表题为《生态文学与生态翻译学：结构与建构》，韩巍发表的《对"翻译生态环境""译者生存"的重新审视》等文章。2010 年后，另一个突出成果是刘雅峰、陆秀英、朱德芬、岳中吕与于曾环以及盛俐等人共出版专著 5 部，进一步充实了生态翻译学的理论与实践研究。第三，多元声音的出现。在这一阶段，出现不少质疑的声音，如冷育宏和王宏分别发表文章对生态翻译学的有关观点提出质疑。对此，胡庚申作了《关于"译者中心"问题的回应》的文章来解答他们的疑问。多元声音的出现，一方面说明了生态翻译学的关注度，另一方面也推动了生态翻译学的进一步发展与完善。第四，教学应用研究。生态翻译学发展到一定阶段后，其理论逐渐应用到教学实践中，促进了教学的研究与发展，如邓媛《生态翻译学视角下依托项目 MTI 口译学习模式研究》；陶友兰发表题为《我国翻译专业教材建设：生态翻译学视角》。可以说，这一阶段的生态翻译学研究势如破竹，既有理论研究又有应用研究，研究范围广泛，在论文研究的数量和质量上都取得了重大突破。

二、生态翻译学研究现状综述

（一）研究队伍

根据从中国期刊网和维普资讯网上收集到的相关论文及论著统计结果表明，当前生态翻译学研究队伍主要表现为以下几个特点：

1. 胡庚申是生态翻译学的倡导者和领军人

他不仅提出生态翻译学的概念，还发表系列论文或专著，系统全面阐释了生态翻译学的研究背景和理论基础，创立了生态翻译学。在他的带领下，生态翻译学不断发展成熟。

2. 研究队伍日益壮大

在胡庚申的引领下，生态翻译学的研究队伍不断壮大，取得了众多的研究成果，如生态翻译学研究论文数量和人数不断增多，多人获得不少国家级、省级和校级研究课题立项。伴随着国内外生态翻译学研讨会的召开，以及《生态翻译学刊》专刊的创立，生态翻译学研究队伍越来越壮大，生态翻译学的影响也日益扩大。

3. 高校教师、博士和硕士成为研究的生力军

生态翻译学的倡导者和领军人胡庚申本身就是博士和高校教授，在他的影响下，全国已有 60 余所高校运用生态翻译学的基础理论作为整体的理论框架来指导学生完成硕士和博士学位论文，或者明确以生态翻译学的基础理论为标题发表期刊论文。高校培养出了一大批生态翻译学方面的博士和硕士，从中国期刊网和维普资讯网可以搜索到的相关硕博论文有 70 余篇，相关期刊

论 600 余篇，其中绝大部分是高校教师、在校博士和硕士撰写的。因此，高校教师、博士和硕士成为研究的主力军。很多硕士留在高校任教继续生态翻译学方面的研究，很多博士本身就是高校教师，他们的学习经历和工作环境为生态翻译学的研究提供了肥沃的土壤，高校教师和博士在研究中逐渐成长起来，成为生态翻译学研究的生力军，如刘雅峰博士已出版专著，刘爱华和刘艳芳等博士在核心期刊发表多篇相关论文。

（二）研究方法

生态翻译学属于借用不同学科理论来创建新的译学理论系统的研究模式。其创立主要是建立在生态学和翻译学的基础上，从生态学视角对翻译进行的综观整合性研究，主要采用思辨式、逻辑式和经验型的文献性研究和基于第一手资料的实证性研究，对生态翻译学进行理论创新。

生态翻译学起步阶段的研究方法主要采用思辨式、逻辑式和经验型的文献性研究方法，兼有实证性研究；在生态翻译学的全面展开阶段，其研究方法主要采用实证性研究，兼有文献性研究。究其原因，生态翻译学的起步阶段属于理论的介绍、探讨和初步应用，所以主要采用文献性研究确立理论框架，再用调查实证的方法检验理论的可信度和科学性。在起步阶段，主要是胡庚申撰文从理论的角度加以阐述生态翻译学，只有少数学者参与其中。他采用文献性研究方法撰写了大量的文章来解释其理论的成因，并辅以实证研究来检验其理论真伪。这也造就了为何起步阶段整体文献性研究和实证性研究成果都比较少，参与人数和参与面都比较少的原因。到了生态翻译学的全面展开阶段，由于生态翻译学发展已趋完善，其理论也获得了大众接受与认可，最重要的是新的理论必须要有大量的实践数据来证明。因此，在全面发展阶段，主要是采用生态翻译学理论来研究具体翻译现象，并用大量实例来证明生态翻译学理论的可操作性。在这一阶段，胡庚申从理论上对生态翻译学进行了全面系统的逻辑梳理，其他学者通过实际案例示范增加分析佐证的力度，使该理论在理论上更具科学性，在操作层面上更突显实用性，在胡教授影响和带动下，大量学者、教师和学生参与到生态翻译学的理论与实践的探讨，这也解释了为何全面展开阶段文献性研究和实证性研究成果比较多，参与的人数逐渐增多和研究范围不断扩大的原因。

（三）研究内容

生态翻译学是一个新的译学理论，其研究内容主要表现在如下几个方面：

1. 理论的创立、建构、发展与完善

胡庚申是生态翻译学的倡导者，其理论的创立、建构、发展与完善也主要是由胡庚申完成的。2001 年 12 月 6 日，胡庚申在国际译联第三届亚洲翻译家论坛上宣读的论文《翻译适应选择论初探》从适应与选择的角度重新定义了翻译，阐述了译者适应和译者选择之间的关系，并对翻译过程、翻译原则、翻译方法等从适应选择的视角做出新的描述，初步形成了翻译适应选择论的基本框架。翻译适应选择论是生态翻译学发展初期的一项基础性理论研究，胡庚生前期对生态翻译学的研究主要是围绕翻译适应选择论展开的。其主要内容包括：从达尔文生物进化论的"适应/选择"学说的基本原理和思想，解释和描述了译文产生的翻译过程，探索了"翻译适应选择论"的哲学理据；提出了翻译过程是"以译者为中心"的翻译原则观，对传统翻译思想进行了颠覆，并例证了适应选择论的翻译原则和翻译方法；把翻译过程描述为：翻译 = 译者的适应 + 译者的选择，确立了生态翻译理论的操作模式；阐述了翻译适应选择论的主要术语及其表述。可以说，胡庚申的"翻译适应选择论"把"适应/选择"学说的基本思想和原理成功引入了译学研究。他还从"自然选择""适者生存"等理论视角出发，利用翻译活动与自然法则适用的相关性和普适性，特别是利用人类具有的"适应"与"选择"的本能，提出译者为中心的"翻译适应选择论"，并运用理论、例证及实证的方法阐述和论证了翻译适应选择论的可行性，从而为生态翻译学的发展奠定了理论基础。

在翻译适应选择论研究的基础上，生态翻译学逐渐发展起来。2008 年胡庚生发表题为《生态翻译学解读》一文，全面阐述了生态翻译学研究的基本内涵、产生背景、目前状况、现有研究的局限与不足，以及未来研究的发展空间等。为进一步发展该理论，胡庚申随后又发表多篇论文并出版专著一部对生态翻译学的核心观点和一系列的相关问题进行了探讨和解读。其主要内容包括：通过翻译学、语言学、文化学、人类学和生态学等不同学科视角，实现跨科际的"关联互动"研究，确立了翻译生态系统的有机体系；提出翻译生态与自然生态之间存在关联性、类似性和同构性，并认为这些特性是生态翻译学的存在性和客观性的重要论据；指出关联序链的认知路径、类似同构的生态特征、适应/选择的理论体系以及"论/学一体"的同源贯通，是生态翻译学发生和发展的基础、前提和条件；阐述了生态翻译学研究焦点和视角，拓展了研究的视域；指出生态理性特征为翻译学研究提供的启示、理念和方法，为实证研究提供了充足的理论支撑，把生态翻译学从理论上提高到另外一个高度。胡庚生教授于 2013 年出版的《生态翻译学—建构与诠释》一书，对生态翻译学的名与实、生态翻译学的背景、起源与发展、生态翻译学的核心理念与视角、生态翻译学的宏观/中观/微观研究、生态翻译学的理论应用与研究、生态翻译学的发展取向与启示等进行了比较全面的阐述与梳理。

因此，可以说，经过十多年理论建设与发展，胡庚申比较全面、系统地构建了生态翻译学的理论，使该理论发展越来越完善，并得到越来越多学者的认同。

2. 对译文文本的分析研究

理论价值的体现在于能够运用到实际操作中。如果一个翻译理论能够用于文本分析，就说明该理论对文本的翻译具有指导作用，而大量的、不同类别的文本分析就能实现对生态翻译学可行性的有力佐证。从中国期刊网和维普资讯网上可以检索到的数据显示，涉及到生态翻译学方面的文本分析有许多种类。具体包括：第一，对各种经典译著的分析，如《红楼梦》《论语》和《天演论》等。学者们从整体翻译生态环境和"三维"（语言维、文化维和交际维）转换原则视角分析了这些经典译著成功的原因，指出译者只有适应翻译生态环境才能翻译出好的作品。对这些经典名著的分析一直是研究的焦点，也最能够证明理论的可行性。第二，对公示语方面的文本分析，如《生态翻译学视角下的公示语翻译——以上海世博会主题标语为例》《公示语反译及其生态翻译学理据》等。学者们从生态翻译学的"三维"转换原则来分析并指导公示语的翻译，从新的角度为公示语的翻译指明了方向。第三，对电影片名和字幕的文本分析。例如：《金陵十三钗》的片名、《1942》的字幕翻译等。和公示语的分析模式相似，学者们大多从"三维转换"的角度对电影片名翻译和字幕翻译进行案例分析，从新的角度来探讨字幕翻译并提出指导意见。第四，对新闻翻译的文本分析，如《从翻译适应选择论看新闻报道中隐喻习语的翻译》一文从翻译适应论的角度分析、探讨新闻报道中隐喻习语的有效翻译；《生态翻译学视角下的软新闻汉英翻译》一文认为新闻译者在软新闻汉英翻译过程中居中心地位，需从翻译生态环境层面做出语言、文化、交际等多维度的适应性转换选择；《生态翻译学视阈下的新闻英语汉译》一文从生态翻译学视角出发对新闻英语汉译中出现的一些被添加、删减或改写的"不信"现象进行了分析说明。学者们从生态翻译学的不同角度对新闻文本的翻译现象进行了分析并提供了理论指导。第五，对其它类型的文本分析。通过中国期刊网可以搜索到大量关于网络用语、广告用语、旅游景点、歇后语、诗歌和歌词等文本分析的文章。对不同类型的文本分析，以及分析的多角度是对生态翻译学理论可行性的有力佐证。

3. 对译家翻译思想的实证研究

中国有很多优秀的翻译家，他们都有自己特有的翻译思想，而且其翻译思想都具有普适性，已为大众接受和认可。如果能够从生态翻译学的角度解读这些翻译家的翻译思想，也说明生态翻译学可以被大众所接受和认可，同样具有普适性价值。最早从生态翻译学的角度对翻译家翻译思想研究的是胡庚申，他的《傅雷翻译思想的生态翻译学诠释》一文，从生态翻译学视角对傅雷先生丰富多彩的翻译思想进行解读和探讨。随后，很多学者结合适应选择论和生态翻译学的核心概念，从生态翻译学的不同角度对不同的翻译家的翻译思想进行了解读。例如：孙迎春发表的《张谷若与"适应"与"选择"》一文，结合适应选择论和生态翻译学的核心概念，对翻译宗师张谷若的实践和理念进行了探讨；佟晓梅、霍跃红发表的《对张爱玲译者身份边缘化的生态翻译学解读》一文，从生态翻译学视角解读了张爱玲被边缘化的译者身份；刘爱华发表的《徐迟：绝顶灵芝、空谷幽兰——生态翻译学视角下的翻译家研究》一文，认为徐迟的翻译活动是选择性适应多方面、多层次的翻译生态环境，不断做出适应性选择转换的结果；邓科、孟凡君发表的《王佐良翻译思想的生态翻译学诠释》一文，认为王佐良翻译思想的演变以"适合"之道一以贯之，并终至中和；刘艳芳发表的《鲁迅翻译思想的生态翻译学诠释》一文，认为鲁迅翻译思想所涵盖的翻译动机、翻译目的、翻译态度、翻译原则和翻译策略等体现了高度和谐统一的生态境界。当然，从中国期刊网搜索，还可以查看到有很多学者还研究了林语堂、张培基、钱钟书、许渊冲以及林纾等翻译家的翻译思想，这里就不一一赘述。从以上可以看出，从生态翻译学的角度对翻译家翻译思想的研究数量多，角度广，这是生态翻译学具有普适性的有力证明。

4. 对外语教学的实践研究

生态翻译学的理论发展和成熟，吸引了一批学者开始研究其对外语翻译教学的作用，探讨翻译教学的实践方案。目前，通过中国期刊网查检发现相关文章并不多，加起来只有10多篇。其主要内容包括：从生态学的整体观视角考察翻译教学生态系统，对传统的翻译教学理念进行反思、改革创新；从生态翻译学的视角探讨不同层次的学生的笔译、口译教学模式。例如：教学途径、教学目标、教学内容、教学方法、评价体系等进行探讨和进行教学实验；从生态翻译学视角重新审视中国翻译教材，并对翻译专业教材建设提出一些基本的设计理念。生态翻译学在教学中的应用研究说明生态翻译学已经逐渐发展成熟。

三、生态翻译学研究中存在问题与建议

（一）存在问题

1. 理论的系统性研究还有待加强

生态翻译学从产生到现在，仅仅只过了10多年，但发展迅速，已经初步

建立起自己的特色理论体系，取得了丰硕的研究成果。然而，理论系统性研究还有待加强。例如：关于译者适应与选择的"事后追惩"机理问题的理论应用研究尚嫌欠缺；尽管适应／选择、"三维"转换、译者中心、译有所为、生态范式、生态翻译环境等命题在生态翻译研究中接受程度相对较高，但生态理性、关联序链、"事后追惩"等理论视点的关注度不高或仍存疑虑。胡庚申虽然提出并构建了一整套理论框架，但作为一个新的翻译理论，仍需要时间的沉淀来进一步完善，而且该理论的构建与发展主要靠胡庚生个人来完成的，只有极少数学者从某个侧面进行零散讨论，导致理论性和系统性研究仍显不足，有些学者甚至对生态翻译学的某些观点存在质疑。

2. 应用研究不够深入，存在功利思想

生态翻译学的基本理论构建完成后，很多学者纷纷利用该理论进行应用性研究，涉及的面多而广，但大多是猎奇罢了，没有开展更为系统深入的应用研究。目前，应用性研究取得的成果主要包括：翻译家的翻译思想、各种文学文本的翻译、电影片名的翻译、公示语的翻译、广告语的翻译、网络用语的翻译、旅游景点翻译、诗歌的翻译、歌词的翻译，以及对教学的启示等，各种类型应有尽有。这些研究，有些非常有见解，但很多是带着功利性开展研究的，其研究结果自然没有多大的实用价值，如很多的文本分析都是采用"三维"模式进行分析，大同小异，缺乏创新性，自然没有多大价值。

3. 研究方法欠缺

生态翻译学主要从生态学视角对翻译进行综观整合性研究，理论的构建主要采用思辨式、逻辑式和经验型的文献性研究和实证性研究。到目前为止，生态翻译学虽然取得了不少成就，但对生态翻译学研究方法的研究仍显不足。首先，作为一个新学说，虽然弥补了现有研究的一些不足，也从新的视角对"译学""译论""译本"的研究进行了综观与整合，但这只是初步形成了"三位一体"的发展格局，还需要进一步的丰富、拓展和完善，这说明生态翻译学理论的构建对比性研究、综合性论证和整合性研究还不够；其次，许多学者对于生态翻译学中某些理论观点或在运用某些观点进行文本分析论证时，基本采用全盘接受的态度，只有极少数学者提出过质疑，这说明批判性研究方法欠缺；再者，在实证研究方面，文本分析居多，对于调查、统计分析与测试性的研究不够。

4. 研究队伍日益壮大，领军人物不多

尽管生态翻译学研究队伍日益壮大，但领军人物不多，高质量的研究成果不多。从中国期刊网论文统计数据来看，研究队伍中年轻学者居多，大多为硕士、博士，虽然发展潜力巨大，但还没有成长为生态翻译学研究的领军人物。目前，出版专著的学者不多，除胡庚申出版 2 部专著外，只有许建忠、刘雅峰、朱慧芬、陆秀英、岳中吕和于曾环以及盛俐等人共出版专著 6 部。在核心期刊发文方面，除了胡庚申发表了大量核心期刊论文外，发表 2 篇及以上相关核心期刊论文的学者也不多。国内也有些知名学者，如王宁、王克非、方梦之等都对生态翻译学进行过多角度的探讨，但因生态翻译学并非他们研究重点方向，在这方面的成果研究自然也不多，未能形成引领效应。

（二）研究建议

1. 加强理论的系统性研究

首先，应该鼓励学者们对生态翻译学中接受程度较高的命题继续进行深入细致的研究；同时，对尚未引起重视的理论视点要加强研究引导，并使接受程度不够高的或存在质疑的译学理论变成被大家广泛接受的理论。其次，研究者们要有敢于挑战的精神，敢于开拓创新，既要从宏观的角度对译学理论进行系统探讨，又要从微观的角度来进行细致研究，全面地认识生态翻译学的发展规律，完善译学研究。最后，作为该理论的倡导者胡庚申教授，更应该长远规划理论的发展，加强理论研究方向引导，鼓励和带动更多的人，特别是要召集更多的"大家"参与生态翻译学的研究，长期系统地、全面地进行研究和讨论，集大家之智慧，为大力发展我国的翻译学理论而努力。

2. 拓展应用研究的深度

应用性研究不够深入，存在功利思想。究其原因，主要有两方面：一方面，作为一个新兴热门的理论，必然受到追捧，很多学者把它视为万能的理论，单纯地把该理论拿过来套用到各种文本分析上，削弱了文体分析的实用价值，存在应用研究泛滥的现象；另一方面，生态翻译学的应用研究虽多，涉及的种类也广，但在某些实践操作性强、耗时长的应用领域涉及不多且很浅，如在教学应用研究就是典型。因此，为解决这一问题，要鼓励学者们淡泊名利，潜心研究，实实在在地多做一些富有挑战性的工作，从生态翻译学的不同角度来进一步拓展应用性研究的深度，加强文本分析和应用研究的实用价值。

3. 完善研究方法

要想完善翻译学理论，必须完善其研究方法。针对目前生态翻译学的研究现状，建议在理论研究方面，不仅要保留一直以来沿用的思辨式、逻辑式和经验型的研究方法，还要采用对比研究、综合论证、整合性研究和批评性研究等方法；在实证研究方面，除文本分析研究外，应提倡更多尝试采用调查、统计分析与测试性的研究方法，以弥补数据统计分析的不足；

再有，对青年学者来说，要加强研究方法的学习，通过研究方法使研究更深入和透彻。

4.壮大研究队伍，培养领军人物

作为一个在中国衍生的翻译学理论，要想发展完善，立足于国际社会，必须要有更多的像胡庚申这样的"大家"全身心投入，共同参与此项理论的研究，要有更多领军人物的出现。为此，首先要呼吁更多"大家"的参与，"大家"的知识、阅历、研究方法都比较丰富，只有他们全身心投向此项研究，才能发挥"大家"比较独到的见解，产生高度认可的成果，获得研究队伍聚集效应。其次，要给年轻教师、学者提供足够的科研平台，如在课题申报、论文发表、学术会议上给他们提供更多机会，才有助于激发青年才俊的研究热情，使他们迅速成长为生态翻译学研究的新领军人。只有这样，本土理论研究才能传承下去，并发扬光大。

第二节 生态文学与生态翻译学：解构与建构

在当今这个全球化的时代，随着各民族之间文化交流的日益频繁，翻译的作用已经变得越来越不可缺少。因而对翻译的研究也就无可置疑地被提到了学术研究的议事日程上。翻译研究（translation studies），或翻译学（translatology），在经历过文化转向后将向何处发展，已经成为国内外翻译研究者们共同思考的一个问题。在过去的几十年里，通过学者们的共同努力，翻译学或翻译研究有了长足的发展，它终于在学科的版图上确立了自己的地位，而且正在朝着一门相对独立和成熟的人文社会科学分支学科的方向发展。生态翻译学应该算是翻译研究的一个分支学科。我们现在已经看到一个不容忽视的现象，也即生态翻译学，伴随着另一些研究文学的生态学理论和批评方法正在翻译学界崛起，它强有力地对传统的文学和文化翻译以及翻译研究本身的教义形成了挑战。但是在当代翻译研究领域内，仍有相当一部分学者对这一分支学科的意义和生命力持怀疑态度，其理由主要在于生态学之应用于人文学科，确切地说用于文学研究，只是近一、二十年的事，它究竟拥有多少学科意义上的合法性还须论证。但作为一种实验性的研究方法和视角，它已经被证明自有其合理之处，最近二十多年来生态批评在西方和中国的比较文学和文学理论批评界的风行就是其不可忽视的明证。鉴于生态翻译学的研究事实上已经存在于翻译学的实践中，因此本文首先要探讨的就是生态翻译学与文学的生态研究或生态批评的关系。

一、从生态写作到生态翻译

提到生态翻译学，人们也许很快会想到当前在文学批评领域内十分活跃的生态批评。那么究竟什么是生态批评呢？对此人们一直理解不一，这里暂且按照国内外学者已经基本达成的共识作一简单的概括，所谓生态批评就是从生态环境的视角来对文学现象进行批评性解读和阐释，它经过近二十年的实践已经逐步从一个问题导向的运动过渡到一种方法论导向的文学批评方法。也即生态批评的对象就是以生态环境为题材的文学作品。按照美国的生态批评家彻里尔·格罗特菲尔蒂（Cheryll Glotfelty）所下的定义："生态批评就是对文学与物质环境之关系的研究……。生态批评家和理论家提出这样一些问题：自然是如何在这首十四行诗中得到再现的？物质场景在这部小说的情节中扮演着何种角色？这出戏中表现的价值与生态学的智慧相一致吗？我们何以展现作为一种文类的自然写作之特征？……"（Glotfelty and Fromm: xix）。如果我们对这一描述并不持很大异议的话，那么推而广之，便可得出这一结论：生态批评或文学的生态研究所指向的就是以生态环境为题材的写作。当然，写作有各种不同的形式，主要分为原创性写作和变异性写作或改写。应该承认，跨越语言界限的翻译就是用另一种语言对原文进行某种形式的改写或重写，它其中既含有创造性的成分，更带有再现性的成分。因此概而言之，如果说在原创性写作中，作家的主体意识占据中心地位的话，那么在翻译过程中，这种"以人为本"的"译者中心意识"就应该在某种程度上屈从于原文，或者至少说，带有主体意识的创造性改写在很大程度上仍摆脱不了原文的限制。较之创造性写作，译者的自主权应该说十分有限，他/她只能基于某个给定的原文加以有限的创造性发挥，而不可能任凭自己的想象来进行脱离原文的创造。由此可见，生态翻译学首先要研究的对象就是生态翻译现象。那么我们便进一步问，何谓"生态翻译"？它在何种程度上不同于一般的翻译？所谓生态翻译也就是从原文内在的生态结构出发来对拟翻译作品进行选择，并且在翻译的过程中依循原作固有的生态结构来在另一种语言中进行再现。它既不片面地强调翻译过程中译者的主体意识，同时又对一味追求对原文的被动的"忠实"起到抑制的作用。因此就这一点而言，生态翻译也和其他类型的生态写作一样，首先就注定要带有某种解构的特色。但这二者的解构性并不完全一样。

我们说，既然生态翻译具有某种解构性，那么它的解构性特征又具体体现在何处呢？一种基于生态逻辑的翻译之所以具有解构性，其原因在于它又不同于生态写作那样，仅仅依赖于作家的想象力和对自然生态环境的钟爱，它所考虑的是另一种形式的生态意识：文本内在的生态结构，也即这种内在结构如同自然界的生态结构一样，也有其内在的客观规律。翻译既然是一种再现性写作或改写，那么它在很大程度上便受制于这一文本内在的生态结构。译者只具有相对的创造性，而没有绝对的创造性：他/她切不可像创作那样天马行空，独往独来。译者时刻要考虑到，自己是在用另一种语言再现给定的原文，就好比戴着镣铐在跳舞，他的任务就是如何把舞跳得更好，以满足观众（读者）的欣赏（阅读）。因此他的阅读和理解都必须从原文出发，再现原文时也应该根据原文的内容和结构进行有限的创造，也即基于原文形式结构的创造，而非深入内容意义的创造。当然，有些基于原文形式结构的创造也会导致意义的变化，但这种远离原文的根本性变化并不是常见的，它在很大程度上仍取决于带有主观意识的译者的能动性作用。可以说，这种对译者作用的限制在一定程度上便消解了文学创作的那种"人本主义"意识，在这里，若从生态学的角度来看，翻译所要求的是一种"人本主义"和"文本主义"意识之间的平衡，这种平衡所体现的就是文本内在的生态结构。

既然翻译不同于创造性写作，它对人类中心主义的意识便具有鲜明的解构性，那么我们在从事翻译研究时，也应该考虑到翻译所具有的这一相对的解构特征。可以说，生态翻译学的解构性就在于它无情地消解了对所拟译文本进行选择过程中的人类中心主义思维定势，因为对于人类中心主义而言，不管所要翻译的文本是否具有内在的可译性，只要译者乐意就会促成它在另一种语言中再现。在人类中心主义的思维定势下，翻译的政治和文化启蒙功能往往被发挥到一个不恰当的地步，作为后果，它自身的规律性也就被破坏了。这当然在一个政治和文化变革时期自有其不可忽视的作用。例如在中国近代史上清末民初的转型时期，翻译的主要作用和功能在于启蒙大众，也即凭借大面积的文学和文化翻译这一"他山之石"来攻击和破坏传统的中国语言文化，最终使得中国文化和政治的现代性成为可能。一切所谓的对原文的"忠实"都成了次要的东西，甚至通过第二种语言或第三种语言来转译也在所不惜。这样，翻译者在很大程度上扮演了"改写者"或"创作者"的角色，正是由于他们的能动性干预和创造性转化，才使得中国的现代性路径沿着一条不同于西方现代性的独特路径在发展。它既是一种"翻译（过来）的现代性（translated modernity）"，同时也更是一种带有中国本土特色的"他种现代性（alternative modernity）"；它既可以与自己过去的传统进行对话，同时也可以与西方的现代性进行对话。正是由于这样一种"他种现代性"的存在有力地消解了所谓"单一现代性（singular modernity）"的神话，使得中国与西方在现代性这一话语层面上的对话成为可能。因此这样的（文化）翻译就带有强烈的实用性和意识形态性，对拟翻译文本的内在结构可以全然忽视，一切仅服从于接受者所赖以生存的文化土壤以及接受程度。例如当时林纾的翻译就是这样：自己不通外语的林纾竟然借助于熟谙外语的合译者，根据合译者的口述便对原文施以"归化式的"语言暴力，最终使得多姿多彩的原文风格一律变成了林纾的风格。但是五四前后的知识分子却从林纾的那些"改写式"译作中接受了原文的思想观念，推进了中国的文化现代性进程。今天我们从长远的观点来看，翻译仍应该尊重其自身的规律。这就是为什么五四前后的大多数翻译文本在今天的语境下都必须由新一代译者进行重译，而少数质量低劣的作品则由于其原文本身的过时和译文的老化而受到历史的选择和淘汰。

因此，在这方面，生态翻译学的原则便体现于对译者作用的限制：译者必须尊重原文内在的生态结构，通过对原文的仔细阅读和深刻理解发现这种内在的可译性，从而实现译者与作者以及文本之间的平等交流和对话。即使在有着鲜明的解构意识和意识形态倾向性的后殖民理论家斯皮瓦克那里，译者的作用也不可被夸大到一个不恰当的地步，因为"首先，译者必须臣服于文本。她必须吁请文本表明其语言的极限，因为修辞的那个方面将以自己独特的方式指明文本要避免的关于语言存在的绝对的争论的沉寂。……但是任何一种生硬的讨论都无法回避这一事实：翻译是一种最亲密的阅读行为。除非译者挣得成为亲密读者的权利，否则她就无法臣服于文本，无法对文本的特殊召唤做出响应"。也就是说，只有进入原文的特殊语境，或者说进入原作者的独特视角，分享作者的悲欢和哀乐，译者才能深入到原作的亲密读者的境地去透彻地理解原作。可以说，真正优秀的译文应该是这三者共同的创造性劳动产生的结晶，而非译者凭着主观臆断不着边际地"创造"出来的远离原文要旨的译文。而在解构主义翻译理论的宗师本雅明看来，"真正的翻译是透明的；它并不遮盖原作，并不阻挡原作的光辉，而是允许仿佛经过自身的媒介强化的纯语言更为充分地照耀原作"。我认为，这就是生态翻译学所具有的双重解构性：对翻译过程中"译者中心意识"的解构和对"原文至上"意识的解构。这也是生态翻译学给我们的最大启示，也即它本身所要追求的就是那种革命性和解构性。

二、解构中的建构

在当今时代，任何一种学术思潮或理论尽管具有鲜明的解构倾向，但它在解构旧的中心意识的同时也在进行某种形式的建构，所谓"建构性的后现代主义（constructive postmodernism）"的出现就是一例。它也不可避免地在消解一切霸权和中心意识的同时，建构了一些具有后现代倾向的价值伦理和规范，使得那些被早先的激进后现代主义消解了的合理的秩序和道德伦理价值规范得以在新的语境下重建。同样，当我们说，生态翻译学具有对"人本中心主义"的解构性，这也只是相对而言的，另一方面，也诚如雅克•德里达的理论对逻各斯中心主义的思维模式进行解构的尝试那样，生态翻译学在消解传统的"译者中心"的思维模式的同时，也建构了一种新的研究范式，根据这种范式或原则，它对拟翻译文本的选择并非根据译者自身的好恶，而更应该根据所选文本自身内涵的可译性，也即根据内在于原文深层的生态结构来在目标语中再现原文。这应该是确保翻译学作为一门科学学科的基本前提。

在今天的中外文化交流的大背景下，我们更强调的是翻译应当对中国文化和文学在全世界的传播做出应有的贡献。但是，我们的翻译工作者在这方面究竟有何建树呢？我对此实在不敢恭维。当然我们的译者也有自己难言的苦衷：我们辛辛苦苦生产出的译文并不被西方主流图书市场所接受。那么我们如何努力去改变这一现状呢？作为译者，我们经常会被问到这样的问题，既然我们都承认，唐诗代表了中国古代文学的最高水平，即使是那些西方汉学家也并不否认，中国的唐诗至少可算作世界文学史上的一座丰碑，那么它为什么很少为主流的比较文学学者和批评家所讨论呢？这当然在很大的程度上是翻译的乏力所致，因为在相当一部分人眼里，唐诗是不可译的，任何尝试着翻译唐诗的译者都难免背上"背叛者"的骂名。既然如此，同时属于世界文学史上的丰碑的荷马史诗也应该被认为是不可译的了？但事实上，即使在今天的西方读者中，包括希腊的读者在内，能够通过古希腊原文来阅读荷马史诗者实在是寥若晨星，而另一方面，荷马史诗又通过翻译的中介在不同的国家和语境中广为流传，不断地为各个时代的读者所阅读和欣赏。试问，又有多少学者在对照原文对这些不同的译文——进行批评性讨论呢？因此可以设想，没有翻译的中介，荷马史诗将永远留在早已死亡了的古希腊语言中忍受寂寞。正是翻译才使其具有了"持续的生命"和"来世生命"。因此，从绝对的内容意义上说，荷马史诗应该是可译的，唐诗也同样是可译的。但是另一方面，对于那些关注诗歌韵律和节奏的学者而言，荷马史诗又是不可译的，因为任何译者都不可能忠实地再现原文的独特韵律和节奏，对唐诗的翻译也是如此。它的可译性是绝对的，而不可译性则是相对的。这就要我们寻找高水平的译者对之进行"创造性改写"式的翻译。这样，对于那些通过译文来阅读唐诗的读者，他们所了解的基本内容出自原作者，而所欣赏的韵律和节奏则在很大程度上出自译者之手笔。这就要求我们的译者在选择拟翻译文本时充分考虑到原文内在的"可译性"和译者本身对原文的适应性和驾驭性。

实际上，作为翻译学的一个子学科，生态翻译学本身也有自己的特征：

既要对所译文本进行细读以发掘其可译性，同时在翻译的过程中又要尽可能地保存原文本在目标语中的生态平衡。因此它同时要兼顾主体（译者）和客体（文本）之间的平衡，任意强调某一方面而忽视另一方面都会对译文有所破坏。这一点又使我们想起了文学的生态批评中对自然生态的皈依。

与当代其他基于形式或意识形态的各种批评模式所不同的是，生态批评试图通过对以人与自然为主题的文学作品的阅读引领人们返回到自然的原生态中，让人们尽情地享受大自然的原始和素朴。因此生态批评首先发难的就是人类中心主义，其鲜明的解构倾向是十分明显的。仔细考察一下生态批评的一些批评原则和理论主张，我们便不难发现，生态批评家从德里达的解构主义理论那里挪用了反逻各斯中心主义的武器，将其转化为反人类中心主义的目的。在生态批评家看来，人类中心主义的发展观与一种可持续的科学发展观是截然对立的，它把人从自然中抽取出来并把自然视为可征服的对象，这样人与自然对立的观念便造成了割裂整体、以偏概全、用人类社会取代整个生态世界的现象，产生了目前的这种生态危机之后果。作为以关注自然和人类生存环境为己任的生态批评家则试图将自己的研究视野投向一直以来被传统的批评忽略的自然生态环境，让在很大程度上取自自然的文学再回归到大自然的整体世界中，以便借助文学的力量来呼唤人们的自然生态意识的觉醒。但在解构人类中心主义的同时，不少生态批评家却走向了另一个极端，也即重新建构了一种类似人类中心主义的"自然中心主义"或"地球中心主义"的思维模式：一切以自然环境的需要为旨归，这便在很大程度上抹杀了人的主观能动性。这一点恰恰说明，生态批评在解构人类中心主义的同时又建构了一种新的中心意识。但是这并非意味着所有的建构都是不好的，而倒是相反，在消解那种非此即彼的现代主义的人类中心主义意识的过程中，建构一种"亦此亦彼"的后现代伦理学倒是十分适时的。对此，我已在其他场合讨论过，此处无需赘言。这里只想反思，生态翻译学在解构了译者中心意识之后将作何建构？是否仍要回归"原文"进而一味强调对原文的"忠实"呢？事实上这又是不可能的。因为正如德里达所言，翻译是不可能的，但同时又是不得已而为之的。

众所周知，在翻译实践中长期占主导地位的是对原文一味屈尊的"文本中心主义"，所谓"信、达、雅"的核心就是强调完美地、忠实地表达原文的要旨，在这里，译者的主体性被全然抹去了，因此它遭到广大译者的抵制就是在所难免的了。译者们问道：具有本真性的原文（authentic original）真的可以在另一种语言中重复地再现吗？甚至连提出"信、达、雅"的翻译原则的严复本人在翻译实践中也违背了自己追求忠实的初衷，从而使他的翻译所带有的启蒙和阐释功能大大多于工具的功能。严复本人所翻译的赫胥黎的《天演论》若按照传统的文字翻译的标准来逐字逐句地考察，那么它在很大程度上也是有违译者的"忠实"之初衷的：赫胥黎的原著题为 *Evolution and Ethics and other Essays*，照英文直译应为《进化、伦理学及其他论文》，因此就其字面而言，严复的译文是欠忠实的，但是若从原作者的核心观念来看，译者严复恰恰抓住了原作者的核心思想，并发挥了中文表达的简洁凝练之特征，因而具有超越字面意义的忠实性，或者说，是另一种创造性的忠实：它所忠实的是原文的内容和核心理念，而非词句。再者，若从当时严复翻译这本书的时代背景来看，它对于达尔文的进化论在中国的文学界和知识界的传播也是十分适时的。此外，由一位具有复古倾向的思想家来翻译具有现代进化倾向的理论著作倒是不无反讽意义的。这也说明作为一位优秀翻译家的严复严格恪守的是译者的道德伦理观。

事实上，严复对《天演论》的翻译，从严格意义上说并不能算是纯粹的翻译，而是带有主观理解和批评性讨论的译述和发挥。他将《天演论》导论分为 18 篇、正文分为 17 篇，分别冠以篇名，并对其中 28 篇加了按语。他在按语中指出，植物、动物中都不乏生存竞争、适者生存、不适者淘汰的例子，人类也是如此。人类竞争其胜负不在人数之多寡，而在其种其力之强弱。面对当时中国的民族危机，严复尖锐地指出，中国再也不能一味地妄自尊大，大弹"夷夏轩轾"的老调，弄得不好会亡国灭种。因此经过严复翻译的《天演论》试图告诉人们亡国灭种的威胁，但又不是那种无所作为的悲观主义，它启示人们，中国目前虽弱，但仍有挽救的办法，这就是强力竞争，通过努力，改变弱者的地位，进而变为强者。所以，严复实际上在阐述进化论的同时，联系了中国的实际，向人们提出了不振作自强就会亡国灭种的警告。这应该说是严复对于现代性在中国的引进和变形做出的最重要的贡献。

不无讽刺意味的恰恰是，最早在中国倡导生态翻译学的胡庚申也是受了达尔文进化论的启发，之后才逐渐转向生态翻译学建构的。我们说，生态翻译学除了解构的特征外，它还具有建构性，那么它的建构性又体现在何处呢？这正是我们要试图发现并加以概括的。

首先，生态翻译学在解构人类中心主义的既定思维模式后并不企图返回文本中心主义，而是在承认原文内在生态结构是决定该文本是否具有可译性的同时，充分发挥译者的能动性理解及创造性再现和阐释作用。应该说，这绝不是后结构主义所鼓吹的那种"过度阐释"，而是基于原文的生态结构的一种创造性再现。在这里，译者的主观能动作用与原文的内在可译性达成了默契，最终产生出了尽可能完美的译文。它不是原文的仿制品，而是源于原文、高于原文的"第二原文（secondoriginal）"。就如同那些对自然顶礼膜拜的浪漫主义诗人那样，一方面鼓吹返回自然，另一方面又在自己的作品中创造出了一个"第二自然"：它既源于自然，又高于自然，应该说是一种"人化的自然"或与环境浑然一体的"自然"。因此，在美国的生态批评界，学者们经常将生态与环境交替使用，或者干脆放在一起使用，因为在当今时代，不经过"人化"的纯粹的自然已经尚存无几了。同样，生态翻译产生出的原文也具有这样的特征：它既最大限度地保持了原文的基本特征，同时又把原文的内在可译性发挥到了极致，甚至还有可能使得原文的"持续的生命"和"来世生命"胜于其在源语中的地位。这样的例子在中外文学史上不胜枚举。

其次，正如我在建构一种后现代生态环境伦理学时所指出的，我们应当具有自觉的环境保护意识，"爱护自然界的一草一木和每一种动物物种，平等地善待它们，使它们得以和人类共同生存下去"。因为"人类只有在自然界的巨大生物链的进化过程中才得以生存和繁衍，消灭任何一种动物，都不利于人类自身的生存和繁衍。尽管有些动物对人类确实有害，并被视为人类的敌人，例如狼，但只要我们建立人类自身的保护机制，我们就能够有效地'与狼共存'，甚至'与狼共舞'。反之，消灭了狼群，也就破坏了生物链的平衡，所导致的灾难将是不堪设想的"（同上）。同样，在翻译的过程中，我们也可以将原文当做先在于译文的自然存在物，只可以根据它本来的内在结构特征使它变得更加美好，而不可从根本上改造它，那样一来我们就不是在翻译，而是在创作了。只有尊重原作者及其产品原文，我们的译文才能在目标语和文化中获得持久的"来世生命"，反之，即使创造性成分过多的译文可以风靡一时，但久而久之也照样会被新一代读者所超越。这样的教训在翻译史上并不难窥见。

因此就这个意义而言，按照我的理解，生态翻译学的崛起也许对过分强调译者主体性的尝试是一个反拨。它也像当年出现在翻译研究领域内的文化转向一样，标志着当代翻译学中的又一次转向。我们应该欢呼它的到来，并且帮助它从幼稚逐渐走向成熟进而真正成为翻译学的一门子学科。

三、生态翻译学向何处去？

十多年前，蜚声世界文坛的理论刊物《新文学史》（*New Literary History*）推出了一个生态批评专辑，在当时的英美文学批评界产生了很大的影响，后来这个专辑还获得现代语言协会（Modern Language Association）主持的优秀期刊专辑大奖。尽管这个专辑对于促使生态批评进入理论批评的主流起到了重要的导向作用，但应邀为该专辑撰写评论的哈佛大学鲍威尔•M•凯博特英文讲座教授劳伦斯·布伊尔（Lawrence Buell）仍然对生态批评的未来忧心忡忡。他这样写道：正如它们的不平衡发展所证明的，当代文学环境研究实际上可以恰当地称作"一场运动（a movement）"，因为就这一点而言，它并不像新批评的形式主义、结构主义、解构主义以及新历史主义，而更像女权主义和种族修正主义或同性恋研究；因为它在总体上与其说是方法论驱动，倒不如说更是问题驱动的（more issue-driven than methodology-driven）。生态批评迄今仍缺乏那种可用从方法论上发难的界定研究领域的声明，比如说它缺乏韦勒克和沃伦为新批评而写的《文学理论》，也缺乏爱德华·赛义德为殖民话语研究所写的《东方主义》那样的奠基性著作。

我们上述这段话如果用于描述当今的生态翻译学现状倒不失几分合适。但是，对于生态批评在当时的发展状况，布伊尔的担心至少不无道理，但并非一种悲观主义的担心，而是一种奋进之前的沉思：一旦决心已下就不可后退地勇往直前。确实，就在这之后的不到十年间，美国的生态批评有了突飞猛进的发展，并迅速地通过翻译和学者们的学术活动"旅行"到世界各地，一些生态批评家最终在新近崛起的现代化经济大国中国和印度找到了知音。布伊尔本人也著书立说，辛勤笔耕，取得了令人瞩目的成就：2001 年，他出版了《为濒危的世界书写》（*Writing for an Endangered World: Literature, Culture, and Environment in the United States and Beyond*），2003 年出版了《爱默生》（*Emerson*），2005 年出版了《环境批评的未来》（*The Future of Environmental Criticism: Environmental Crisis and Literary Imagination*）等专著。此外，他还于 2006 年和 2007 年出版了《美国超验主义》（*The American Transcendentalists: Essential Writings*）、《星球的多种色度》（*Shades of the Planet: American Literature as World Literature*）等多种编著和文集。这些著述的出版无疑对生态批评在北美的长足发展起到了极大的推进作用，因而布伊尔本人也由于其在生态批评领域内的卓越成就，于 2008 年被选为美国艺术与科学院院士，美国的生态批评终于有了自己的重量级领军人物，其学科地位也牢牢地确立了。这一历史的经验足资我们今天提倡生态翻译学的人们所借鉴。

中国的生态翻译学可以说刚刚起步，其声势还远远不及十年前美国生态批评的声势，因此其发展必然是"路漫漫其修远兮"。但是，中国的生态资源是十分丰富的，有着成熟的"天人合一"的理念等哲学基础和伦理观念；此外，中国作为一个翻译大国，其翻译的数量堪称世界第一。这无疑是我们可以建立自己的生态翻译学派的基础；再者，处于转型时期的中国人文学者已经不甘一味引进西方理论了，他们试图改变中国的人文社会科学的现状，努力使中国从一个"理论消费大国（theory consuming country）"转变为"理论生产大国（theory producing country）"，在这方面，生态翻译学能否先行一步，充当中国学术走向世界的排头兵之一呢？这还有待于热心这一研究的生态翻译学者来回答。

第三节 生态翻译学视角下的翻译教学模式改革探索

革开放以来，特别是我国加入世界贸易组织之后，各种文本的翻译量急剧增加，从业人员也越来越多。但就目前的翻译市场来说，翻译人员质量参差不齐，所翻译的资料往往不能获得客户的认可，其根本原因在于我国传统的外语教学模式，即以老师为中心，从翻译理论出发，以单一词汇讲授，句子转换为主要方式进行翻译教学，教学资料大多为文学题材，缺乏实用性，不能够引起学生学习的积极性。这一教学模式忽略了翻译活动是一个译者在由翻译发起者、出版商、原文、原文作者、原文读者、原文所处的特定社会环境、译文、译文读者、译文所处的特定社会环境等因素构成的生态体系中进行"适应/选择"的动态发展过程。

生态翻译学的出现为翻译教学模式改革提供了一个新的视角。该理论将翻译定义为"以译者为主导，以文本为依托，以跨文化信息转换为宗旨，译者为适应翻译生态环境而对文本进行移植的选择过程"。译者在进行翻译活动时，是处于一定的生态环境之中，而该生态环境之中各元素的相互关联和作用将决定最终译文的质量。本文试图从生态翻译学的视角研究翻译教学的整个过程，分析翻译教学在课程设置、教学方式及教学资源等方面的问题，并提出建设性的建议。

一、生态翻译学概述

生态翻译学在中国起步于 2001 年，并与 2009 年前后受到国内学者的广泛关注。该理论将翻译纳入到更加广阔的生态环境中进行研究，立足于翻译生态与自然生态的同构隐喻，是一种从生态视角综观翻译研究的范式。借助于生态学的基本理论，胡庚申教授等学者提出"翻译生态环境"这一概念，认为翻译是原文、原语和目的语所呈现的世界，即语言、交际、文化、社会以及作者、读者、委托者等互联互动的整体。在这个翻译生态环境中，译者基于主体环境（作者、读者、出版商、洽谈商、审稿人等）和客体环境（原文本、译本、文体功能、翻译策略、翻译规约等）不断的进行适应性选择，达到动态平衡，从而产生最佳译文，该理论主要包含了下述基本概念。

（一）整体 / 关联论

生态学强调整体和关联，重视个体对整体环境的依赖，而这一原则也同样适用于生态翻译学研究。在生态翻译系统中，各个元素相互作用，相互关联，某一元素的改变将会导致整个系统链上其它元素的改变，这一现象充分说明翻译的整体性和关联性。这种整体关联论既有利于在整体的翻译生态系统中相关元素形成互利共进的关系，形成整体和谐的生态美，又必然会影响到翻译理论研究，即不同翻译理念在形成和发展过程中的相互借鉴、嫁接、适应、渗透、交锋、替代、演变，经过古今中外的比较与综合，最终走向多元统一和整合一体。

因此，在进行翻译生态研究时，不能将某一元素割裂出来单独进行分析研究，这将影响该系统的整体性。就翻译教学来说，该过程涉及到翻译市场需求、教学环境、教材类型、教师素质、教师学生互动方式及最终学生技能等各种元素，任何元素发生改变，都会影响到最终的结果，即学生是否能够胜任其毕业后所要从事的翻译工作。

（二）适应 / 选择论

翻译适应 / 选择论是在对达尔文生物进化论中的"适应选择"学说进行转意和隐喻后而形成的一种新的理论。该理论认为"翻译是译者适应翻译生态环境的选择活动"，译者可以根据一定的翻译生态环境的特点，自主地进行判断，并做出适应性选择，最终达到生态平衡，实现真正的"适者生存""弃弱留强"。

在翻译教学中，适应性选择可以是多方面的，包含基于市场需求的翻译教材的适应性选择；基于学生层次的教学方法的适应性选择；基于文本类型的翻译策略的适应性选择；甚至基于教学需要的对于教师的适应性选择。只有在翻译教学中进行多维度的适应性选择，才能产生满意的教学效果，并且培养出能够适应市场需求的翻译人才。

（三）译者中心论

根据生态翻译学理论，"译者为中心"是以突出译者在翻译过程中的中心地位和主导作用为目的，以译者为视角对翻译活动做出新的描述和解释为途径，以彰显译者主体、发展译者能力为特征，以译者为终极关照的翻译观。该理论强调了译者在"译事中"的"中心地位"和"主导作用"，即译者在翻译过程中有权进行自主性的选择，其主要针对最终译文的产生，目的是为了发挥译者的主观能动性，使其具有进行翻译创作的意愿。

在传统翻译教学课堂上，教师往往占据着中心地位，而学生只是被动的接受知识，缺乏自主性。按照生态翻译学的观点，翻译课堂应以学生为中心，教师只是对学生进行引导，起着从属辅助的作用。在进行角色转换之后，学生可以根据自己的薄弱环节或者翻译需求，进行适应性选择，更加主动地参与到课堂的翻译活动中去，挖掘自己潜在的翻译创造能力。

二、我国高校英语翻译教学现状及存在问题

当前，我国大多数高等院校都开设有英语课程，翻译能力培养是其中一项重要内容。无论国家、学校，还是学生个人，都为翻译能力的提高投入了大量的时间和精力，但是由于各种原因，翻译教学的效果并不明显，培养出来的学生往往不能适应社会需求。从生态学的角度分析，目前的英语翻译教学主要存在以下方面的问题。

（一）课程设置目标不清晰

我国英语教学分为非英语专业教学和英语专业教学。大学英语为非英语专业学生的必修课，教学目标是培养学生听、说、读、写、译等方面的基本能力，但由于多数学生往往更注重专业课程的学习，对于英语翻译课程难以分配出足够多的时间进行学习，因此，不能够达到英语课程设置所要求的教学目标。

对于英语专业的学生来说，其翻译学习可以分为两个阶段：一是在外语专业课程学习的过程中进行翻译的学习，比如"综合英语""英美文学"等，旨在帮助学生理解和掌握语言知识；二是在高年级开设的有关翻译理论和实践的课程，旨在帮助学生具备一定翻译理论素养和掌握一定的翻译技巧 [7]。按照专业培养目标，这些学生毕业后应就业于学校等企事业单位。但目前情况是毕业生被大量推向社会，而他们在学校所学习的内容侧重于基本理论知识及语言使用技能，因此，无法胜任与专业英语（English for Special Purpose）相关的工作。从生态翻译学的角度来说，当前翻译课程设置脱离了翻译生态这一大的环境，忽视了翻译生态上关键的一环，即社会需求。

（二）教材选用及教学方式不合理

由于受到我国社会发展阶段及国情的限制，学校所采用教材多以文学题材为主。该类教材通过单个例句，向学生介绍基本的翻译技巧，比如增词法、减词法、语态转换等，内容很少涉及到专业方面的知识，比如科技、经济、法律、商务等。即使某些翻译教程包含有专业英语方面的内容，但是只局限

于某一章节，蜻蜓点水，不能够解决实际问题，且缺乏系统性，这就使得翻译教学停留在理论层面，无法真正地提高学生的实际翻译能力。

就教学方式来讲，目前仍然采用传统的教师课堂讲授，学生进行练习，最终由教师点评的单一教学模式。虽然这种教学模式能够使学生获得大量的练习机会，而且也能够在教师的点评中发现自己存在的问题，但是由于翻译内容局限于课本，缺少实用性和灵活性，无法激起学生主动学习的兴趣，学生在翻译练习之后会感到枯燥乏味，不能够积极主动地参与到翻译中去，往往是敷衍了事。

（三）师资力量薄弱

当前，国内普通高校普遍处于英语教师师资力量较弱的困境。一方面，由于外语热在国内已经逐渐淡化，大多数人认为英语只是一种语言工具，不愿意选择单一的英语作为自己的专业，即使选择了，也不愿意继续深造，这就造成了高校英语教师的短缺，特别是缺少既懂得理论知识又有着丰富翻译实践经验的教师。另一方面，高校英语教师承担着繁重的教学任务。根据袁斌业教授的调查，"过去的综合大学，一个翻译教师负责一个年级的学生人数约是几十人，在师范类院校是 100 至 120 人之间。自高校扩招后，一些师范类院校，一个年级学生的总数在 160 至 190 人之间，个别年级的学生总数在 200 至 220 人之间"。日常的教学工作加上繁重的科研任务，使得教师无力再自我提升专业知识去适应当前翻译教学发展的需求。

三、生态翻译学理论指导下的翻译教学改革

（一）明确人才培养目标

作为翻译生态链中的重要一环，翻译教学的根本出发点是培养满足社会需求的翻译人才。因此，高校在开设翻译课程时必须首先明确其人才培养目标。就整体 / 关联论来说，培养目标不同，整个生态链上的其它元素也要发生改变，比如教材选用、教学方式等。对于非英语专业院校来说，毕业生主要从事和某一专业相关的工作，日常工作中所遇到的英语资料大多和该专业相关。在翻译教学的过程中，就要求加入和学生所学专业相关的专业英语的练习。例如，如果学生所学专业为经贸，翻译教学就可以侧重于经贸文本类型；如果学生所学专业为旅游管理，翻译教学就可以侧重于旅游文本类型。

对于英语专业院校来说，其主要目标是培养能够从事各种文本类型资料翻译的通用型人才。学生毕业后将接触到不同文本类型的资料，比如科技、

经贸、法律、旅游、医学等。因此，在翻译教学的过程中，要求学生在学习英语理论知识及翻译技能的基础上，多接触各种类型的文本资料，熟悉各个行业的专业术语及背景知识。另外，学校也可以开设一些专业英语课程供学生选修，使得学生能够系统地学习某一行业的专业英语，在今后的工作中能够信手拈来，成为应用型翻译人才。

（二）改革教学方式和提高教师素质

适应 / 选择论是生态翻译学中一项重要理论。就翻译教学来说，其意义主要体现在两个方面：教学方式和教师素质。教师课堂讲解、学生课下练习的传统教学模式已不能适应当前社会发展的需要。因此，教师要改变传统的教学方式，采用多媒体等教学手段，通过多媒体演示，将学生需要掌握的翻译理论、方法及重难点以动态的方式展现出来，吸引学生的注意力，加深学生对所学内容的理解和掌握。

同时，学校也要创造条件不断提高教师专业素质。首先，学校可以引进更多的具有专业背景的教师从事翻译教学工作；其次，选派教师到国内外知名院校研修与翻译相关的课程，提高其专业理论素养；再次，鼓励翻译教师深入企业考察学习，扩展行业知识，增加实践经验，使其在教学中对学生进行有针对性的指导。

（三）创造以"译者为中心"的翻译教学环境

在翻译生态环境中，译者是具有创造性的主导整个翻译过程的独立个体，在翻译过程中，主动性往往决定着最终译文的质量。具体到翻译教学中，学生（译者）在课堂上的积极性和参与性也最终决定着翻译教学的效果。因此，必须改变传统教学中教师满堂灌输，学生被动接受的现象。

首先，教师在介绍完基本翻译理论和方法后，可以鼓励学生组成小组，通过互联网或者其它方式搜集一些自己感兴趣的，最好与专业相关的文本类型进行翻译。翻译完成后，进行组内讨论对比，选出最佳译文，并提交给教师。教师将各组最佳译文通过课堂展示，由其它组成员点评后进行概括性总结。此种方式使得学生获得自主选材和自主决定最佳译文的权利，形成竞争机制，从而愿意参与到翻译实践中去，并发挥自己的主观能动性。另外，教师可以从各组中选拔出翻译能力较强的学生，组成翻译团队，在其指导下有偿承接翻译公司的翻译任务，为今后的工作积累实践经验。

生态翻译学将翻译教学纳入到整个翻译生态环境中进行考量，为翻译教学改革提供了新的思路。基于整体 / 关联论、适应 / 选择论、译者中心论等论述，对翻译教学中所涉及的培养目标、教学方式、学生角色等相关元素进行调整，从而使得各元素相互关联、相互促进，培养出满足社会需求的翻译人才。

第四节 接受美学翻译观与生态翻译学的关联与借鉴

接受美学和生态学都产生于 20 世纪 60 年代。接受美学最先广泛应用于文学研究，后逐渐应用于翻译理论，从而产生了接受美学翻译观；而生态学一开始就被广泛应用到众多学科当中，其中包括与翻译研究关系密切的语言学科的研究，如生态语言学、语言环境学与环境语言学、语言与生态研究等，其理论成果也被翻译研究所吸收，形成了生态翻译学。接受美学翻译观是基于读者反应来研究与评判翻译的优劣，追求读者可接受的译作美学价值取向；而生态翻译学侧重从生态学的角度来研究翻译，以"事后追惩"的读者反馈来界定译作的品质，寻求在翻译过程中译者自我适应与选择的动态平衡的译态关系。因此，接受美学翻译观与生态翻译学存在某些共同的关联和特质。

接受美学主要是以现象学美学和阐释学美学为理论基础，探讨读者能动接受活动在文学传播中的地位和作用。接受美学的产生主要源于：20 世纪 60 年代以来，人们感到遵循文本"独立性"的主张和形式主义理论，无法回答日益引起人们关注的文学社会功能和社会效果问题；加之信息技术和理论的日益发展以及人际间交流研究的逐步展开，文学理论的思维重点就自然而然地转移到对文学的接受与影响问题的研究上。以姚斯和伊瑟尔为代表的接受美学派，坚持文学研究的方向应该从传统的以作者—文本关系为中心转移到以文本—读者关系为中心，认为某一文本的意义没有绝对的解释，只有通过读者的阅读，文本意义才能被实现。姚斯的理论主要源于伽达默，如"期待视野""效应史"等；伊瑟尔的理论则受到美学家茵格尔顿的影响，如"未定性""具体化"等概念。虽然接受美学从新的角度审视文学研究过程，为翻译研究提供了新的研究视角与方法，但仍存许多不足。朱建平教授指出："接受美学在翻译研究中的问题依然存在，如对相关原理研究不够全，不够透、缺乏系统性和跨学科研究等"。

生态翻译学是我国胡庚申教授于 2001 年提出，其产生主要源于"全球性生态思潮的影响、中国古代生态智慧的启发、相关领域学科发展的激励、译学界生态取向翻译研究的促进，再加上现有译学理论研究的局限与缺失所产生的需要"。胡教授认为生态翻译学涉及到"生态学"和"翻译学"两门学科，它着眼于翻译生态系统的整体性，以生态翻译学的叙事方式，对翻译的本质、过程、标准、原则和方法以及翻译现象等做出新的描述和解释。胡庚申还从"原文—译者—译文"的三元关系、译者功能、译品差异、意义构建、适应选择、翻译实践等不同角度加以论述，提出了"以译者为中心"的翻译观。生态翻译学经过 10 多年的发展，其理论框架建构日益完善，被许多学者用来指导翻译研究。作为一种新理论，虽然它弥补了现有研究的不足，从新的视角对"译学""译论""译本"的研究进行了纵观和整合，但只是初步形成了"三位一体"的发展格局，仍需要学者们不断地丰富和完善，进一步地认识生态翻译学的发展规律。

从宏观上看，接受美学翻译观与生态翻译学在翻译活动所处的社会背景、理论背景和翻译的本质方面存在相似之处。从微观上看，两者都源于其他学科并应用到翻译领域；都存在对相关原理研究不够全、不够透，系统性和跨学科研究不足等问题；研究中心都具有以"译者"为主体的特性等。鉴于两者在宏观和微观存在诸多的相似性，通过比较研究，意在找出两大理论可以相互借鉴的据理。纵观这两种理论发展，发现译者地位与素质、翻译标准和翻译方法是两大翻译理论讨论的重点，反映了理论本质之所在。因此，本文从译者的地位与素质的融通性、翻译原则的影响生态的近似性和翻译方法的操作实践的共通性来开展研究。

一、译者的地位与素质在接受美学翻译观与生态翻译学中的融通性

接受美学翻译观是"以读者为中心"的理论，强调读者的接受性，而译者作为原作的第一读者，处于翻译过程的核心地位；生态翻译学是"以译者为中心"的翻译观，则强调译作质量与译者素质呈现密切正相关性。可见，两者之间必然存在着交叠之处而具有某些相融性。下面主要从译者的地位和素质来探讨两者的融通性。

（一）译者中心地位在翻译活动中得到彰显

在由作家—作品—读者构成的文学总体活动中，读者不仅是关键的因素，而且与作家、作品都有着极为密切的关系。这是接受美学确立了读者的中心地位的依据。接受美学认为作品总是为读者而创作的，文本生命的延续离不开读者的参与。译者在翻译前首先是作为读者的身份来阅读作品，是特殊的读者和原文的第一读者。作为特殊读者的译者在翻译中必然也必须充分考虑读者的感受和接受能力，才能译出好作品。正如杨武能用阐释学和接受美学重新解释翻译过程那样，传统的翻译模式"原著—译者—译本"存在弊端，应建立文学翻译特有的翻译模式"作家—原著—翻译家—译本—读者"，在这个过程中，译者处于中心或枢纽地位，发挥着最积极的作用。

　　方梦之从接受理论的角度阐述了译者的地位，又从信息论的角度指出："信息在传递过程中的增值、贬值、偏离和缺省，主要跟译者、读者或听者的信息接受力有关。"这实际上反映了翻译是文本与译者之间的交流和对话，也强调了译者在翻译过程中作为信息接收者的主体性地位。可见，接受美学把译者置于翻译的显著的中心位置。

　　生态翻译学利用翻译活动与"求存择优"自然法则存在适用的关联性和共通性，并以达尔文生物进化论中的"适应 / 选择"说为指导，探讨"翻译生态环境"中译者适应与选择行为的相互关系、相关机理、基本特征和规律，从"适应"与"选择"的视角对翻译做出新的描述和解释，论证和构建了一个以译者为中心的"翻译适应选择论"。生态翻译学认为：翻译是译者适应翻译生态环境的选择活动，通过译者"自我适应"的调节机制和"事后追惩"的制约机制约束翻译行为。这彰显了译者在翻译活动中的地位和功能，促进了译者自律、自重。可见，生态翻译学把译者置于中心位置，强调译者在翻译中的"适应"与"选择"行为的重要性。译者在翻译活动中自然具有"中心"地位和"主导"作用。因此，生态翻译学也把译者置于翻译的显著的中心位置。

　　（二）译者的素质对译作质量有决定性的影响

　　杨绛曾用"一仆二主"来形容译者的职责，即译者既要服务好原作者，又要服务好读者。显然，译者"服务"的好坏体现了译者的基本翻译素养，对译作品质量影响巨大。

　　接受美学认为，文本总是呈现出未定性和开放性，存在着许多"空白点"，召唤着译者在翻译中进行填充，使之具体化。这种填充和具体化的过程需要译者充分发挥主观能动性。译者作为特殊的读者和译文信息传递者，起着连接本文和译文读者之间的桥梁作用。在翻译过程中作为信息接受的主体，译者既要对本文进行创造性的理解，又要考虑到译文读者的审美期待水平，才能译出能够被读者所理解和接受的作品。接受美学认为：翻译活动不应是原作者或原作的独白，而是译者带着"期待视野"，在文本的"召唤结构"作用下与作者进行对话和交流形成的"视野融合"。换句话说，翻译活动是从传统的原作者独白和无限度的读者阐释，走向了作者、译者与读者之间的积极对话。因此，译者在追求"期待视野"与本文融合的同时，还必须考虑译文与译文读者的关系，考虑译文读者与译文的"视野融合"问题。这种"具体化""视野融合""积极对话"和"译者考虑"都和译者自身的素质有直接关系。即不同的译者，期待视野不同，理解和阐述也不同，翻译的作品质量也会有差异。在接受美学翻译观看来，译者处于中心位置，他的主观性，他的态度，他的言语能力，他的认识水平，无不起作用，因此译者素质对翻译质量影响巨大。

生态翻译学则强调译者在翻译活动中处于"中心"地位，拥有"主导"作用，即译者在翻译过程中处于"中心的""主导的""主动的""反制的""颠覆的"的地位。因此，译者真正成为"主宰"者，以至"译有所为"地创生译文、影响译语的文化和社会。正是因为译者处于翻译的中心位置以及主导作用，决定了译者的素质对翻译质量影响度。可见译品的差异取决于译者，取决于译者的适应与选择。因为一切适应与选择行为都由译者做出决定和实施操作，所以，不同素质的译者，对翻译文本的理解力和判断力、对翻译环境的适应力，以及语言文字表达能力和综合知识运用能力的不同，会造成适应度和选择度的差异。也就是说，译品的不同是源于不同的译者在翻译过程中"适应"和"选择"的不同表现所致，即译者决定译品。译品的整合适应选择度与译者素质关系密切。一般而言，译者素质越高，翻译经验越丰富，就越能平衡翻译中的"诸者"关系，其适应与选择的能力就越强，就越能翻译出整合适应选择度高的译品。因此，译者素质与翻译质量成正比，对译作的质量产生决定性影响。

二、翻译原则的生态影响在接受美学翻译观与生态翻译学中的近似性

与传统的翻译理论相比，影响接受美学翻译观和生态翻译学的翻译原则的生态环境已经发生了变化，表现在：一是研究中心都经历了与原传统翻译理论偏离的变化，使得翻译原则发生了重大的适应性改变。二是从翻译实践来看，受翻译原则规范的翻译行为，存在诸多相关制约因素，翻译的过程就是寻求这些相关因素的协调与平衡，生态翻译和接受美学翻译在这样的协调与平衡活动中，都受到读者为主体复杂翻译因素关联与制约。因此，下面主要从上述两个方面来讨论两者在翻译原则方面的相似性。

（一）研究中心的转移导致了翻译原则的适应性转变

目前，鲜有有关接受美学翻译原则的文献。为了说明问题，下面笔者就接受美学的翻译原则有关的观点作初步梳理。接受美学把研究重点从传统的以作者—文本关系为中心转移到以文本—读者关系为中心，因而强调翻译行为要重点考虑读者因素，这就体现了接受美学翻译观的翻译原则基本立场。因此，把读者因素作为主要的因素来考虑是接受美学翻译原则的核心和基本

点。接受美学翻译观还认为：读者的接受过程就是对文本的再创造过程，因为文学翻译同属于一种文学活动，具有能动性，而译者首先作为读者与接受者，在文学翻译过程中就应该具有能动的创造性，而不是作为作品的被动接受者。这就为翻译者的再创造提供了理论依据，也同样为翻译标准的确定提供了理论依据。以往讨论翻译原则或翻译标准，无论是"信达雅""神似""化境"，还是直译、意译等，都是以源语文本的客观性、确定性和唯一参照性作为其讨论的前提条件，而接受美学中关于文本的开放性和阐释的不可穷尽性理论则对这一过去认为是无可辩驳、无懈可击的前提的真实性提出了大胆的怀疑，这种文本的开放性和阐释的不可穷尽性无不与译者的能动性有关。可见，接受美学翻译研究中心的转移，导致了翻译原则指导下的翻译行为更多考虑译者的因素，重视译者在翻译活动中的再创造作用。

再看生态翻译学，它本身就是"以译者为中心"的翻译理论，把翻译原则概括为：多维度适应与适应性选择。即译者在翻译生态环境的翻译过程中，力求在不同层次、不同方面上多维度地适应，继而依此做出适应性的选择转换。可见，在生态翻译学翻译原则中，译者的中心地位得到突显。因而译者需要能动地适应翻译生态环境，才能做出最佳适应和选择转换。在"原文—译者—译文"三元关系中，译者居中地处"中央"，既要"适应"原文，又要"选择"译文。译者中心地位正好反映了生态翻译学研究的中心已从传统的作者—文本关系为中心转移到以文本—译者关系为中心，体现出对译者的充分重视和所起的核心主导作用。再者，作为翻译生态环境的重要组成部分的文本，受到互联互动的多层次生态环境的制约，已不是一成不变或静止不动的，也具有不确定性和开放性的属性特征，为译者在翻译活动中留下适应生态环境的创造空间，需要译者能动地、创造性地解读，并进行适应性选择转换，这也反映了生态翻译学中文本的客观性、确定性和唯一参照性不再是其唯一讨论的前提条件。所以，生态翻译学研究中心的转移，确立了译者为中心在翻译活动中的积极的主导作用。

（二）受读者为主体复杂翻译因素关联与制约

影响和制约接受美学翻译原则的因素很多，主要集中在文本、译者、读者、语境、接受、翻译目的、译入语文化以及翻译规范等，其中重要制约因素是读者的接受因素。正如阐释学、交际理论和对话理论，接受美学重视读者感受和双向交流。姚斯认为："读者本身便是一种历史的能动的创造力量。文学作品历史生命如果没有接受者的能动的参与介入是不可想象的。因为，只有通过读者的阅读过程，作品才能够进入一种连续性变化的经验视野。"那么，译者作为特殊的读者，在翻译过程中，译者作为信息接收者的主体性地位以及译文读者的参照地位得到了强调，自然译文顾及了译文读者的反应效果。因此，在翻译文学作品时，译者必须进行创造性的思维来填补作品的"空白"，满足读者的期待视野，实现原语向译语的转换。实践经验表明，只有读者视野与文本视野达到融合，才能最大限度实现交际目的。所以，接受美学把读者的接受性与创造性作为重要制约因素来考虑，这是其翻译原则最直接和最核心的体现。当然，接受美学对读者的重视并不是对其他相关因素的否定，而是要求在此基础上更好地协调与平衡其它相关因素。

在生态翻译学中，影响翻译原则指导下的翻译行为是生态翻译环境，它既是制约译者最佳适应和优化选择的多因素的集合，又是译者多维度适应与选择的前提和依据。在胡庚申看来，翻译生态环境是"原文、源语和译语所呈现的世界，即语言、交际、文化、社会、以及作者、读者和委托者等互联互动的整体"。尽管源语、原文和译语系统对译者起到重要的制约作用，但在创作与翻译的过程中所体现的作者—原文—译者—译文—读者五者关系中，翻译的最终目的就是为了满足读者的需求，为适应生态环境而进行语言转换。再者，"读者反馈"作为评判和测定译品整合适应选择度的一个重要参考指标，反映了读者是互联互动中生态环境的重要元素之一，对翻译活动起到重要制约作用。那么，译者在翻译过程中进行"适应与选择"时，只有充分考虑读者的制约因素，才能"优化选择"，才能"求存、生效"，才能做到"汰弱留强"。可见，读者是评判译品的主体，没有读者的参与，其他因素只是孤立的存在，形成不了规范化的翻译行为。因此，在生态翻译学中，只有把读者的接受因素作为重要翻译因素来考虑，才能做出最佳的适应与选择，译出被读者接受的好作品。

三、翻译方法的操作实践在接受美学翻译观与生态翻译学中的共通性

每个成熟的翻译理论既有自己相应的翻译原则，又有在该原则指导下的具体翻译方法。翻译理论在于宏观指导，翻译方法在宏观理论指导下的微观操作。接受美学翻译观和生态翻译学在翻译原则上存在相似性，其翻译方法不可避免的存在共通性。当然，这种共通性不多，但最能反映翻译方法意义的是操作实践，其主要体现在两个方面。

（一）强调"多维"的适应选择转换来完成译作

生态翻译学把"适应选择论"的翻译方法概括为"三维"转换，即在"多

维度适应与适应性选择的"原则之下，相对地集中于语言维、文化维和交际维的适应性选择转换。"三维"转换可分别解释为译者在翻译过程中对语言形式的适应性选择转换；译者在翻译过程中关注双语文化内涵的传递与阐释；译者在翻译过程中关注双语交际意图的适应性选择转换。由于翻译生态环境是多元的，所以影响译者适应性选择转换的因素也是多元的。这些多元的维度不会孤立地存在，在具体的翻译过程中经常表现为一种多层次的、相互交织的、互联互动的有机整体。那么，翻译过程中的转换就不限于三维转换。但此三维是最主要的，其他因素如作者、作者意图、原文、真理、社会、沟通渠道、译文语、译者、译文等都会对译者的选择和适应造成影响。可见，翻译过程中的适应性选择是多层次的，选择性适应的因素也是多元化的，影响适应性选择转换的维度是多方面的。所以，译者在翻译过程中要重点关注这三维，保持"三维"的最佳平衡状态，同时尽可能地兼顾其他维度的转换，做到最佳适应与选择。例如，杨宪益和霍克斯两个不同的《红楼梦》译本，这两个译本都极力在内容和形式上与原文达成共鸣，很好地实现了"三维"转换，但在维度的转换上，各有侧重：霍克斯的译文优雅，侧重于语言维的转换，符合译入语的表达习惯；而杨宪益的译文准确流畅，侧重文化维的转换，达到了有效传播中国文化目的。可见，由于译者们的生活背景和生活经历不同，造成他们在维度选择上的侧重不同，但都保持了"三维"转换的最佳平衡状态，创做出整合适应度高的佳作。

在接受美学翻译观方面，尽管没有文献直接阐述"多维"转换的方法，但学者们也意识到语言、文化和交际等方面是翻译转换需重点关注的对象。因为，语言是文化的载体，是文化的有机组成组成部分，翻译不可避免要涉及文化，并以促进文化的交流和传播为主要目的。没有翻译，异质文化之间就不可能有真正的交流，它背负着传播文化与交流的重任。那么，翻译活动实际上是社会群体和个体之间的相互交流和影响的活动，其实质也是审美经验视界的交融过程。无论是传播本国文化还是吸收外国文化都必须考虑读者的接受水平。因此，接受美学强调读者在作品的存在和意义构建中的作用，以读者接受作为追求的审美价值取向。所以，接受美学的翻译方法是以读者反应为取向，实现"语言、文化"间的最佳转换，最大限度地传播异域语言和文化，实现交际目的。当然，影响译者翻译的因素是多方面的，影响读者接受的因素也是多层次的，译者在转换时应重点关注"语言、文化和交际"这三维，同时也要兼顾其他维度的转换。例如，代表中国参加奥斯卡最佳外语片角逐的电影《金陵十三钗》的片名翻译 The Flowers of War 就是一个典范。从语言的接受来说，该片名选词凄美，不仅符合西方人的审美价值取向，而且能够让西方观众透过片名感受到一丝战争的悲凉意境；从文化理解和接受来说，意译的"花"比直译的"钗"更能够让西方观众理解和感受来自东方女性在残酷战争背景下的救赎和不屈精神；从交际效果来看，该片名能够使外国观众了解该电影所反映的主题与内涵。可见，从接受美学角度来说，该片名的翻译充分体现了"三维"转换，并做到了"三维"转换的平衡处理。

（二）需要采用灵活的翻译策略来保证译作品质

在翻译策略的选取上，接受美学主要是以读者的审美接受为价值取向。无论直译或意译，归化或异化都会因为翻译过程中读者因素的不确定性、文化差异及时代差异，而呈现出不确定性及多元化。可见，翻译策略的选择取决于不断变化的社会、文化因素以及读者的期待视野，因而翻译策略的选取应该是灵活性。例如，高尔基《海燕》的瞿秋白译本可谓是当时翻译的典范，但最终被戈宝全译本所代替，就是因为两个版本所处的时代不同，读者的期待视野水平不同，对译本的需求不同而导致的。瞿秋白译本之所以被淘汰，是因为译本还没有完全脱离文言文形态，不适应当下读者的需求，必然会被新的适应读者需求的戈宝全译本所替代。孙致礼教授在《从归化趋向异化》一文的结尾中指出：21世纪的中国文学翻译将以异化为主导。它反映了读者对异域文化的接受程度会随着文化交流的扩大而变化，翻译策略的选取也应由归化趋向异化，意译趋向直译，翻译策略的选择自然而然作相应的调整。所以，随着社会的变迁文化的融合，读者的期待视野也会产生相应的变化与差异，翻译策略的选择也应灵活改变，以适应翻译的现实需要，保证翻译质量。因此，译者在翻译时应灵活选取恰当的翻译策略，尽量做到"文化保真"，减少翻译过程中的文化流失。

在生态翻译学方面，为了追求与翻译生态环境的和谐与协调，译者常常运用不同的翻译理论和各种各样的翻译策略与激情，充分发挥人的创造力，做出最佳的适应和选择，使译者个人的身心皆融入翻译生态环境之中，达到"思与境谐""情与景冥"，从而实现"天人合一"的艺术境界。如日本作家吉川英治的《三国演义》译本，不仅有删节，而且有增添，在译本《序》中道：把它译成适合报纸连载的小说，刘、关、张等主要人物都加上自己的解释和独创，随处可见原本上没有的辞句、会话等；再如《麦克白斯》粤剧本，译者为了剧本符合粤剧集歌舞、杂耍、打诨演出需要，改动了故事"情节"，删减了角色的"独白"，处理了价值观"主题"，满足了"观众的期待"。可见，为适应生态环境，译者的翻译行为需要采取灵活的翻译策略来处理。总之，从翻译实践来看，翻译的生态环境是多元的、多变的，以及翻译过程中的适应性选择是多维度的、多层次的。为了适应多元的生态环境，适应译文读者不同的接受程度，译者在翻译时需要进行最佳的适应与选择，采用不同的翻译方法，这是客观的现实，是保证翻译品质的需要。

关于接受美学翻译观和生态翻译学的相似性研究目前未见有文献报道，但从以上分析比较可以看出，接受美学翻译观和生态翻译学在译者地位及译者素质、翻译原则和翻译方法等方面存在某种程度的关联、类似和重叠，这样相似的基本特征所反映的理论本质具有一致性，可以相互借鉴，简述如下：

首先，接受美学翻译观和生态翻译学都把译者置于翻译活动的中心地位并都认为译者的素质对译作的质量有决定性的影响。从接受美学的角度看，接受美学翻译观中的文本未定性，空白点，召唤结构和期待视野等观点，与生态翻译学中读者、译者和译文关系的表述显现密切相关性，都以译者为中心，强调译者的能动性作用，译者的素质决定译品。从生态翻译学来看，文本作为生态环境的一部分，受到互联互动的多层次生态环境的制约，因而文本具有不确定性，即空白点，需要用译者的能动性来填充，让译者带着期待视野来创造性翻译文本，实现译者、文本和读者的三者期待视野的有机融合。

其次，接受美学翻译观和生态翻译学都把研究重点从传统的作者—文本关系为中心转移到以文本—读者关系为中心，确立了翻译中"以译者为中心"的地位，这种适应性转变从而导致了此两种理论翻译原则的适应性转变，都重视译者在翻译活动中的主导作用和再创造作用，并强调翻译活动受到读者为主体复杂翻译因素关联与制约。尽管生态翻译学注重翻译生态环境的平衡，接受美学注重读者的审美接受，两者侧重点不同，但同样追求翻译要忠实于原作，要服务于读者的接受为基本翻译原则。在生态翻译学看来，译者在翻译过程中能顺应翻译生态环境的自然法则，并能以读者接受审美反应为取向，在原语与目标语之间做出适应性的选择转换，就能发挥译者自身潜能，满足读者的期待视野，创造性翻译出好的译品，使译文达到传神达意的审美价值。在接受美学翻译观看来，翻译活动虽然强调译者的主观能动性，但不能无限拔高，应受到读者为主体复杂翻译因素关联与制约，只有这样，译者才能适应翻译生态环境的自然法则，在原语与目标语之间做出适应性的选择转换，译出好的作品。

最后，接受美学翻译观和生态翻译学都强调"多维"的适应选择转换来完成译作，都需要采用灵活的翻译策略来保证译作品质。可见，两者在翻译方法的操作实践中存在共通性，若相互借鉴，各自就会有更多具有实践意义的翻译方法可供参考选择，可有效降低译者在翻译实践活动中适应选择的难度。如把接受美学的读者接受因素视为生态翻译环境的重要组成元素，那么，译者为满足读者的期待视野而做出的最佳适应性选择转换方法可为生态翻译学所采用；同样，生态翻译学的语言维、文化维和交际维的三维转换方法可为接受美学翻译吸收，那么，从接受美学的角度来看，最佳翻译可视为译者从语言、文化和交际等维度最大限度地实现读者的期待视野。

可见，生态翻译学与接受美学翻译观的这种相似及关联之处是这两种理论相互借鉴的基础。这两种理论之间若能关联互动，取长补短，就能进一步拓展各自尚未研究、触及和完善的领域。

第五节 生态翻译学的国际化进展与趋势

生态翻译学立足于翻译生态与自然生态的同构隐喻，是一种从生态视角综观翻译的研究范式。这一研究范式以生态整体主义为理念，以东方生态智慧为依归，以"适应／选择"理论为基石，系统探讨翻译生态、文本生态和"翻译群落"生态及其相互关系和相互作用，致力于从生态视角对翻译生态整体和翻译理论本体进行综观和描述。

在经过十余年的研究和发展之后，人们自然会想了解生态翻译学如何深化和拓展；同时，在国内有了初步发展的基础之上，人们也自然会想了解生态翻译学在国际上有哪些进展，又有哪些趋势和规划，本文试图探讨和回答这些问题。

一、话语权回归

肇始于中国的生态翻译学研究，正在为中国翻译学发展赢得翻译理论的话语权。从一定意义上讲，这是一种话语权的回归。

这种话语权回归的意义在于，以生态视角来综观与整合翻译研究，翻译研究的"叙事"角度和书写方式均将不同于以往的研究。正是这种相关"科际"整合的内在逻辑和终极关怀即生态视野，不仅有望为翻译学发展打开更广阔的理论思维和学术视野，进一步丰富翻译研究的理论话语和表达方式，或许会使翻译学研究进入一个新的阶段：人们可以不再依赖单一的学科来关照译学，而开始向着一个功能更强、效率更高的解释系统进军了。

我们可以讲，生态翻译学的研究与发展，终于使中国翻译理论完成了从"照着说"到"接着说"、再到"领着说"的嬗变与脉动。

生态翻译学中的"生态""环境""生命""转向"等等，可以为东西方学界平等对话提供平等对话"话题"和创造"条件"。这是因为有了一个东西方学者共同言说的"话题"，就有可能为平等的对话、讨论、乃至论辩打开一扇窗口，提供一个平台。

事实上，长期以来，东方人、亚洲人，大都是西方翻译理论的"追随者""译介者""求证者""实践者"，等等。"亚洲的翻译研究总是在西方规范的操纵之下发展的"。"亚洲人在多数情况下，都扮演着西方人'缓慢的跟随者（slow follower）'的角色"。面对这样的状况，依托东方哲学理念和生态智慧发展起来的生态翻译学，将有望对上述状况有所改变；它的国际化发展将有利于终结这种翻译理论生态"失衡"的局面。同时，也有利于提出和构建东西方翻译理论真正平等对话的"话题"和平台。自 2010 年以来，在中国翻译界学者发起的序列性的国际学术研讨会上，已有十数位西方学者宣读生态翻译方面的学术论文、研讨生态翻译学的理论与实践。

二、国际化进展

近年来，国际上一些知名学者，如丹麦哥本哈根大学翻译中心主任克伊·道勒拉普、美国麻省阿姆赫斯特大学翻译中心主任埃德温·根茨勒、英国伦敦密德西斯大学翻译中心主任克斯坦·玛姆吉娅等，陆续应邀来到中国，与中国学者共同深入地探讨和交流生态翻译学的研究和发展。2010 年 4 月，生态翻译学研究者发起成立了"国际生态翻译学研究会"。由国际生态翻译学研究会主办的"首届国际生态翻译学研讨会"也于 2010 年 11 月在中国澳门召开。来自世界各地 50 余位专家学者参加了会议。

继 2010 年 11 月首届国际生态翻译学研讨会在澳门举行之后，由国际生态翻译学研究会主办的第二届研讨会于 2011 年 11 月 11—14 日在上海海事大学召开；第三届研讨会于 2012 年 11 月 23—25 日又在重庆西南大学召开。来自世界各地的 150 余位专家学者出席了上述两届研讨会。

国际生态翻译学研究会顾问、国际翻译家联盟主席玛丽昂·鲍尔斯（Marion Boers）对生态翻译学的创立和发展在学术上给予了充分肯定，国际译联副主席黄友义肯定了生态翻译学在理论上的创新，并被中国生态翻译学创导者的理论创新勇气和执着进取精神所感动。道勒拉普教授指出，生态翻译学这一基于中国"天人合一"和谐思想的翻译理论是一种思维创新，是中国学者在国际翻译理论界发出的最强音。德国达姆施塔德科技大学（University of Technology Darmstadt）的哈德冈底斯·斯朵茨（Radegundis Stolze）博士，代表欧洲翻译研究学会（European Society for Translation）对国际生态翻译学研讨会的召开表示热烈祝贺。

2014 年 11 月拟在中国澳门召开"第五届国际生态翻译学研讨会暨国际生态翻译学研究会成立五周年纪念"大会，届时将汇集多位国际著名专家学者莅临参与交流研讨，这又将标志着生态翻译学国际化发展的一个新的起点。

三、进一步研究

随着生态翻译学的不断发展，需要开展研究问题的广度、深度、精度都有更高的要求。从研究课题的角度来看，近期可以着重从三个方面着手：一是应用性的拓展研究；二是内部的"精细化"研究；三是外部的"国际化"研究。

（一）应用性的拓展研究

所谓应用性的拓展研究，是指除了目前主要集中在文学翻译、应用翻译、翻译教学、口译研究、译者研究等等方面外，可以逐步拓展以下几个研究方向。例如：

1. 翻译史 / 译论史研究

翻译史研究是翻译学研究的重要组成部分。但关于生态翻译学视阈下的翻译史研究，目前尚很少。笔者认为，对翻译史 / 译论史研究可在生态翻译学的理论架构之下，以不同的线索展开相关研究。如以"翻译生态环境"为线索展开，因为不同时期有不同时期的翻译生态环境。一部翻译史 / 译论史，可以说就是一部翻译生态环境不断发展变迁的历史。以"翻译生态环境"为线索，以翻译生态的大环境、中环境、小环境为序展开，也不失为"重写"翻译史 / 译论史的一种选择。

又可以"译者中心"为线索（即以"翻译思想"为线索）展开，因为翻译活动是由译者主导的；一个时期的翻译思想，其实就是那个时期的不同译者思想的集合。以翻译行为的"译者中心"为线索，就是以"人"为线索，就是以"学派"为线索，就是以翻译思想为线索。对于翻译史、译论史研究而言，以"人"为线索展开研究可以说是一个不错的选择。

还可以"译有所为"为线索展开，因为"译有所为"或"以译行事"，既可以是翻译行为之"动因"，也可以是翻译活动之"效果"。以这种"有因有果"的翻译活动为线索，既符合翻译过程的实际，也符合事物发展的规律。因此，以此为线索研究翻译史 / 译论史，或能出新意、出新著。

此外，更可以"综观整合"为线索展开，因为"综观整合"是生态翻译学的研究方法之一。生态翻译学的学术焦点和研究视角较多，如果能分门别类地以不同视角展开对翻译史 / 译论史的"综观整合"，显然，这是一项大型工程。

毫无疑问，研究的线索不同，观察的视角不同，探讨的理据不同，这些都为新的发现、新的解释、新的"书写方式"提供了空间和可能。我们期待着生态翻译学视阈下的翻译史/译论史研究既能与历史沟通，又能与未来衔接。如果不久的将来可以问世这样一类的专著：《中国翻译史/译论史新解：生态翻译学视角》、《世界翻译史/译论史新解：生态翻译学视角》，等等，我们当为之喝彩！

2. 翻译批评研究

翻译批评作为译学体系的重要组成部分，是翻译理论和翻译实践之间的纽带。生态翻译学视野下的翻译批评研究，可以针对具体的翻译理论视角/视点/立论等进行相应的翻译批评。就目前来说，可以针对生态翻译学的以下"十论"作为展开翻译批评的重点，具体是：（1）翻译生态的"平衡和谐"论；（2）翻译文本的"生态移植"论；（3）翻译主体的"译者责任"论；（4）翻译行为的"适应选择"论；（5）翻译方法的"多维转换"论；（6）翻译过程的"汰弱留强"论；（7）翻译标准的"多维整合"论；（8）译品生命的"适者长存"论；（9）译者追求的"译有所为"论；以及（10）译学发展的"关联序链"论等。

生态翻译学是一个较大的翻译理论话语体系，从不同的视角/维度/侧面展开翻译批评研究，可以肯定地说会有大的作为。

3. 译学方法论研究

我们知道，任何学术范式的构建和拓展，不仅体现了人类对特定的学科领域探究的深入，而且也会展示该学科认知视角的转变，或者认知视野的扩展。生态翻译学作为一个生态翻译新范式，其认知视角和视野的流变同样也显示出相同的倾向。

生态翻译学视阈下的方法论研究，大体上可分三类：一是传统的、常规的方法论研究（如描述性的翻译研究、归纳法、演绎法、比较法、语料库研究方法等）；二是生态翻译学本身的方法论研究（如学科交叉法、类比法、移植法、系统综观法等）；三是由生态理性演绎出的其它方法论研究。

目前，已经有了一些与方法论相关的研究，但需要加强。

4. 翻译伦理研究

生态翻译学是对翻译生态系统的整体性研究，其研究焦点针对翻译生态系统内部诸要素之间的关系研究。包括：翻译活动与语言、文化、人类社会，乃至于与自然界之间的协调性研究；译者与翻译生态环境的相互关系研究；作者、读者、赞助人、出版者、译评者等"诸者"与翻译生态环境的相互关系研究；翻译实质、翻译过程、翻译原则、翻译方法、翻译标准等之间相互关系研究等等。上述生态翻译学研究的宏观、中观、微观三个层面无不牵涉翻译系统内部诸要素之间的关系研究。这些都必然要受一定社会规范的制约，遵循有关价值观念体系的种种预设。因此，从伦理学角度对生态翻译学研究展开思考，是对生态翻译学研究的有效拓展，也将有助于生态翻译学研究的良性发展。

类比生态伦理，针对翻译实际，基于生态翻译学研究取向，演绎提出生态翻译学的伦理道德涉及以下四个基本原则：（1）"平衡和谐"原则；（2）"多维整合"原则；（3）"多元共生"原则；（4）"译者责任"原则。

生态翻译伦理是一个新的研究领域，也是一个开放式的系统研究。可以肯定地说，这方面的研究将会持续和深入，而且，任何相关研究都应当是受欢迎的，也都应当是受鼓励的。

5. 译学流派研究

所谓"流派"，也称"学派"，主要指有共同的理论指导、一致的思想倾向、相似的研究旨趣、接近的研究风格的研究群体。国外翻译学发展的启示表明：翻译学中创新理论的产生，与不同学派的酝酿、产生和发展有着密切的关联。学派既是科学研究达到一定深度、规模和成熟度的标志，又是学术交流和学术争鸣的平台，也是推进学术研究向更深层次发展的动力。"学派对于传承和绵延文化精粹，造就学术大师，凝练学术传统，以多样个性来充盈学术的普遍性，促进学术进步都有着十分重要的引领作用。"

目前，已有以"生态翻译学派"为案例的相关研究，研究表明一个学派：（1）要有自己的领军人物；（2）要有成绩卓著的核心团队；（3）要有一批志同道合的追随者和支持者，并在初创时期逐渐形成；（4）要有代表性的专著和系统的理论体系，并在学术上逐渐产生重大影响，同时要有自己的研究风格；（5）要有一定的学术组织形式；（6）要有相应的学术阵地和交流平台；（7）要有安全稳定的社会和适宜的学术环境；（8）要能逐步得到社会的认可等。

笔者认为，其它相关学术流派的研究课题，在生态翻译学理念的关照之下，既可以基于"翻译生态环境"理念、以哲学思潮为线索展开研究；也可以基于"译者中心"理念、以代表人物为线索展开研究；既可以基于"翻译群落"理念、以国别 / 社团为线索展开研究；也可以基于"生态范式"理念、以范式转换为线索展开研究；当然，还可以基于"整体关联"理念、以综观整合为线索展开翻译学派的相关研究。

（二）"精细化"研究

所谓内部的"精细化"研究，主要指基于"关联序链"所具有的共通性、互动性和递进性的指向特征，进一步展开更为细致、更为扎实的翻译本体生态系统研究。总体的思路是：在生态理性的统领和观照之下，从与翻译活动密切相关的语言、文化、人类交际等视角展开研究和描述，最后回归于翻译学的本体研究。

在翻译本体生态系统中，"鉴于翻译是语言的转换，而语言是文化的一部分；文化是人类活动的积淀，而人类又是自然［自然生态］界的一部分"；反过来，又从自然生态界轮回折射到翻译（依据反向的"关联序链"），因此，翻译本体生态系统具体的"科际"研究内容可以包括：

（1）语言学视角的研究——语言学视角的研究应当包括对语篇（源语和译语）进行"生态取向"的功能／认知／语用学分析研究；语言与翻译生态的关系研究；翻译与语言的多样化研究；生态语汇的翻译研究，以及其它与翻译生态系统有关的从语言学维度着眼的相关研究。

（2）文化学视角的研究——文化学视角的研究应当包括"生态取向"的跨文化差异／冲突／契合／制约研究；翻译文本生命与跨文化交流传播的关系研究；翻译生态系统的文化语境研究；文化多样性与翻译生态环境研究，以及其它与翻译生态系统有关的从文化学维度着眼的相关研究。

（3）人类学视角的研究——人类学视角的研究应当包括翻译与人类认知演变研究；人类记忆与翻译（尤其是口译）研究；译者的需要／情感／欲望／能力研究；译者的生存境遇／译者能力发展研究；翻译与人类交际研究；翻译使命与人类文明研究；生态翻译与生态文明的关系研究；翻译与全球化研究，以及其它与翻译生态系统有关的从人类学维度着眼的相关研究。

（4）生态学视角的研究——生态学视角的研究应当包括译者与翻译生态环境的相互关系研究；作者／读者／出资者／出版者／译评者等"诸者"即"翻译群落"与翻译生态环境的相互关系研究；翻译生态系统的内部结构及其相互关系研究；翻译实质／翻译过程／翻译原则／翻译方法／翻译标准等之间相互关系研究；翻译在整个自然生态系统中的地位和作用研究；翻译对其他学科的相互关系和依赖关系研究，以及其它与翻译生态系统有关的从生态学维度着眼的相关研究。

（5）翻译学视角的研究——翻译学视角的研究应当包括翻译生态系统的整体性研究；翻译／语言／文化／人类／自然界之间的协调性研究；翻译生态系统的最佳化研究；生态学途径的翻译研究与其它途径翻译研究的对比性研究，以及其它与翻译生态系统有关的从翻译学维度着眼的相关研究。

在上述发展研究过程中，鉴于从人类学视角、生态学视角以及翻译学视角的研究，在以往的翻译研究中相对薄弱或有所忽视，因此，从这些视角出发的专题探讨将是生态翻译学进一步研究的重点。

显而易见，通过上述以"关联序链"为线索、以学科视角为重点、以综观整合为目标的进一步发展研究，生态翻译学的内涵及研究的意义便有可能更为清晰地呈现出来。

（三）"国际化"研究

长期以来，中国学者是丧失了话语权的，原因之一，是我们缺乏自主的、创新的、具有活力的话语体系。换句话说，在国际翻译学界的学术之林，我们缺乏的是翻译理论的"制高点"。中国有号称"百万大军"的翻译队伍，毫无疑问是一个"翻译大国"；我们专注实务的、具体的翻译项目和翻译作品，毫无疑问这是重要的。中国作为一个翻译大国，其翻译的数量堪称世界第一（王宁，2011：14）。然而，在国际格局中，大家"比拼"的并不完全是有多少人从事翻译或产出了多少微观的实务翻译量，而是是否拥有公认的、系统的翻译理论，或是否拥有理论的"制高点"。小小的以色列，就因为出了个"多元系统"理论，全球瞩目，各国跟随，纷纷译介，多年不衰；国家虽小，但它在国际翻译界的学术地位可以说并不低于其它泱泱大国。

目前，生态翻译学不但有了自己较为完整的话语理论体系；而且还聚集了一批得力的研究骨干；每年都有数十篇以"生态翻译学"冠名的学位论文和期刊论文在海内外发表；由"外语教学与研究出版社"出版的《生态翻译学学刊》已创刊发行；生态翻译学研究的官方网站也已经开通；特别是，由中国学者领衔的"国际生态翻译学研究会"已获批准成立，由中国翻译界主导的"国际生态翻译学研讨会"也在连年召开，并吸引着越来越多的国内外学者关注和参与相关研究。所有这些表明，创生于中国的生态翻译学已拥有可持续发展的基本条件。如果能在此基础上适时展开进一步的研究，无疑会有利于促进中国翻译理论进一步的国际化发展，因而也会有利于实现中国从"翻译大国"向"翻译强国"的实质性的跨越。

生态翻译学是探讨翻译生态、文本生态和"翻译群落"生态及其相互作用、相互关系的生态翻译研究范式。它以生态整体主义为理念，以东方生态智慧为依归，以"适应/选择"理论为基石，又是一项从生态视角对翻译活动进行综观审视的整体性研究。在深化和拓展生态翻译学本体研究的基础之上，作为生态翻译学研究发展的进一步研究，如适时展开类似"译学研究的生态范式及其发展战略研究"，或者以生态翻译学的研发为案例，展开类似"本土翻译理论的全球化发展战略研究"等，便可以进一步开展下列专题研讨：

（1）国际翻译界理论开发的过程与现状研究；（2）中国本土翻译理论研究；（3）翻译学的生态范式研究；（4）生态翻译范式与其它研究范式的比较

研究；（5）生态翻译学的可持续发展战略研究；（6）生态翻译学理论成果的传播、转化及其效果评价研究；（7）生态翻译学的国际合作与交流战略研究；（8）中国生态翻译学派的形成与发展研究；（9）生态翻译学的研究发展在国际翻译学界的学术地位和影响力研究；（10）本土翻译理论的全球化发展战略研究等。

第六节 生态翻译学语境下的翻译改写及其理据

作为一门综合和多元的交叉学科，生态翻译学是基于生态理性、从生态学视角对翻译进行综观和描述的整体性研究，属于一个"翻译即适应与选择"的研究领域和生态范式。翻译改写正是基于特定的翻译生态环境的一种策略选择，尤其需要"多维度的适应性选择和选择性适应"。对此，生态翻译学及其"三维"原则颇具解释力，并赋予改写以理据。

一、翻译改写及其语言维的适应性选择转换

语言维的改写，旨在以目的语读者为中心"对语言形式进行适应性选择转换"，以力求译文的可接受性。例如，俗语"打铁还需自身硬"，极富文化蕴涵，又贴近百姓心理，并广泛应用于日常工作和生活的方方面面。对此，英国广播公司（简称BBC）英译成"The metal itself must be hard to be turned into iron"，意思是"金属自身必须坚硬才能煅造成铁器"。英国《每日电讯报》（*The Daily Telegraph*）将其英译为"To forge iron, you need a strong hammer"，意思是"打铁的锤子要强硬"。美国有线电视新闻网（Cable News Networks，缩写成CNN）将其译成"To forge iron, one must be strong"，强调的是"打铁的人必须体质强壮。"根据特定的语境，新华社（Xinhua News Agency）在对外宣传中则干脆绕开了"打铁"的字面意义和形象说法，单刀直入将其引申含义浅显易懂地改译成"To address these problems, we must first of all conduct ourselves honorably"，即"要解决这些（腐败等）问题，自己首先得身正"，从而让英美读者一下子就能领会个中的喻义，生动地传递出反腐的决心和正人先正己的底气。

与此有异曲同工之效的，是对另一个文化内涵词"不折腾"的英译改写，实质上是语言层面上的一次适应性选择的过程。究其实质，"不折腾"的真正含义，是多一些为民和务实之举而少一些内耗和折腾，即"No self-consuming political movements"之义。英美等国的媒体相应的英译包括don't sway back and forth（别重复）、don't flip flop（不要翻来覆去）、don't dithering（不迟

疑）和 don't get sidetracked（别走岔路）等，但大浪淘沙之后最终还是被改译成"No Z Turn"。这是基于翻译生态环境下的优化选择，是将改写置于生态学语境下的一次解读，因而更具阐释力。"No Z Turn"在读音和构成上，形似于西方人所熟知的交通警示语"No U Turn"，在语义上神似于高速公路上忽左忽右行驶、甚至还随意"乱调头"的情形，让人一看就懂并能唤起读者去思考、去感受、去行动，其深层的交际意图和作为"号召型"文本（vocative text）的"感召"和"呼唤"的语义功能，瞬间得以最有效地实现。

如此这般地潜心改写，其初衷就在于目的语读者的需求始终是第一位的（target-reader-centered），因此更应尊重和遵循目的语国家的语言特点和交际习惯，以忠实地再现源语的功能意义。例如，2013 年 9 月 29 日"中国（上海）自由贸易试验区"正式挂牌，官方英译为"China（Shanghai）Pilot Free Trade Zone"而非"China（Shanghai）Pilot Free Trade Area"，正基于此。透过"China（Shanghai）Pilot Free Trade Zone"所传递给全世界的，是在该试验区所辖的外高桥保税区、外高桥保税物流园区、洋山保税港区和浦东机场综合保税区共 28.78 平方公里的区域内，享有贸易自由、投资自由、运输自由、金融自由等，进入或出去该试验区就是进关或出关。而"China（Shanghai）Pilot Free Trade Area"，则不囿于某一个国家的一个特定区域，而是多个国家或地区之间彼此享有关税或其他方面的贸易优惠政策，在项目内容上也没有那么多的"自由"。目前还在谈判中的"中日韩自由贸易区"（Sino-Japan&Korea Free Trade Area）就是如此，三国间的商贸活动必须遵循协议所设立的自由贸易协定（Free Trade Agreement，缩写成 FTA）。可见，这两者虽一词之差，但语义内涵却有天壤之别，不可随意替换或改写。相对而言，"China（Shanghai）Pilot Free Trade Zone"更精当地阐明：该试验区是中国政府在上海新设的区域性经济特区，着眼于全国发展、着眼于全国新一轮的改革开放。

人名的英译也是如此，应尽可能贴近西方读者的阅读习惯。这方面，英国汉学家霍克斯（David Hawks）堪称楷模。为了心无旁骛地专注于《红楼梦》的英译，他毅然辞去了牛津大学中文系主任和教授的教职。起先他把人名"林黛玉"意译为"Black Jade"，即"黑色的玉"，及至 20 世纪 80 年代 4 卷英译本《红楼梦》正式面世时，还是予以改写并直译成"Lin Daiyu"。还有很多其他人物的姓名，也都同样地用汉语拼音予以直译，比如"宝玉"和"宝二爷"英译成"Baoyu""凤姐"和"凤辣子"英译成"Xifeng"。作为中国古典文学代表作，《红楼梦》对于不熟悉中国文化的西方人来说属于全新的舶来品。人名"Lin Daiyu""Baoyu"和"Xifeng"等，似乎更是一堆陌生而且无序的字母组合，甚至还影响英美读者持续阅读的兴趣。出于这一顾虑，霍克斯又特意在每卷目录之后相应地附上了人名的拼写说明，并用国际音标系统地给汉语人名的拼音进行注音和阐释。《红楼梦》4 卷英译本，霍克斯本人翻译了前 3 卷共 80 回，其女婿汉学家闵福德（John Minford）翻译了第 4 卷后 40 回。他们通篇都是这样地字斟句酌，特别用心地选用地道的英语和满是"英国味"的句式来改写，还借用拉丁语、希腊语、法语、意大利语等来翻译佛教和道教中人的法号、节日、器皿、地名等。凡此种种，都是基于生态理性的适应性改写和选择性调整，以力求译文的忠实性和可读性。

不仅是汉语人名的英译，英文人名的汉译也同样要考虑目的语读者的接受心理，从而努力实现深层语言文化信息的有效阐释。例如，"King"原本是个内涵丰富的英文人名，可被音译成"金"之后，其感情色彩和联想意义随之就黯然缺失了。因为英美本族语的读者一瞥见"King"，就可能联想起民权领袖"Martin Luther King"和影片《雌雄莫辨》（Victor/Victoria）里的黑社会头目"King Marchand"等形象，再加上"King"本身就有"国王"之义，所以译成"金"对不太熟悉英美文化的中国读者来说，男子汉的寓意和略显霸气的文采便荡然无存，原作的趣味性就大打折扣了。由此可见，翻译改写在忠实于源语的同时还要坚持目的语读者的取向。恰如黄友义在论及中国文化"走出去"模式时所言："我们的读者群在哪里，我们要出什么书，都要把握在这两方面的演变。"据此来追根溯源，"熊猫丛书"不仅在国内遭到冷遇，在西方传播的效果也并不理想，个中缘由恐怕就在于这些文本未见明显的改写，几乎以其原貌出现于译作之中，与西方主流文化不太兼容也就不足为奇了。

与人名互译相类似的，还有对书名的翻译改写。众所周知，米兰·昆德拉（Milan Kundera）享誉全球，书迷遍布全世界。他的小说也为华语界所熟知，作家韩少功和他姐姐韩刚合作翻译的《生命中不能承受之轻》，所依据的是加州大学洛杉矶分校的迈克尔·亨利·海姆教授（Michael Henry Heim）从捷克语翻译成英文版的 The Unbearable Lightness of Being，该译著在"出版后的三四年里就发行了十几万册。而昆德拉本人似乎更推崇法文版的 The Unbearable Lightness of Being，他直接参与了法文版的修订，并认为"法文本与原文具有同等的真实性"。2002 年首次获得昆德拉授权的上海译文出版社，约请到翻译家许钧教授重译这部名著。2003 年 7 月该法文版的译著正式出版，书名则改写成了《不能承受的生命之轻》。

相对于《生命中不能承受之轻》，翻译改写后的《不能承受的生命之轻》似乎更忠实于原著原义和原有的风味，主题也更聚焦于"生命之轻"，从而揭开生命之窗。"20 年来，在中国，没有哪部作品能像这部小说一样具有如此之多的理解，哲学家读到的是哲学思想，文学家看到的是小说叙述结构的革命，搞电影的又认为它的画面感很突出，而比较文学专家又觉得它的诗意和哲理相结合，是情感与心灵的辉映。"由作家笔下的《生命中不能承受之轻》到翻译家心目中的《不能承受的生命之轻》，改写和变通之间既像昆德拉所期望的那样保留了法文版原著的特质，又给不同的华语读者以不同的"昆德拉"，同样深受目的语读者的青睐。所以，《不能承受的生命之轻》首印 15 万册以后，一印再印，达 32 万册，引起了广泛关注。对此，纽约时报（The New York Times）曾评论说这是 20 世纪最重要的译著之一。

二、翻译改写及其文化维的适应性选择转换

文化维的翻译改写，旨在以目的语文化为主导来更多地"关注双语文化内涵的传递和阐释"。归根结底，在几乎所有的"真正成功的翻译中，双向文化转换要比双向语言转换重要得多。"

中国人看事情和想问题，总习惯于从大到小，从集体到个人，从宏观到微观，而西方人恰好相反。加班加点，对多数中国人来说是很正常的事，因为中国人的传统观念一直都是工作第一、生活第二，而欧洲人则倾向于生活第一，工作第二；工作是为了生活，因而往往拒绝加班。跳出上述这种文化层面的藩篱而进行必要的改写，实质上是以生态翻译学为理据的一种积极的选择性适应和适应性选择。放眼全球，美国早有"美国梦"（American Dream），此前也有"英国梦""俄国梦"和"日本梦"。虽然"美国梦"似乎已不再那么"美"，但毕竟激励了一代又一代年轻人勇于追梦圆梦，其影响犹在，时至今日还有那么多人为之津津乐道甚至孜孜以求。按照约定俗成，人们还把"英国梦"表述成"British Dream"，把"欧洲梦"表述成"European Dream"。遵循这样的衍生机制，"中国梦"可英译成"Chinese Dream"，既符合先入为主的西方人的表达习惯，又诠释出中华民族的伟大复兴之"梦"的应有之义——同时也是每一位中华儿女个人奋斗之"梦"，更是能与全世界分享之"梦"。更何况，语言的衍生终究还是系统的和有规律可循的。

上述这种类推改写的理据，正是源于思维模式上的适应性转换，以达成英汉语言文化信息的动态对等。再如，香港影片《大话西游之大圣娶亲》，片名原来有好几种翻译，经反复推敲和改写，最后被英译成"*A Chinese Odyssey: Cinderella*"，堪称传神之作。首先，家喻户晓的 Cinderella，出自《格林童话》，所塑造的人物形象是外貌平平但心地善良、性格可爱的"灰姑娘"。其次，Odyssey 是古希腊诗人荷马（Homer）的一部英雄史诗，所描述的是古城特洛伊（Troy）沦陷后，希腊神话中的英雄、"木马计"（The Wooden Horse of Troy）的献策者奥德修斯（Odysseus），在海上漂流 10 年之久，战胜独眼巨

神，制服女巫，历经磨难，最终回到祖国并合家团圆的漫长历程。这两个人物形象，英美观众都耳熟能详。他们一见到"A Chinese Odyssey: Cinderella"，瞬间便知其中的喻义——"大圣取亲"同样也是"一个艰难而又漫长的历程"，而且借助于有关 Odyssey 的历史典故和 Cinderella 的文化背景，整部影片更蒙上了一层神话色彩，也折射出港片以票房为风向标的"无厘头"文化。与此类似的，是对越剧《梁山伯与祝英台》剧名的英译，即"*Liang Shanbo and Zhu Yingtai, a Chinese version of Romeo and Juliet*"。透过"Romeo and Juliet"，英美读者即便没看过该剧也能大致了解其剧情和男女主人翁。只不过，这两个故事同样都以中国文化为背景，都特指中国版的"Odyssey""Cinderella"和中国版的"Romeo and Juliet"，所以两者均加上了"Chinese"一词以示限定和诠释。

以上属中文片名和剧名的经典英译改写，而由"*Waterloo Bridge*"到《魂断蓝桥》则是英文片名的经典汉译改写。后者源于《庄子·盗跖》中的汉语典故《尾生抱柱》："尾生与女子期于梁（桥）下，女子不在，水至不去，抱梁柱而死。"正源于此，"魂断蓝桥"便一直用来指代"情侣中一方失约而另一方殉情的爱情悲剧"。其实，随着"*Waterloo Bridge*"被越来越多的中国影迷所推崇，片名的汉译也一直处于改写之中，并不断地得以调整和更新。最初，该片被译为《滑铁卢桥》，似乎不太得体，会让人误认为该片与滑铁卢战役甚至还与拿破仑有关。此后不久便改译成《断桥残梦》，但最终经全国范围的征集还是再次被改译成《魂断蓝桥》。虽然发生的时空迥异，但这两个故事的情节极为相似，极易赢得中国观众的认同和共鸣。尤其是"*Waterloo Bridge*"中女主人翁玛拉对贞操的理解和美国社会的门第观念，在很大程度上都与中国观众的价值取向和文化心理高度相似。所以该影片拥有两三代人、数以亿万计的中国影迷，并被国外学者视为特有的"中国现象"。个中缘由，传神的汉译特别是日臻完善的改写，真可谓功不可没，也是生态翻译学理论在交际维上的一次生动实践和具体阐释。类似这样的文化内涵词，貌合神离却浸润着深厚而独特的民族文化气息，翻译改写时宜像这样坚持"以我为准"的原则。

此外，东西方文化心理也多有差异，各有特性。例如，《商务谈判与文化软实力》的作者，曾作为商务部领导率团出访。当时，行程表里有"Have dinner at 12：00"，英文里 dinner 即"正餐"，指中餐或晚餐，但按中国人的逻辑思维，请人吃饭应该在中午 12 点。所以他领着同事们准时到了预定的餐厅，等了一刻钟还没见主人来，竟认为是中国人太守时，因为有些国家比约定时间稍晚一点到场，反而是出于对主人的敬重。比如在英国，一般应晚一刻钟至半小时，特别是到英国友人家中做客，要让主人有足够的时间做准备。所以他们接着等，等到 12：00，再等到 1：00，主人还是没来。他们这才恍然大悟，应该是晚上 12 点请吃饭，而他们中午就去赴宴了。这是一段真人真事，如果在准备访问日程时能顾及到这一东西方文化维上的差异，并事先改写成"Have dinner at 12：00pm"而非仅仅是"Have dinner at 12：00"，既可避免出现上述这样的尴尬，还可体现对异域文化的洞察和对目的语读者的尊重，宾主商务活动或许更显得温馨。所以，不同语境下不同的交际目的及其实现方式，决定着不同形式和程度的改写，而译者在种种改写过程中的主体性和主导作用是至为重要的。

可见，译者首先得是真正意义上的文化人。目的语文化取向（target-culture-oriented）的背后，有着深刻的社会文化背景。作为更高层面的文化交流和对话，翻译改写总是跨越源语文化的边界，并在另一异域文化里呈现原作的风貌。这其中跨文化始终是关键。商务部国际贸易经济合作研究院邢厚媛副院长，在一个国际学术会议期间，曾碰到过在当地执教多年的中国教授。这位教授谈起了他亲身亲历的事情：一位来留学的中国中学生发现，国外的自行车道只有大概一尺宽。他歪歪扭扭地骑着车，一不小心被人家的车给刮蹭了。摔倒之后那司机并没逃逸，而是摇下车窗、迈出一条腿，冲着这个中国留学生问"How are you"，我们这个孩子脱口而出"I'm fine. Thanks"。我们在学校的第一堂英语课所学的和所练的都是"How are you? I'm fine. Thanks"。可现在场景不对，这位留学生摔坏了腿。该司机见他没事便上了车、走人了，可这个中国留学生正龇牙咧嘴地躺在路旁。显然，这是书本所学跟地道的国外交际相脱节所导致的。在当下跨文化交际的国际舞台上，仅仅语法正确是远远不够的。具体的语境变了，也必须主动及时做些"适应性选择和选择性适应"。否则还那样生搬硬套，就难以跨越语言的屏障和文化的隔膜，在"适者生存"和"汰弱留强"等自然法则的视阈下也只有望洋兴叹了。

三、翻译改写及其交际维的适应性选择转换

交际维的改写，旨在格外"关注双语交际意图的适应性选择转换"，以力求"整合适应选择度"更高的翻译效果。中国旅美文学评论家夏志清教授曾高度评价张爱玲和钱钟书，并帮助他们声名远播。尤其是张爱玲，可以算得上一位双语作家和翻译家，夏教授坦言不敢擅自改动其英译。她写于 1943 年的《金锁记》，深得翻译家傅雷的认可，夏教授更觉得这是中国自古以来最伟大的中篇小说之一。也许正因为如此看好它，1968 年夏他校阅张爱玲英译的《金锁记》，才亲自操刀并着力进行了必要的改写。经夏教授润色和打磨之后，

张爱玲自译的《金锁记》语义蕴含上更为明了，语言表达上更为自然，语气上更为贴切，确实是锦上添花之笔，更是在交际层面上的一次主动的调适和恰当的优化。试举一例：

例（1）原文：两人并排在公园里走，很少说话，眼角里带着一点对方的衣服与移动着的脚，女人的粉香，男子的淡巴菰气，这单纯而可爱的印象便是他们身边的阑干，阑干把他们与众人分开。

张爱玲自译：The two of them walked side by side in the park in the autumn sun talking very little, each with a bit of the other's clothes and moving feet at the corner of the eyes and the fragrance of women's face powder and men's tobacco smell, this simple and lovely impression forming the railings alongside that separated from the crowd.

夏志清改译：The two of them walked side by side in the park in the autumn sun, talking very little, each content with a partial view of the other's clothes and moving feet. The fragrance of her face powder and his tobacco smell served as invisible railings alongside that separated them from the crowd.

稍加比对即可发现，在语用含义上，只有在读了夏教授的改译之后，原文的话语意图才更加易懂明了。把"at the corner of the eyes"改写成"a partial view of"，变静态的"眼角"（corner）为动态的"视域之所及"（view）。变泛指的"women's face powder and men's tobacco smell"为所指对象更为具体和细化的"her face powder and his tobacco smell"，即"粉香"和"烟味"分别是男女主人翁各自散发出来的。再添加"invisible"来明确"抽象的阑干"之寓意——"这种简单而可爱的印象"（his simple and lovely impression），不仅仅只指"粉香"和"烟味"，而且"衣服和移动着的脚"（the other's clothes and moving feet）也是其应有之义。这些改动和转换，更原汁原味地再现了原作的语义和意境。

再看在语言节奏上，夏教授校阅和改写之后，似更接近于原文原貌：原作中本来就有逗号，语速也不急不慢，整体语感较为舒缓。所以，夏教授改译时才变原译的一句为两句，还在第一句中添加了逗号将分词结构"talking very little"隔开，在第二句也添加了动词词组"serve as"，从而让西方读者读起来节拍上更流畅，主谓结构更清晰，言语所指更精准。最为画龙点睛的，是夏教授在整体篇幅锐减的情况下还不惜添加了"content"一词，从而让整个语篇的功能意义更为妥贴和真切：热恋中的男女肩并着肩，缓步行走在公园中，虽不怎么言语却彼此感受着对方，还有什么比这更"令人心满意足的"呢？此情此景，确有"此时无声胜有声"之效。可以说，这是夏教授在校阅时从特有的生态学视角着笔的成功改写。

其实，像这样囿于原文及其细节而不太关注读者的接受心理的现象，在张爱玲自译的《金锁记》里不乏其例。夏教授的翻译改写，不仅更有效地阐释了原作的交际意图，而且译文的表达形式更加地鲜活生动，更易于为英美读者所接受，这恰恰弥补了张爱玲在这方面的欠缺。虽然张爱玲在美国生活多年，但一直孤芳独处，没能真正地融入英美主流文化，甚至还不太了解时下流行的惯用表达。"张爱玲的英文，自修得来。这一体裁的英文是'秀才英文'（bookish English）"，有时"太一板一眼了"，难免会让不太熟悉中国传统文化的英美读者感到有些茫然。例如：

例（2）原文："……现放着云妹妹在这儿呢，待会儿老太太跟着一告诉，管叫你吃不了兜着走！"

张爱玲自译："...still Sister Yun's here. If she tells Old Mistress later, you'll get more that you bargained for."

夏志清改译："...still Sister Yun's here. If she tells Old Mistress later, you'll be sorry for it."

该语境上下文里，俗语"吃不了兜着走"，在张爱玲自译时被字比句对地表述成"you'll get more that you bargained for"，看似忠实于原文，亦步亦趋地追逐着源语文化，但字里行间所传递给英文读者的是"你得到的将远比你想要的要多"，丝毫没有原文里的"警告"或"威胁"之意味，谈不上给读者以活力和灵动，更缺乏原作的文采（stylistic flair），从而大大折损了应有的交际效果。对此，夏教授根据题旨情境做了适当的弥补和转换，并改写成"you'll be sorry for it"或"you'll have to face the music"，以尽可能贴近英美文化及其交际方式和语言习惯，最终提升了交际维上的"整合适应性选择度"。

例（3）原文：凤姐听了，眼圈儿红了一会儿，方说道："天有不测风云，人有旦夕祸福。这点年纪，倘或因这病上有个长短，人生在世，还有什么趣儿呢！"

霍克斯英译：Xi feng's eyes became moist and for a moment she was too overcome to speak. "I know 'the weather and human life are both unpredictable'," she said at last, "but she's only a child still. If anything should happen to her as a result of this illness, I think all the fun would go out of life."

这儿的"天有不测风云，人有旦夕祸福"，同样是个妇孺皆知的俗语，但经霍克斯之灵心妙手，则言简意赅地译成了"the weather and human life are both unpredictable"，而没有太多地拘泥于字面上的理解。借助于特定的前言后语，既阐释出应有的语言文化意蕴，又合乎英美读者的表达习惯，语言地道简洁，读起来更是朗朗上口，实属基于生态翻译学视角的一种适应性选择和优化的结果。

值得一提的是，翻译改写之要义，"可将异质与不同，改变为熟悉和可理解的"，从而最大限度地寻求交际层面上的双向动态对等。尤其是中国文学的英译，往往被赋予了传播中国文化的使命，人们总期盼着更多的中国文化元素能原生态地"走出去"。这一点，包括葛浩文（Howard Goldblatt）在内的众多大家，在译介莫言等作家的作品过程中一直都在孜孜以求，并全力让中国文学披上当代英美文学的色彩。葛浩文从 1988 年开始跟莫言合作以来，两人之间的书信往来超过 100 封，电话更是不计其数，都是为了吃透吃准原作的意思，"更要首先考虑到语义信息的有效传递，又要充分顾及交际活动所处的情景上下文。"归根结底，改写是以传情和达意为宗旨来努力增强阅读的趣味，但不能背离原作的主题、主线和情景等。所以，葛浩文等大家在归化翻译分寸的把控方面也同样地用心，时刻都在琢磨英美读者的口味和心理："作者是为中国人写作，而我是为外国人翻译。翻译是个重新写作的过程。"这正是他与林丽君教授（Sylvia Li-chun Lin）这一中西合璧的翻译"梦之队"最吸引人眼球之处。事实上，经他们合作改写的译作，具有难以比拟的可读性和灵动性，并在西方拥有相对稳定的读者群。"如果译出国门的作品没有人愿意读，不能吸引更多的西方读者，那么，即便是走出了国门，也走不进市场，更无法走进西方读者的眼中和心中。"相对而言，为追逐译文的可读性而改头换面或大量地删减字句、片段和段落等，属文化简约主义的手法，在跨文化交流的层面上也有悖于生态理性。从这一角度分析，阿瑟·韦利（Arthur David Waley）英译《西游记》颇受质疑，对所有的"文化专有项"（exoticism）一律连删带改，甚至连书名也改写成《猴子》，另加副标题《中国的民俗小说》，这种以牺牲真实性为代价的可读性，相对于自然生态原理同样也是不合时宜的。

作为客观的语言文化现象，翻译改写一直是中国文学和中国文化"走出去"进程中一以贯之并行之有效的模式，旨在更忠实地呈现源语的文化特质同时又保持译语的流畅，并助推着全球多元文化的建构。生态翻译学从翻译生态环境的视角赋予改写以应有的解释力，其理据也绝不囿于上述的语言维、文化维和交际维及其语义信息的传递。翻译改写同样没有最好，只有更好。任何翻译活动都是一种形式的改写，都是为了跨文化交流的最终效果，这是当下翻译行为的文化解读，更应以自然生态的态度对待它。

第三章　英美文学翻译

英美文化作品主要是以西方文化为背景逐渐发展形成的，不过从读者的角度来进行分析，能够从中感受到较深的东西方文化差异。正是这种差异性的存在，导致我们在对西方文学作品进行解读时存在一定的难度和障碍。随着社会的发展变迁，英美文学作品在进行翻译的过程中，其难度也有所提升。对此，对作品进行翻译前必须充分感悟到其中的文化内涵，这样才能够使促进全球文化的融合和发展。

第一节　英美文学作品翻译的基本策略

一、以读者为对象，降低东西方文化的差异性

在不同的文化背景下所形成的文学作品，存在对这些作品进行翻译时，正是由于这种差异性的存在，导致在翻译的过程中存在难度和障碍。不过，在实际工作中，对于文学作品的翻译实质上就是通过对作品的理解所形成的一种重构，将其中的思想文化内涵充分表达出来，使人们能够对这种内涵和思想形成更加清晰的认识。

对此，翻译文学作品时，必须着眼于降低东西方文化的差异性，将特定历史背景下的作品进行还原，使作品主题能够更加直观地呈现出来。所以，无论是英美文学作品还是中国的文学作品，都要注重这种文化的差异性，进而使读者能够在阅读中感受到一种文化气息，在对作品进行欣赏的时能够领略到更高的精神内涵。

二、尊重文化之间的差异性

不同的国家在历史进程中有不同的背景，这种历史积淀使国家与国家之间在文化方面会产生不同程度的差异，因而读者必须注重在精神领域方面对作品的解读，领略其中的思想精华。所以，对英美作品进行翻译的过

程中要非常注重捕捉和发现这种文化层面的差异性，尊重原著中的思想文化内涵，这也有利于撬动读者的思想，使读者能够深入到作品中感受到其中的精髓。

英美文学是了解西方文化的重要途径，因此必须做好英美文学的翻译工作，从而使读者能够更加全面地感受到英美文学的内在品质，使读者与作者的思维紧密地联系在一起。所以，在对英美文学作品进行翻译的过程中，不仅要关注异化手段，同时还要给予同化手段足够的关注，使读者能够更加充分地了解到西方文化的内涵和本质，使东西方文化更好地融通，使全球社会和文化不断融合，从而促进全球文化领域的大融合，推动中国文化与英美文化之间的交流，达成共识，真正实现中西方文化的共同繁荣与发展。

第二节　中西文化差异与英美文学作品英汉翻译研究

众所周知，由于长期的交通闭塞使得中西方文化在很长时间内无法进行有效地交流，从而导致中西方文化差异现象严重。这种情况在中国译者翻译英美文学作品的过程中尤为严重。本文立足于英美文学作品英汉翻译现状，着重分析中西文化差异对英美文学作品英汉翻译的影响。

一、中西文化差异中风俗文化对英汉翻译的影响

在信息传递技术落后的古代，较远距离之间的信息传递仿佛是天方夜谭。但是随着时间的推移，尤其是到了西方世界文艺复兴以后，航海运动的浪潮愈演愈烈。航海运动将西方的文化带到世界各地并与之进行碰撞。同样的事情在我国明代时期也出现过，郑和奉明成祖朱棣之令远下西洋。据史料记载，当时郑和下西洋最远到达非洲东岸，其过程中也让明朝先进的科学技术以及风土文化随之传播开来。虽然现今社会信息技术传播已经非常发达，但是由于历史积淀而来的中西方风俗文化上的差异依旧没有消除。这些中西方的风俗文化均是通过千百年来的经验累积，不可轻易动摇。例如，在中国传统文化中"龙"是祥瑞的象征，它集合的几乎所有生物的特征：鹿角、牛头、驴嘴、鱼鳞、人须、蛇腹、凤足等。并且龙可以呼风唤雨，祥瑞大地，同时它也是中华民族最具代表的伟大图腾，所以全世界的炎黄子孙都称自己是"龙的传人"。而在西方文化中，龙的形象恰恰被完全地颠覆。西方文化中的Dragon虽然翻译过来也是"龙"，但是它确是邪恶的象征，同时它还掌握着至高无上的权利与强大的能力。所以几乎所有西方玄幻小说、电影以及电视剧

中，龙均是作为强大的反派角色出现。导致这种截然相反的现象出现的主要原因，即：中西方风俗文化上的差异。所以中国译者在具体翻译有龙形象出现的英美文学作品时，一定要注意西方作者的风俗文化，从而避免正反派角色混乱现象的发生。

二、中西文化差异中精神崇拜对英汉翻译的影响

中西方文化差异具体体现在多个方面，其中精神崇拜作为其中一个重要的组成部分，需要中国译者对此进行高度地重视与研究。简单来讲，我国传统儒家文化中讲究"和为贵""家和万事兴"。同时团结也是中国传统文化的主要思想之一，"众人拾柴火焰高"等具体的民间故事也在千百年来口口相传，从而使得这种传统思想已经在我国国人内心中留下了根深蒂固的印象。而反观西方社会，个人英雄主义则是他们最重要的精神崇拜之一，这就使得西方社会崇尚强者，越强的人会得到越多的赞美。并且用我国传统儒家文化一样，这种强者至上的个人英雄主义也是刻骨铭心，比如英美作品中的经典作品 *The Hero and the Monsters: Values in Beowulf Reconsidered.*（《贝奥武甫》体现对人类理性的呼唤）、*A The Old Man and the Sea The older generation are respectful of tradition.*（《老人与海》体现生命的尊严以及年老的一辈尊重传统。）。所以这种中西方文化上所推崇的精神崇拜不一致，也给中国译者在进行具体的翻译英美文化作品的过程中造成了较大的阻碍。为了解决这一问题，并实现提高翻译效率的目的，中国译者需要在翻译的具体过程时刻揣摩作者内心所推崇的精神崇拜，并努力地向其靠拢，这样才可以使得最终翻译出来的作品符合原意，从而达到提高翻译水平的目的。

三、中西文化差异中语法特点对英汉翻译的影响

中西方语法差异，也是中西方文化差异中一个值得研究的重点部分。众所周知，中方和西方所使用的语法各不相同，而且在语言表达的方面，也存在着较大的差异，这就使得中国译者的翻译工作变得难上加难，而且还会影响到实际的翻译效果，造成翻译误差。而且还容易出现由于一个小小的语法混淆，造成翻译结果词不达意现象的发生。与此同时，中西方语言的口语表达方式，也不尽相同。

比如，一个具体的句子："早睡早起对我来说是很重要的。"如果根据中国语法的翻译特点，往往会进行直译，从而翻译成：Early to bed and early to rise is very important to me. 这句话从语言逻辑上来讲没有错误："early to bed and early to rise"作为句子的主语放在句首，"is"作为句子的系动词放在句子

中央以起到承上启下的作用，"very important to me"作为句子的表语置于句尾，并且修饰系动词。虽然这个英语句子语言结构完整，但是它不是常见的英语表达方式。英语表达讲究避免头重脚轻，他们会将过多词汇的主语后置，从而让人读起来有一种厚重之感。比如，刚才那一句话将会被翻译成：It is very important for me to go to bed and to rise early. 这个句子中"It"作为形式主语代替原本的长主语起到引领句子的作用。

总而言之，由于中西方文化在很多方面均存在较大差异，这就使得具体的英美文化作品的翻译工作难以开展。鉴于此，我国译者在实际的翻译过程中，应该利用综合考虑各方面的因素，同时结合自身的翻译特长，从而努力消除中西方文化差异所带来的困扰，进而为世人呈现出一本又一本完美的英美文学翻译著作。

第三节 英美文学作品中谚语的传神意义与翻译方法探讨

谚语在英美文学作品中具有极高的艺术价值和语言特色，其凭借优美的韵律，用词的精炼和丰富的哲理成为艺术的瑰宝。究其来源，一般来自文化典籍、宗教以及民间俚语。谚语一般是随口头语而产生的，伴随着文字的出现而被记录下来，还有一部分出自文化典籍，如伊索寓言、古希腊神话等，具有独特的历史背景和文化底蕴。如 Don't kill the goose that laid the golden eggs.（不要杀能下金蛋的鹅）。这些谚语无一不反映着当时的社会现状和价值观念，对于我们研究西方历史和文化具有重要的参考价值。还要相当一部分谚语来自《Holy Bible》，基督教对于西方文化影响深远，在一定程度上也促进着谚语的发展。例如 The root of all evil is the love of money.（金钱是万恶之源）就是出自圣经。还有一些谚语是以世间百态为素材形成的俚语，有的是生活环境的真实写照，有的是对经验和教训的总结归纳，如 Every man is a pilot in a calm sea.（平静的海面上人人都是航海家）出自希腊谚语，是三面环海的希腊人总结出来的经验。本文旨在通过对谚语传神意义的分析，研究其翻译的技巧与方法，为提高翻译质量提供科学依据。

一、英美文学中谚语的传神意义

（一）英美文学中谚语的词汇特点

要想了解英美文学作品中谚语的传神意义，就必须对其词汇特点进行研究。首先，谚语的用词简练，往往比较通俗易懂，是对生活用语的压缩和精炼。其中，名词、动词、介词的出现频率比较高，修饰成分如形容词、副词、感叹词较少，口语化明显。如：

Like father, like son（有其父必有其子）。

Where there is a will, there is a way（有志者事竟成）。

The best fish swim near the bottom（好鱼常在水底游）。

其次，谚语中的专有名词使用较频繁。其中，人名作为一种专有名词在谚语中失去了其原有的指代意义，通常指代具有某些特征的某类人。同时，人称代词 nobody、anybody、everyone 等在谚语中也往往泛指。如：

Jack of all trades is of no trade（万事皆通，一无所长）。

Rome was not built in one day（罗马非一日建成的）。

（二）丰富的语言内涵和知识

由于谚语来自民间，不仅通俗易懂，还深富哲理，对语言知识的丰富具有重要作用，翻译工作者熟习谚语，不仅能扎实语言功底，还能获得常识性知识。有些谚语虽然用词简单，但贴近生活又不失风趣雅致，对提高翻译者文化修养有积极意义。

（三）增加对西方文化的理解

语言是文化的载体，谚语作为英美文化的精髓，是西方语言艺术的活化石，对促进中西方文化交流具有促进作用。很多谚语背后都是本国文化的积淀，其中可能蕴含丰富的知识。如 Forbidden fruit is the sweetest.（勿尝禁果）出自圣经旧约中，亚当和夏娃禁不住蛇的诱惑，偷吃了智慧树上的禁果，由此被上帝从伊甸园赶出，过上凡人的生活。通过谚语，我们能对西方文化、宗教、习俗有深入的了解，从而打破跨文化交际的障碍，减少文化分歧，求同存异，促进中西方文化交流。

二、英美文学作品中谚语的翻译方法

（一）直译法

有些谚语浅显易懂，翻译的时候只需表达清楚含义，使其对仗工整，条理清晰，符合原文含义和风格即可。如 As a man sows, so he shall reap. 这句话中没有生僻的单词，单纯从字面上理解为播种就会有收获，为了使其更加生动，符合中国人的表达习惯，我们通常翻译为种瓜得瓜，种豆得豆。

（二）意译法

有些谚语直译起来会有困难，隐含含义也不能直接解读，但是具有一定的历史渊源和背景，那么这种情况下我们就考虑意译，即翻译主旨思想，表达其寓意，但不拘泥于单个词汇的含义。如 When Greek meets Greek, then comes the tug of war，这句话直译起来就会显得令人费解，但其主旨的两个强大的对手相遇会引发激烈的斗争，那么我们意译成"两雄相争，其斗必烈"比较合适。

综上所述，谚语作为英美文学作品的瑰宝，在文化传承与交际方面发挥积极意义，在翻译的时候应具体问题具体分析，掌握合适的技巧，在传达主旨含义的同时做到风格和意境上的统一。

第四节 英美文学翻译中的问题与对策

随着社会大环境的不断变化，各国之间的交流越来越广泛。国与国之间沟通使用的主要方式就是语言，因此翻译成为各国之间交流的必要手段。翻译的精准度直接影响到国与国之间的顺利交流。本文主要针对跨文化环境下英美文学翻译过程中存在的文化变形情况，展开重点探讨和研究，阐述跨文化翻译过程中存在的阻碍因素，以及跨文化环境下英美文学翻译工作需要注意的事项。

一、造成跨文化翻译受阻的因素

（一）地域环境不同

不同的地理位置会形成不同的地域文化，如英国在欧洲，美国在北美洲，中国在亚洲，这三个国家有着不同的经纬度，又邻近不同的海洋，必然会对某些现象产生不同的理解，这样便产生语言上的差异，进而影响文学作品的翻译。在翻译中，争论最为激烈的就是东风和西风。中国位于亚洲东部温带季风区，吹来的东风都是暖风，所以在中国文学中和煦的风都是东风，西风则代表着寒冷的风。而英国位于温带海洋气候带，在英国，西风是温暖的、美好的。从对简单的风向的不同感受，就能够看出各国由于地理位置的差异，对同一类事物形成了迥异的文化认知，这深刻影响了文学作品的跨文化翻译。

（二）风俗习惯不同

不同国家长期生活在不同的自然条件和社会文化下，自然形成了不同的风俗文化习惯，一般体现在饮食、服饰、禁忌等方面。例如：在我国龙是神的一种象征；而在西方国家，龙一般被认为是邪恶的力量，所以在翻译的过程中需要注意这类事物不同的文化象征意义。再比如，英国由于所处的地理位置而经常下雨，所以谈话中经常以"今天天气如何"开头，但是这种聊天方式是我国群众难以理解的。因此，在翻译的过程中还需要注意这些文化上的差异，以此保证各国之间能够更加良好地沟通。

二、跨文化背景下英美文学翻译需注意事项

对于从事语言文化翻译的工作者来说，首先要了解两个国家地域上的差别，以此保证能够清晰地了解双方由于地域色彩不同造成的语言文化差异。然后还要了解两国在风俗习惯上的差异，因为它是直接导致语言产生差异的主要因素。最后就是了解各国之间宗教信仰的不同，如了解各个宗教都崇拜什么，忌讳什么，这也是保证翻译工作顺利进行的基础。

三、跨文化背景下英美文学翻译中的文化变形表现

（一）语言变形

文学作品的翻译从宏观上讲是一种跨文化的对话形式，从微观上讲则是文化的重写，所以翻译人员在翻译工作中既要体现出原文本的对话内容，又要对原作作者及其作品所产生的时代对话进行分析。这就是所谓的语言变形，这种语言变形既可以是一种有意的行为，也可以是一种不得已而为之的行为，在文学作品中语言的变形不可避免。

（二）文本风格变形

实际上，文学翻译是各国之间跨文化交流的主要手段，而这种交流方式也具有一定的动态性，因此在文化变形构成的过程中，文化常规性、衡常稳定性的偏离是影响翻译的主要原因。这些情况也严重影响了各国语言在翻译上的准确性。比如文本风格就一直是文学翻译中争论不休的一个问题。作者以自己独特的思想和创造个性探索文化素材，表达自己的想法，使作品展现出独特的文本风格。在翻译过程中，这些作者的思维已经被完全克隆，难以体现出其创作时独特的情绪，译文的风格变形也由此产生。

（三）译者心态变形

翻译人员在进行文学翻译过程中，很难与原文的作者保持当时同样的心态。一般翻译人员有两种心态，要么高于原作作者，要么就是低于原作者，

这种有差异的翻译文化形式，直接体现出个人的价值观和民族的特性。因此，不同的翻译内容能够反映出不同翻译人员的状态。而在实际的翻译工作中，人们所推崇和遵循的理念还是译者要有高于原作作者的心态，这样才不会毁掉一部本就具有很高文学价值的作品，即不会由于翻译工作的差异而让人们对原作品产生误解或不满。综上所述，翻译工作的主要差异体现在地域风采、风俗习惯和宗教信仰上，在了解这三方面因素的基础上，翻译人员还需要注重两种文化的优势，并且把优势互补，这样双方在沟通过程中不仅能进行语言上的交流，还能清晰地了解到对方与自己存在的差异，了解到其他国家的文化、地域色彩和宗教风俗，以此保证在后期的接触和交流过程中能够更好地掌握对方的喜好，增加两方的友好程度。同时，翻译人员还需要在不同情况下适当运用归化与异化的翻译手段。只有满足这些要求，才能在翻译工作中展现出原文和原意的最佳表述，有效地促进各国之间的往来和交流。

第五节 翻译英美文学典故需注意的问题及策略

典故是民族文化的历史结晶，饱含着深厚的历史文化底蕴。典故之所以为"典"，就在于它精练，是民族语言与民族历史的精华。由于东西方文化差异，典故翻译成为当前英美文学翻译需首要考虑的问题之一。本文基于对英美文学的多角度探究，具体分析英美文学典故翻译需注意的问题及策略。

一、英美文学中典故的来源

（一）神话传说

古希腊是西方文化的重要组成部分，西方的许多历史文化都可以追溯到古希腊时期。古希腊的文明历史是后世多个民族信仰及精神文明的摇篮。神话故事是古希腊时期历史文明的主要表现形式，所以英美文学中的很多典故来源于古希腊时期的神话故事，古希腊神话传说是西方国家珍贵的历史宝藏与文化遗产。总而言之，古希腊的神话传说是当代英美文学的发展基础与强有力的文化后盾。

（二）宗教传统

在西方的诸多国家，基督教是最庞大、最普遍的宗教组织，同时，基督教的文化传承同样在西方的各个国家比较深厚，在当代英美文学中占据重要地位。可以说，基督教信仰改变了大部分西方民族的生活习惯以及民风民俗。

在诸多英美文学作品中，宗教信仰形式的典故最为常见，它是基督教的历史文化传统。因此，在翻译英美文学作品的过程中，译者应该对其给予一定的重视，并积极了解西方的宗教信仰。

（三）寓言故事

在英美文学典故的诸多来源中，除了古希腊的经典神话以及基督教的宗教信仰之外，还有一个重要的来源，那就是西方国家的经典寓言故事。寓言故事作为英美文学作品典故的又一重要来源，通常以简单明了、富有哲理的民间小故事为主，这些典故对展现文学作品的内涵、情感色彩以及独特韵味有重要作用。同时，寓言典故也大大增加了译者翻译英美文学作品的难度，所以针对寓言故事这一重要的典故来源，为了提高英美文学作品的翻译水准以及审美价值，译者要注意对西方民间寓言小故事的积累。

二、翻译英美文学典故时需注意的问题

（一）文化差异

不同国家之间存在文化差异，这里所指的文化差异覆盖面比较广，具体包括自然风景、民族文化、风俗习惯、历史文化以及宗教信仰等。每个国家都有自己的文化特色。因此，在对英美文学作品进行翻译时，翻译人员应充分了解异国的文化背景与历史面貌，将英美文学作品中的相关典故通过汉语贴切地表达出来，切实体现文章的内涵与艺术。

（二）中西典故在文化内涵方面的对应程度

英美文学中经常出现的文学典故，在我国诸多文学作品中同样存在，并且在某种程度上，我国文学典故与国外文学典故有一定的对应，译者在翻译英美文学作品中的典故时还需注意这个问题。典故在异国文化内涵方面的对应程度，具体可分为以下两种。一是基本对应，这种对应形式较为常见。基本对应的意思是说两国文学作品所涉及的典故在文章中语意相同，这种情况下两种典故在理论上可以互相翻译，但凡事没有绝对性，具体还要结合实际情况。二是部分对应。这种对应形式相对于基本对应来说较为罕见，同样的道理，部分对应的主体意思是说两国文学作品所涉及的典故在整篇文章的用意在某一方面存在相同之处，即部分对应。在这种情况下，翻译人员应该理性地思考两种文化中典故的相同之处，运用巧妙的翻译技巧进行转化，避免盲目地借鉴典故。

（三）文章整体的协调性

上文提到，典故的使用率在诸多英美书籍以及文学作品中普遍较高，面对这些英美文学中经常出现的典故，就目前情况看，在翻译英美文学作品时非常容易遇到阻碍。英美文学领域中出现的典故大多来源于神话典故、寓言故事与宗教传统，而我国传统文化与英美文化在风格等方面差异较大，直接导致很多国人对英美文学中的典故存在理解偏差，这对于我国翻译人员是一项新的挑战，在翻译英美文学中的典故时需要考虑这些因素。文章整体的协调性同样不能忽视，在不偏离文章本意的情况下，译者应巧妙运用不同的翻译方式，化解异国文学中的典故差异，让读者能够轻松地理解原文中典故的含义。

三、英美文学中典故的翻译方式

（一）直译

直译是我国对英美文学作品典故的诸多翻译方式中最直接的一种。直译，顾名思义，就是根据典故的字面意思，用我们所熟知的语言直接翻译过来。直译的过程中没有语言的变更，以不违背作者意愿、不偏离文章主题为前提。直译是我国目前对英美文学作品典故最常用的翻译形式。

（二）意译

意译与直译有着本质上的区别，上文我们所提到的对英美文学典故进行翻译时需要考虑的因素中，有一点是两国之间的文化差异，意译的主体翻译模式就是根据不同地域之间的文化差异产生的。相比于直译，意译的翻译模式更具灵活性，在对英美文学作品中的典故进行翻译时，意译的翻译原则是充分考虑两国之间的文化差异，用另一种语言对当前需要翻译的典故进行转化，保持其总体意思不变。

（三）套译

套译是在上文提到的部分对应的基础上，在典故不相对应但意思相近的情况下，对文字进行简单的修饰，避免翻译后的文字过于简单、直白。这样一来，读者会更加清楚作者所要表达的意思。在对当前典故进行套译的过程中，同样需要考虑不同地域的民族文化、人文风情等诸多因素，在不违背作者意愿的情况下，从实际角度出发，对当前典故进行形象、生动的套译。

（四）增译

增译是在直译的基础上，进行民族文化以及历史背景上的二次修饰，即为当前文章中的典故添加文字。例如，在英美文学作品中出现人名与地名的情况下，增译的翻译方式会产生极为显著的修饰效果。根据不同地域的人文风情与历史文化，增译的表现手法会在直译的基础上添加对我们所熟知典故的修饰，在让读者更加深刻地理解当前典故的同时，使整篇文章更具民族情怀。

不同地域的历史环境造就了不同的民族文化。在翻译英美文学作品时，应适当了解其历史文化及民族特性，用我们熟知的语言对其进行全方位的转化。针对英美文学中典故的翻译问题，译者应巧妙运用不同的翻译方式化解文化差异，让读者能轻松地理解原文思想。同时，译者还要根据不同的典故翻译策略，对原作进行本源上的追寻。

第四章 生态翻译学视角下的英译中翻译策略的对比运用分析

第一节 形合意合转换策略运用分析

在对莫言的小说《售棉大路》进行英译过程中，形合意合相互转换的策略是使用最多的策略。在深入理解和把握原文主旨内涵的基础上，综合运用形合意合相互转换的翻译策略，在生态翻译学的视角下，又实现了文本英译在三个不同维度上的转换。

一、语言维转换

在生态翻译学的视角下，"三维"的转换是翻译的主要方法。其中，语言维的转换是在不同方面、不同层次上进行的，主要指的是译者在翻译过程中对语言形式进行的适应性选择转换。英汉在语言表达形式上存在的巨大差异就决定了它们在语言表达层面的不同。在通晓语言的生态环境基础之上，译者应该在词汇方面对原文进行必要的选择和调整，从而将语言形式也进行转换。

就汉语和英语的语言特色而言，英语注重形合，汉语注重意合。英语中多使用连词和介词，但汉语中的省略现象就比较常见。因此，在翻译的过程中，译者应该充分认识到这一点，把握译入语的语言特征，从而更好地处理好文本翻译。在对莫言小说《售棉大路》进行翻译的过程中，这一策略有多处体现。例如：

总之，离棉花加工厂大门口还很远很远，杜秋妹就不得不把她的排子车停下。满带着棉花的各种车辆已经把大路挤得水泄不通。杜秋妹本来还想把车子尽量向前靠一靠，但刚一使劲，车把就戳在一个正在喂马的男人身上，惹得那人好不高兴地一阵嘟哝。

上述语句描写的是主人公——杜秋妹在刚刚到达棉花加工厂时工厂门前人车拥挤的场景。原文中的汉语表达按照实情发展的顺序，一气呵成，连贯自然。但在英文的表达中，想要把此一系列的动作连接起来并形成内在的逻辑，就需要增添相应的介词或连词，由此组成复合句，予以表达原文的意思。针对这一思路和策略，对原文的翻译如下：

Ina word, Sister Du Qiu（Du Qiumei）had to stop her large handcart rather far from the doorway of cotton processing factory since the road of selling cotton is filled with all kinds of vihicles completely loaded with cotton. Sister Du Qiu would hace moved her handcart a little bit nearer to the front, but failed as the handle bar proked a man feeding his horse. This action above made the man rather unhappy so that he numbled for a while.

由此看来，在对之前注重意合的汉语进行翻译之后，增加的介词和相应的连词使得句子内部的逻辑性得以体现，也表现出了不同分句之间的关系。完成了译文"形合"的转变。

在汉语中，注重意合的句子更容易理解。简短精炼的语句，在描写人物和刻画环境中都有重要的作用。在生态翻译学的视角下，需要将原文本、译文和译者放在统一的环境中，实现三者之间的有机融合和交流。如在《售棉大路》中第一次关于拖拉机手的描述：

杜秋妹说罢忍不住地格格大笑起来。笑声惊动了马车右边那台十二马力拖拉机的主人，一个紫赭色面皮，留着小胡子，穿着喇叭裤，颇有几分小玩闹派头的小伙子。他正在车顶上蒙头大睡，此时爬起来，揉了揉惺忪的睡眼，狠狠地瞪了杜秋妹一眼，仿佛责怪她的笑声打断了他的美梦。

译文：

The giggle bothered the twelve-horse-power tractor owner on the right side of the carriage. He who had purple face along with a little moustache and wore bellttoms was a young man like a playboy. He was sleeping on the top of his tractor but got up then, rubbing his sleepy eyes and glared at Sister Du Qiu as if to blame her giggling for interrpting his sweet dream.

将原文中短小的意合句，重新组合为英语中的形合句。将原来的单句转换成定语从句、状语从句的形式，符合英语的表达习惯，即符合译文的生态环境。从而有助于实现语言维度上原文本和译入语文本的有机结合。由此看来，实现了形合和意合在语言维度的适应性选择和转换更有利于在把握原文的基础上，增加译文与原文的贴合度和在读者中的接受度。

二、文化维转换

在这一维度上的转换侧重译者在整个的翻译过程中，更多地关注双语文化的内涵和在文字背后的文化释义。译者在进行翻译之时，不仅仅要关注目标语言与源语言的转换，更应该深入整个文化系统去理解和把握。

在莫言的小说作品中，"乡土"气息和能代表劳动人民朴实特色的语言居多。在人物的勾勒和描绘上，尤其是语言描写上，这一点表现得尤为突出。因此，在翻译的过程中，要考虑到汉语和英语语言文化之间的差异，文化背景等方面的不同，在文化维方面上做出适应性的选择和转换，是生态翻译学理论的内涵之一。

例如，在小说《售棉大路》中，描写开始大家对于拖拉机机手不满情绪的有关对话：

杜秋妹对着拖拉机啐了一口，红着脸回到排子车旁。腊梅嫂轻轻地骂着："臊狗！死不要脸。"车把式看不顺眼了，一步闯过去，扯住机手的脖领子使劲搡了一把，喝道："哎，伙计！狗撒尿还挪挪窝呢，你这么大个人，怎么好意思！"

此段对话中的相关表达机具乡土风情和特色，生动鲜明地表现出了劳动人民爱憎分明、嫉恶如仇的果毅性格。将大家对于拖拉机机手的不满情绪跃然纸上。但考虑到汉语注重意合的特征，如果在进行英译的过程中，将原文进行完全忠实地翻译，只进行语言维层面的适应和选择就会让不熟悉中国文化内涵的英语国家读者产生困惑和不解。由此可见，实现形合意合在文化维方面的转换是十分必要，也是有深刻的意义的。因此，这段话可以进行如下的翻译：

Mrs. La Mei scolede lightly, "You, so shameless!" to the tractor driver. The young carter couldn't bear that. He walked to the tractor driver, pulled him by his collar and yelled, "Hey, guy! You should be so shameless not even than the ass!"

在译文中，并没有完全还原原文中的某些表达而是基于特定的文化背景和文化内涵作了选择性的修改，完成了在选择基础上的适应。此外，在西方，"狗"（dog）所带有的是褒义的感情色彩，如谚语中的"Every dog has its day"（凡人皆有得意日），又如英文表达中"lucky dog"所指即为"幸运儿"。而在此语境中，明显表达出的应该是呵责和不满的负面情感色彩。因此，在翻译的过程中，将与"狗"有关的相应表达翻译成了"ass"，来突出嘲讽和厌恶的感情。

又如，在小说《售棉大路》中，车把式对待拖拉机机手不礼貌的行为进行呵责、训斥时的对话：

机车手被车把式一搡，吃了一个不大不小的亏，心中好不窝火，意欲以老拳相拼，但一打量车把式那树桩子一样的身板，自知不是对手，便破口大骂："娘的，老子又没把尿撒到你家窝里，用得着你来管！""这儿有妇女！""妇女怎么着？谁还不认识是怎么着？""流氓！老子端出你的大粪汤子来！"车把式勃然大怒，扑上去，但很快被人们拉住了。

译文如下：

Pulled by the carter, the tractor driver almost took half of the piss to his own trousers. He felt rather annoyed and planned to fight aginst the carter but stopped this naiive behavior once he saw the strong body of the cartrt. And changed to scold rudely, "You! Son of a bitch, I am not taking the piss to your pan. It is none of your business!" "There is lady here!" "What it matters me of ladies here?" "Hooligar! I will give you a lesson! Fuck off!" The carter burst into anger but was stopped by people around him.

上述文本在翻译的过程中，同样应该注意到文化层面的差异性。真正让译文适应于文本的生态环境，并在此生态环境中进行适应性的选择，最终形成符合译入语言行为规范的译文。实现文化维层面的转换，是生态翻译学视角下，应用形合意合转换这一策略的必然要求。将汉语中过于意合的内容转换为英语中形合的内容，并注重文化差异的存在，是实现翻译整体性的必然要求。

三、交际维转换

根据生态翻译学的相关理论，在交际维上的适应性选择和转换指的是在翻译的过程中，译者为了实现双语交际的意图，进行各种适应性的转换。从理论层次上来讲，这个维度的转换是上述两种维度转换进一步深化和发展的结果。要求译者在进行翻译的过程中，不仅仅要进行语言信息的有效传达，更要注重翻译能够实现的交际性目的。鉴于此，在翻译的过程中，译者不仅要保证形合与意合在语言维度和文化维度方面的相关适应性的选择和转换，同时还要关注起在交际维度的适应、选择与转换。

在小说《售棉大路》英译的过程中，这一翻译策略也有很多应用到的地方。将文本的交际性作为文本翻译的重要原则，突出文本的某些强调意味，就需要很好地应用到这一策略。例如：

正是农历的九月初头，正是九月初头的一个标准的秋夜，正是一个标准的秋夜的半夜时分，肃杀的秋气虽不说冷得厉害，但也尽够人受的。

上述语段交代了小说发生的时间和大的环境背景。在交代背景的过程中，连用三个"正是"，可以看出作者强调时间节点的意图。意在突出强调小说故事发生的时间，同时为接下来一系列情节的展开打下铺垫，有利于叙事和抒情的进行。因此，在这种情况下，形合句的显性和透明显然更适合突出和强调。其强调的意味也比意合的句子要更为显著。在此翻译策略的指导下，翻译如下：

It was the very beginning of lunar September and beginning of which was just a normal autumn night. And it was also the very midnight of the very normal autumn night. The autumn chill of the air was not ratther cold though, it was not so tolerable.

原小说的文本在进行了这样的翻译之后，保持了原来的语言特色和想要突出强调的部分，在译文中用 "very" 以及定语从句的形合句形式保证了原句的表达效果，增强了表达气势。使得在小说的开篇就烘托出了独特的环境氛围。再如，在小说《售棉大路》中杜秋妹帮助拖拉机机手，发现了在他的棉花车上的香烟烟头的情节。众人在这件事情之后纷纷表示了对杜秋妹的赞赏。原文文本如下：

众人也纷纷议论起来："伙计，你今天好大灾福！再晚一会，这车棉花就算报销喽！"

"连我们也要跟着沾光！东北风这么大，还不闹个火烧连营！"

"嗨，多亏了姑娘鼻子好使，顶风还能闻得到……"

人们一齐又把赞赏的目光投到杜秋妹身上，看得她不好意思起来。她的手上烫起了几个大水泡，裤子也烧了一个鸡蛋般大的窟窿。

在交际维度下，这段话的主要目的是让读者近一步知晓杜秋妹的善良品质和勇敢精神。文本中的 "灾福""报销""顶风" 等词语都有着跟词语本身的词义不尽相同的意思，所以，在进行文本翻译的时候要注意到这一点，力争让译入语的读者能够知晓文本所要表达的含义。在此处的文本翻译中，意合便成为了翻译的主要任务之所在。由此，笔者的译文如下：

People all said one by one, " Hey, guy. You are so lucky today! The whole tractor of cotton would be burnt into ashes if the fire was founded a little later."

"So uncky would we be, too! It was blowing strong northeast wind, maybe our cotton will be burnt one by one!"

"Yeah, hey, thanks to the girl. She can smell against the wind." People all looked at Sister Du Qiu in approval which made her embarrassed. Several bubbles were on her hand and an egg-like hole was burnt on her clothes.

译文注意了上述词组所具有的特殊含义，表达简明直接，译文也易于理解，从而实现了译文的交际功能，突出了语言的交际功效，更易于在译入语人群中的接受和理解。

在实际的翻译过程中，语言维、文化维和交际维是三个互相联系又不可分割的部分，它们共同同意于翻译的整体过程中。对于不同的文本类型而言，可能会侧重于某个层面，但在同时也应该顾及到其他的两个层面。这就需要译者在翻译的过程中，适应于其特定的翻译生态环境来做出适应性的选择和选择性的适应。

第二节 归化和异化策略转换分析

归化与异化策略是在翻译过程中经常使用的策略。在传统翻译学的视角下，归化异化策略为不同文本的翻译提供了理论基础。归化、异化策略的相互转换，使译文在更加贴近译入语文化的特征的基础上，尽可能地保持了原文的文化特色。在生态翻译学的理论视角下，这一策略有了全新的体现。在生态翻译学的三个理论维度上，综合运用归化和异化相互转换的策略，对于进一步把握文本的写作特色，保证文本的翻译水平有重要的指导意义。

一、归化和异化策略的界定

作为两种最为常见的翻译策略，归化和异化策略在翻译中的使用频次较高。归化是指在翻译过程中遵守目标语言的主流价值观念，使用同化手段对待原文，从而使译文能够迎合本土的特色、出版潮流和相关的政治需求。或者说，在翻译的过程中，尽最大可能、最大限度地减少原文的陌生感的一种翻译策略。在这种策略中，译者要努力克服不同文化之间的差异，尽力避免文化冲突，使得源语文本所反应出的内容与世界无限地接近目的语文化读者所能理解的世界，实现源语文化与目的语文化之间的"文化对等"。

异化策略偏离了本土的主流价值导向，在保留原文语言和文化差异的基础之上，保证了源语文化的异域性。主张保留源语文化的文化气息和文化特点。这样的翻译策略，将会起到丰富目的语的文化和表达形式的重要作用。目的语的读者也会因为有这种译文的存在增强自己对不同文化的吸收和理解能力，从而促进文化发展的多样性和独特性。同时，译者也应该相信目的语的读者有这样的接收和适应能力。

二、在语言维层面上的体现

在生态翻译学的视角下，要求在翻译过程中，译者对语言形式进行不同层次、不同角度的适应性转换。在翻译中国的文学作品的主张上，著名翻译家葛浩文曾经提出过主张"用国际化的眼光思维，但用本土化的语言编写"，对待译文和原文都要忠实。由此看来，归化和异化的策略必须在翻译中得以应用。在小说《售棉大路》中，主人公杜秋妹想象着卖掉棉花之后的情形，对此的一系列描述如下：

她恨不得一下子就飞到棉花加工厂里去，卖掉棉花，然后，拿着大把的票子去百货公司，不！先去饭馆子里买上十个滋啦啦冒着热气的油煎包，一口气吃下去，然后去理发馆烫个发，照相馆照张相，最后才去百货公司，去逛一逛，购三买四，去显示一下农村大姑娘的出手不凡与阔绰大方……杜秋妹父母早殁，一个哥哥大学毕业后分配到海角天涯，因此，她是一个可以放心大胆地努力劳动赚钱，并放心大胆地放手花钱的角色。

上述情景的描述体现出了杜秋妹心中迫不及待、满含期待的心情，原文中的用于如"百货公司""油煎包""购三买四""出手不凡""阔绰大方""早殁"以及"天涯海角"等，都是源语中的相关表达，分析原作的写作生态环境，自然而然地能理解在当时的背景之下上述词语的具体含义。在进行英译的过程中，此处应用归化策略，用英文中合乎英语的表达习惯和用词对上述一系列过程进行描述，而淡化原文中的语言形式，会更有益于目的语的读者进行接受。因此，译文如下：

She couldn't wait to go into the cotton processing factory, sell her cotton and go shopping in the department store. Oh, no, she would rather firstly go to the restraunt to buy ten pan-fried dumplings giving out yummy odour and eat them up at one time.

Then she would go perming, take a photography and then go shopping in the department store at last to show how generous and gentle the young rural lady was... Sister Du Qiu's parents all died quite early. Her elder brother was distibuted to Hai Jiao Tian Ya（an area in the city of Sanya in Hainan Province of China, it can also refers to a place quite far away）after graduating from college. Thus, she can make money and spend it all by herself without worrying about anything.

译文中，"购三买四"直接翻译成了"go shopping"，将早殁翻译成了"died quite early"，对"天涯海角"做了注释和说明。在把握原文文义的基础上，对译文进行了归化。既呼应了汉语"短平快"的语言特色，又用符合英语理解层面的语言，完成了对相关文本的翻译。

再如，小说《售棉大路》中提到过人们在棉花加工厂门口排队时，在前进过程中的第一次停顿之后，自己安慰自己的那种想法。原文如下：

这是前进中的第一次停顿，对人们的打击并不重。大家都相信，这是偶然的，是棉花厂刚开大门的缘故。就像一个人吃饭时吃呛了一样，咳嗽几声就会过去。于是大家就耐心地等待着棉花加工厂"咳嗽",清理好它的喉咙,然后,源源不断的车马以及车马满载着的棉花,就会像流水一样哗哗地淌进去,并从另一头把拿着票子的人淌出来。

在此段的描述中,运用了暗喻的修辞,将棉花加工厂刚刚开门时不通畅的情景比喻为人们在吃饭时"咳嗽"的情形,比喻生动形象、贴切直观,表达出人们自我安慰等待售棉的队伍快快恢复行进的心情。由于有上下文的对应和背景的交待,按照原文的意思进行直译将可以保持原文的特色,更加突出人们热切盼望的心情和劳动人民的朴实。这样的翻译显然更适合原文和译文所构成的"生态环境",更加符合生态翻译学视角下语言维度翻译的要求。因此,笔者的译文如下:

The pause of the martching of the queue didn't hit people severly since it was the first time. They all believed that it was accidental and the reason was that the cottton processing factory was just open. Like a man, maybe chokes when he eats. After coughing for a while, it will be okay. So everyone waited patiently for the factory to "cough" to clean up its throat. Then stream of carriages and horses which were loaded with cotton would flow into the factory quickly and smoothly like water while people with money would be flowing out from the other side.

译文中使用的异化策略,最大限度地保持了译文同原文的一致性。译文没有做过多地改变,而是尽最大可能地保持了原文的内容和形式,从而保留了源语文化易于理解和把握的文化气息和文化特点。

三、在文化维层面上的体现

翻译是一种跨文化的交流活动,译者要考虑的重要问题之一就是如何将源语作品译入目的语的文化之中。莫言小说的灵魂便是其乡土气息。因此在生态翻译学的视角下,对小说所处的文化、社会及历史背景的把握尤为重要。译者要进行多元文化的相关思考。从这个维度和层面来看,归化和异化的策略使用显得尤为必要。在翻译的过程之中,按照翻译文本的需要做出相应的适应性转换,才能实现在翻译这一整个的系统中的完美适应。在翻译的过程中,又是需要采用归化的方式,按照目的语读者的理解和解读,进行相关词语或语句的翻译;又是则需要采用异化的方式,保持原作的特色,增加目的语读者对相应文化要素的兴趣,提高阅读效果。在对小说《售棉大路》的文本进行翻译时,就有所体现。例如:

太阳当头照耀,一点风也没有,天气闷热。杜秋妹回想起夜里冻得打牙巴鼓那会儿,恍有隔世之感,颇有几分留恋之意。十三点左右,形成了这一天当中的一个热的高潮，白花花的阳光照到雪白的花包上，泛着刺目的白光，砂石路面上，泛起金灿灿的黄光；空气中充满了汗臭味、尿臊味和令人恶心的柴油味；骡马耷拉着脑袋，人垂着头，忍气吞声地受着"秋老虎"的折磨。

在这段文本中，小说主人公回忆起秋夜里寒冷焦急的等待过程，对照眼前的炎热，颇有留恋之感。在小说的原文中，"冻得打牙巴鼓"是形容人在寒冷时候的自然状态。"雪白的花包"指的是白色的棉花包。而"秋老虎"则是中国文化中用来形容秋天特别炎热状态的表达。很显然，在文化层面和文化维度上来讲，这段文本中的很多表达都跟中国的文化特色息息相关。为清晰地表达出原文的含义，做出相应的适应性选择转换，笔者在翻译过程中采用了归化的策略，在译文中精确地传达了原文的内容和思想。译文如下：

It was muggy and the sun was shinning on people's heads, with no wind blowing. Sister Du Qiu reminded last night when she was really very cold and trembled. Thescene was as if quite far away from he which she missed very much. It became the hottest time of the day when it was 13：00 or so. The sunshine shined onto the snow-white cotton bags, glaring light was reflected. Golden yellow light was reflected on the dinas road. The air is filled with all kinds of smelly smellings. People as well as the mule and horses on this road all put down their heads, bearing the hot and muggy weather during autumn.

但对于一些带有明显的文化印记的词语和表达，在小说《售棉大路》的翻译中，笔者又采用了异化的翻译策略。为了最大限度地激发读者对于异域文化的好奇，提高他们的兴趣，在保证传达等值的文化信息、修辞手法的基础上，尽量保留原文的表达和意向。如在小说中人名的英译上，小说主人公"杜秋妹"被笔者译作"Sister Du Qiu"，"腊梅嫂"译作"Mrs. Lamei"。年轻的"车把势"则译作"the young carter"尽最大可能地保留了原文的表达和含义，因为这样的表达和含义更能代表主人公的性格，也是颇具有中国文化特色的称呼，因此在英译过程中，采用异化策略，对其进行了保留。这样看来，在生态翻译学的视角下，在文化维层面上做出适应性选择转换，在译语跟源语之间构建起一座文化信息交流传递的桥梁。

四、在交际维层面上的体现

在生态翻译学视角下，实现交际维度的适应性选择转换指的是译者在进行翻译的过程中，更为关注源语和目的语交际意图的适应性选择转换。这一维度的适应性选择和转换是以语言维和文化维的是影响转换为基础的，但更为关注交际的需要。在译文中体现出的是更多的交际意图。由此可见，在这一维度上完成文本的翻译，归化和异化的策略同样适用。在整个的翻译过程中，译者首先应该是原文的"读者"，其次更是译文的"作者"。这一双重身份就决定了译者是不同于普通的读者，而是有明确的翻译意图并实施翻译这一任务的人。在小说《售棉大路》的翻译中，多处体现出了这一点。例如：

这包棉花烧掉了大约三分之一，剩下的三分之二，经过众人反复检查，确信没有余烬时，才又帮助机手抬到车上。早晨替他和车把式劝架的老者走上前去，说："小伙子，你怎么尽干些没屁眼的事儿呢？干这活儿怎么敢动烟火呢？老爷子烟瘾比你不大？烟袋都扔在家里不敢拿哩……

在此段文本中，有些表达如"小伙子，你怎么尽干些没'屁眼'的事情"的表达，需要做归化的处理。因为在生态翻译学的视角下，要在交际维度上实现文本的翻译，使得目的语的读者能够了解原文的意思，必须深入原小说文本，用目的语读者能够接受的方式进行表达。此外，在上述文本中"老爷子"的翻译也并非"old man"，而指的就是上文中劝和的老者。在翻译的过程中，应该注意到关联的上下文之间的关系，这样才能更有利于目的语读者的理解和接受。因此，译文如下：

The cotton bag was burnt by 1/3, the rest 2/3 was examined by the people around and was lifted onto the tractor with the guidance of no embers in it. The senior man who mediated between the tractor driver and the carter came towards, "Young man, how can you always do this kind of thing? How can you dare smoke when you are going to sell cotton? I am a much heavier smoker than you while I left my tobacco pipe（a small-bowled, long-stemmed tobacco pipe）at home and dare not take it here..."

另外，在对小说《售棉大路》进行英译的过程之中，笔者同时对相应的内容进行了"改写"和"重写"。尤其是对于腊梅嫂的相关描写部分，考虑到目的语读者的阅读兴趣和翻译中的"信""达""雅"的原则，对相应的部分进行了缩略的翻译，对有些部分进行了"详译"，甚至是改写，其目的都是为了实现小说译本的交际功能。通过这样的翻译方法和翻译策略，实现包括社会、文化、交际、语言等在内的整个翻译生态环境的一种动态平衡。

第三节 文本翻译中的不足和问题

生态翻译学作为一个新兴的翻译学理论，其发展还存在很多不足之处。该理论的内涵和外延还有较大的发展空间。综合论文中对莫言小说《售棉大路》的文本英译，不难发现，在进行文本英译的过程中还存在很多不足，在生态翻译学的视角下运用不同的翻译策略还有很多需要改进的问题。生态翻译学全新的理论视角为翻译策略提出的各种新要求也有待于更深入、更细致的把握。如何在生态翻译学的视角下，将翻译理论和策略熟练、灵活地运用到不同文本的翻译之中去，强化和提高翻译技能和水平，成为我们需要关注的重要问题。

一、生态翻译学的自身问题

生态翻译学是翻译学科理论中一种新兴的学说，时至今日，已经有了初步的发展。其理论基础和理论内涵也在不断丰富中日趋完善。但作为翻译的新兴视角，将生态学和翻译学结合起来，将整个翻译过程内化为翻译的生态环境，生态翻译学被人们所普遍接受还需要更多的时间。观察的视角不同、探讨和研究的理论依据不同，这些都为生态翻译学的产生和发展提供了基础和条件。但对生态翻译学适应选择论的内涵观点，语言维度、社会文化维度、交际维度"三维"的转换更需要全面的理解和把握。作为一种新兴的事物，生态翻译学在拥有良好发展前景的同时，更需要译者在理论层次、应用背景等各方面的深入理解和灵活掌握。

二、各种翻译策略的待完善性

生态翻译学的视角对译者提出了更多、更全面、更具体的要求，要满足这些要求，翻译策略的使用尤为必要。结合莫言小说《售棉大路》的英译过程分析，不难发现，其实在对此小说文本进行翻译的过程中，会综合运用到多种翻译策略、多种翻译方法。文中所列举的是使用频次最高、最具代表性几种的翻译策略。各种翻译策略不尽相同，却有相互联系、相互影响，共同统一于生态翻译学的大视角下。使用不同翻译策略的目的是提高译文文本在目的语读者中的接受度，增强译文文本的"生态适应性"。在整个的翻译过程中，不同的翻译策略并非单独使用。生态翻译学也同样要求不同的翻译策略有更加灵活的使用方式，并共同服务于适应性更强的译本。尤其是在对小说文本进行翻译时，通过文中结合的翻译实例不难看出，在理解和把握原文中心思想和主要内容的前提下，既要凸显文本特色，保持原文章"生态环境"的特点，又要做出相应的调整和改变去适应译入文本的"生态环境"，保证在"两个环境"中共同生存的局面。这就对译者提出了新的、更高的要求，在今后不同的翻译实践中，应该予以积极践行和认真总结。总而言之，生态翻译学为译者提供了翻译研究和实践的全新视角。在继承的基础上发展，在发展的过程中创新，这一事物变化发展的哲学规律同样适用于在时代发展、社会进步的大背景中形成并逐步完善的生态翻译学。在继承传统翻译学相关理论和翻译策略的基础上，不断创新，从而发展并运用在生态翻译学视角下的各种翻译策略，在不同类型的文本中加以实践。将生态翻译学的理论观点和内涵在翻译的实践中进行完善，在整个的翻译的"生态环境"中实现原文与译文、原作者与译者的和谐统一。

第四节 生态翻译视野下作品翻译比较

一、of marriage and single life 译文比较

Of Marriage and Single Life

Francis Bacon

He that hath wife and children hath given hostages to fortune; for they are impediments to great enterprises, either of virtue or mischief. Certainly the best works, and of greatest merit for the public，have proceeded from the unmarried or childless men, which both in affection and means have married and endowed the public. Yet it were great reason that those that have children should have greatest care of future times, unto which they know they must transmit their dearest pledges. Some there are who，though they lead a single life . yet their thoughts do end with themselves, and account future times impertinences. Nay, there are some other that account wife and children but as bills of charges. Nay more, there are some foolish rich covetous men that take a pride in having no children, because they may be thought so much the richer. For perhaps they have heard some talk, "Such an one is a great rich man，" and another except to it, "Yea，but he hath a great charge of children, as if it were an abatement to his riches. But the most ordinary cause of a single life is liberty, especially in certain self-pleasing and humorous minds，which are so sensible of every restraint, as they will go near to think their girdles and garters to be bonds and shackles. Unmarried men are best friends，best masters, best servants, but not always best subjects, for they are light to run away, and almost all fugitives are of that condition. A single life doth well with churchmen, for charity will hardly water the ground where it must first fill a pool. It is indifferent for judges and magistrates, for if they be facile and corrupt, you shall have a servant five times worse than a wife. For soldiers, I find the generals commonly in their hortatives put men in mind of their wives and children; and I think the despising of marriage amongst the Turks maketh the vulgar soldier more base. Certainly wife and children are a kind of discipline of humanity; and single men, though they be many times more charitable, because their means are less exhaust, yet, on the other side, they are more cruel and hard-hearted（good to make severe inquisitors）, because their tenderness is not so oft called upon. Grave natures, led by custom, and therefore constant, are commonly loving husbands, as was said of Ulysses, Vetulan suam practulit immortalitati. Chaste women are often proud and froward, as presuming upon the merit of their chastity. It is one of the best bonds, both of chastity and obedience, in the wife if she think her husband wise, which she will never do if she find him jealous. Wives are young men's mistresses, companions for middle age, and old men's nurses, so as a man may have a quarrel to marry when he will. But yet he was reputed one of the wise men that made answer to the question when a man should marry: "A young man not yet, an elder man not at all". It is often seen that bad husbands have very good wives; whether it be that it raiseth the price of their husbands kindness when it comes, or that the wives take a pride in their patience. But this never fails, if the bad husbands were of their own choosing against their friends, consent; for then they will be sure to make good their own folly.

二、论结婚与独身（水天同译）

有妻与子的人已经向命运之神交了抵押品了；因为妻与子是大事底阻挠物，无论是大善举或大恶行。无疑地，最好，最有功于公众的事业是出自无妻或无子的人的；这些人在情感和金钱两方面都可说是娶了公众并给以奁资了。然而依理似乎有子嗣的人应当最关心将来，他们知道他们一定得把自己最贵重的保证交代给将来的。有些人虽然过的是独身生活，他们的思想却仅限于自身，把将来认为无关紧要。并且有些人把妻与子认为仅仅是几项开销。尤有甚者，有些愚而富的悭吝人竟以无子嗣自豪，以为如此则他们在别人眼中更显得富有了。也许他们听过这样的话：一人说，"某某人是个大富翁"，而另一个人不同意地说，"是的，可是他有很多的儿女"，好像儿女是那人的财富似的。然而独身生活最普通的原因则是自由，尤其在某种自喜而且任性的人们方面为然，这些人对于各种的约束都很敏感，所以差不多连腰带袜带都觉得是锁链似的。独身的人是最好的朋友，最好的主人，最好的仆人，但是并非最好的臣民；因为他们很容易逃跑，差不多所有的逃人都是独身的。独身生活适于僧侣之流，因为慈善之举若先须注满一池，则难于灌溉地面也。独身于法官和知事则无甚关系，因为假如他们是易欺而贪污的，则一个仆人之恶将五倍于一位夫人之恶也。至于军人，窃见将帅激励士卒时，多使他们忆及他们底妻子儿女；又窃以为土耳其人之不尊重婚姻使一般士兵更为卑贱也。妻子和儿女对于人类确是一种训练；而独身的人，虽然他们往往很慷慨好施，因为他们底钱财不易消耗，然而在另一方面他们较为残酷狠心（作审问官甚好），因为他们不常有用仁慈之处也。庄重的人，常受风俗引导，因而心志不移，所以多是情爱甚笃的丈夫；如古人谓攸立西斯："他宁要他底老妻而不要长生"者是也。贞节的妇人往往骄傲不逊，一若她们是自恃贞节也者。假如一个妇人相信她的丈夫是聪慧的，那就是最好的使她保持贞操及柔顺的维系＞然而假如这妇人发现丈夫妒忌心重，她就永不会以为他是聪慧的了。妻子是青年人的情人，中年人底伴侣，老年人底看护。所以一个人只要他愿意，任何时候都有娶妻底理由。然而有一个人，人家问他，人应当在什么时候结婚？他答道："年青的人还不应当，年老的人全不应当"。这位也被人称为智者之一。常见不良的丈夫多有很好的妻子；其原因也许是因为这种丈夫的好处在偶尔出现的时候更显得可贵，也许是因为做妻子的以自己的耐心自豪。但是这一点是永远不错的，就是这些不良的丈夫必须是做妻子的不顾亲友之可否而自己选择的，因为如此她们就一定非补救自己的失策不可也。

三、论婚姻（何新译）

成了家的人，可以说对于命运之神付出了抵押品。因为家庭难免拖累于事业，使人的许多抱负难以实现。

所以最能为公众献身的人，往往是那种不被家室所累的人。因为只有这种人，才能够把他的全部爱情与财产，都奉献给唯一的情人——公众。而那种有家室的人，恐怕只愿把最美好的祝愿保留给自己的后代。

有的人在结婚后仍然愿意继续过独身生活。因为他们不喜欢家庭，把妻子儿女看作经济上的累赘。还有一些富人甚至以无子嗣为自豪。也许他们是担心，一旦有了子女就会瓜分现有的财产吧。

有一种人过独身生活是为了保持自由，以避免受约束于对家庭承担的义务和责任。但这种人，可能会认为腰带和鞋带，也难免是一种束缚呢！

实际上，独身者也许可以成为最好的朋友，最好的主人，最好的仆人，但很难成为最好的公民。因为他们随时可以迁逃，所以差不多一切流窜犯都是无家者。

作为献身宗教的僧侣，是有理由保持独身的。否则他们的慈悲就将先布施于家人而不是供奉于上帝了。作为法官与律师，是否独身关系并不大。因为只要他们身边有一个坏的幕僚，其进谗言的能力就足以抵上五个妻子。作为军人，有家室则是好事，家庭的荣誉可以激发他们的责任感和勇气。这一点可以从土耳其的事例中得到反证——那里的风俗不重视婚姻和家庭，结果他们士兵的斗志很差。

对家庭的责任心不仅是对人类的一种约束，也是一种训练。那种独身的人，虽然在用起钱来很挥霍，但实际上往往是心肠很硬的，因为他们不懂得怎样去爱他人。

一种好的风俗，能教化出情感坚贞严肃的男子汉，例如象优里西斯那样，他曾抵制美丽女神的诱惑，而保持了对妻子的忠贞。

一个独身的女人常常是骄横的。因为她需要显示，她的贞节似乎是自愿保持的。

如果一个女人为丈夫的聪明优秀而自豪，那么这是使她忠贞不渝的最好保证。但如果一个女人发现她的丈夫是妒忌多疑的，那么她将绝不会认为他是聪明的。

在人生中，妻子是青年时代的情人，中年时代的伴侣，暮年时代的守护。所以在人的一生中，只要有合适的对象，任何时候结婚都是有道理的。

但也有一位古代哲人，对于人应当在何时结婚这个问题是这样说的年纪少时还不应当，年纪大时已不必要。"

美满的婚姻是难得一遇的。常可见到许多不出色的丈夫却有一位美丽的妻子。这莫非是因为这种丈夫由于具有不多的优点，反而更值得被珍视吗？也许因为伴随这种丈夫，将可以考验一个妇人的忍耐精神吧？如果这种婚姻出自一个女人的自愿选择，甚至是不顾亲友的劝告而选择的，那么就让她自己去品尝这枚果实的滋味吧。

四、译文比较评析

思想内容

对照译文，最佳途径是先读译文，发现疑义后，再与原文对照，方不致一开始就被译文影响。比较水译和何译，在传达原文的思想内容上，多有不一致之处，兹援例评析如下。

例一：……因为家庭难免拖累于事业，使人的许多抱负难以实现。（何译）

……因为妻与子是大事底阻挠物，无论是大善举或大恶行。（水译）

...for they are impediments to great enterprises. either of virtue or mischief.

例二：而那种有家室的人，恐怕只愿把最美好的祝愿保留给自己的后代。（何译）

然而依理似乎有子嗣的人应当最关心将来，他们知道他们一定得把自己最贵重的保证交代给将来的。（水译）Yet it were great reason that those that have children should have greatest care of future times, unto which they know they must transmit their dearest pledges.

例三：有的人在结婚后仍然愿意继续过独身生活。因为他们不喜欢家庭，把妻子儿女看作经济上的累赘。还有一些富人甚至以无子嗣为自豪。也许他们是担心，一旦有了子女就会瓜分现有的财产吧。（何译）

有些人虽然过的是独身生活，他们的思想却仅限于自身，把将来认为无关紧要。并且有些人把妻与子认为仅仅是几项开销。尤有甚者，有些愚而富的吝啬人竟以无子嗣自豪，以为如此则他们在别人眼中更显得富有了。也许他们听过这样的话：一个人说，"某某人是个大富翁"，而另一个人不同意地说，"是的，可是他有很大的儿女之累"，好象儿女是那人的财富似的。（水译）

Some there are who，though they lead a single life, yet their thoughts do end with themselves, and account future times impertinences-Nay, there are some other that account wife and children but as bills of charges. Nay more, there are some foolish rich covetous men that take a pride in having no children, because they may be thought so much the richer. For perhaps they have heard some talk, "Such an one is a great rich man," and another except to it, "Yea，but he hath a great charge of children"; as if it were an abatement to his riches.

经统计，类似这样两种译文不一致的地方，共有六、七处，使人颇怀疑何新是否用的是另一种版本。可是在其译者后记中，他提到了水天同的译本，也提到了 Essays 的作者生前最后一个版本。所以虽然他没有说他的译文所据是何版本（这是一种失误），我们可以推定他和水译用的是同一版本，尽管可能不是一个出版社印的。否则他用的就是一个有缺陷的版本。

现在我们看看在原文一致的情况下（假定何译的确是用了不同的版本），两种译文忠实于原文的情况。

培根说独身者不是最好的臣民时，举理由说所有的 fugitives 都是独身的人。这里的 fugitives 是指逃避责任，危险，敌人，法律的人。何译"流窜犯"举义过窄。水译"逃人"更全面，只是这个词已不太出现于今日汉语中了。

谈到独身于法官和知事无甚关系时，培根说如果他们为官不正，则 you shall have a servant five times worse than a wife. 这里的 servant，何译理解为法官和知事的 servant，水译含糊。从原文看，培根似乎是说这种人作为公仆，如果行为不端，则是一个坏公仆，其本身就足以可恶至极，用不着再有一个糟糕的老婆使其更精了。

下面培根说妻子儿女对人乃是一种训练，因为他们可以使人更有责任感，更具爱心。在论述这一层意思时，培根谈了三个方面：1.独身者多无爱心；2.结婚者如性本善，则多成为深爱妻儿之人；3.只有一个心胸宽大。具有爱心的丈夫才能使妻子对他忠实且服从。这三个方面，培根没有在语言形式上揭示其逻辑关联，但唯有这样解释，才能读通后半部分。在正确反映这种逻辑关联上，何译，水译都有不足之处，尤其是涉及贞节一段，让人解不开培根的思路。

文章最后解释何以有时坏男人会有好妻子。在推测了两种原因后，培根指出一种确定无疑的解释，那就是一个女人自己选错了丈夫后，会去想办法 make good their own folly，何新把这句译成那么就让她自己去品尝这枚果实的滋味吧"，距原意太远，不如水译准确。但这里的 make good 虽然有 repair 的意思。但宜译作"掩饰"，因为女人大多数生性自以为是且好面子。选错了丈夫后也还要打肿脸充胖子，对外做出神"我的丈夫是我的最佳拍档"的姿势。

五、艺术风格

培根是个哲学家，细密严谨是其行文风格。他的 Essays 虽是属随笔一类，但文多长句。这固然是十七世纪英语的特点，但也不乏个人风格影响。不过长句虽多，却还都恰如其分，适可而止，所以今天读起来，也不觉太费力。培根的小品文，还喜欢用三句排比。如其 Of studies 开头一句，就是个例子。王佐良译"读书足以怡情，足以博采，足以长才"可以说是惟妙惟肖地传达了这种写作特点。培根又以处世老练圆滑著称，尤其是这本 Essays，虽形式上有蒙田（Montaigne）之貌，风格上却无蒙田之神，它们没有蒙田散文的闲适洒脱，自我探索的特点，也不太向世人披露作者个人自我内心世界（Norton

文选评语）。相反，它们以口气冷峻客观而为其语气特征。若以中国文体当之，则舍"论说"而无其他。故水天同将书名译为《培根论说文集》，正合其体。

翻译 Essays 这部出版于 1625 年的文集，一个自然出现的问题是采用什么语言。王佐良译 Of studies 一文，用的是半文言，并且很成功。水天同以白话为主，间用文言。但他的白话是三十年代的，比较今天的现代汉语，显得文一些。何新译本，全用现代汉语，而且是用的极大众化的语体，和水译比较，当然何译是通俗了许多。其实，用什么时代的语言不是重要的。重要的是用什么语体。这当然取决于培根是用什么语体写作的。

根据一些专家学者的分析，培根散文的风格，时而平易朴直，时而雍容典雅，有时简约，有时繁复，于朴素务实的语言中不时有佳词妙语闪现出作者的睿智和风趣。间或出现的拉丁文又使这些文章平添几分书卷气。所以译培根的散文，似乎用字行文不宜太白、太通俗，一定要有偏离语体主流的语言，才可以构成其独特风格。散文尤其如此。散文作为一种文体，决不应该是近似口头语的直录形式，一如当代一些口头文学然。散文文体如果没有一点美感，则难以给人印象深刻。

这样我们看何译和水译，就难免偏爱水译了。虽然水译语言较老，但有性格。何译通俗，有些过了头，偏向口语风格，朴素有余，装饰不足。虽然这个译文就其本身而言还是可以自成一体，素雅兼顾，但和水译比较就"略输文采"了。水译如果修改一下，采用今天的语言，同时仍坚持其指导思想，则不失为一个较好的译本。

本着这种思想，我们在参考水译、何译的基础上，将这篇文章改译如下，以见教于译界前辈及同仁：

论婚姻与独身

有妻儿者无异于向命运押了人质，因为妻子儿女对于成就大事业，无论是行善抑或是为恶，都是妨碍。无疑，最伟大的工作和最大的功德大都出于未婚或无子嗣之人，因为他们既已许身公众，便将情感及财产，一并交出了。然而有说法云有子嗣者更会关心未来，亦能言之成理，因为他们心知须将最好的承诺，留给后辈。世上有独身者，虽无拖累，却依然目光狭窄，只及自身，而视未来为与己无关。亦有不愿成婚者，视家室为账目上之开销。更有愚蠢贪吝之富人，竟以无子女为骄傲，以为这样可以使自己更加富有，他们或许曾听见人说"某某乃大富翁也"而被反驳道："诚矣然，君不见其子，嗣成堆乎？"，位乎有了孩子，对其财产，乃是一种减损。然而不婚者最惯常的理由是无拘无束，这种理由最见于那种贪图自我享乐，秉性无常的人。他们不肯忍受哪怕是最小的羁绊，就连身上的腰带和腿上的袜带，也当作累赘。

没有成家的人，可为良友，可为良师，亦可为良仆，但决不总能为良民，因为他们无所顾虑，便易于逃逸，大凡喜欢逃避之人，多为此辈。独身适于僧侣，因为善行若须先注满一池，则难于普译一地。法官及执事有否妻子则无多大分别，因为倘若他们不能刚正不阿，为官清廉，则此类公仆，比起五个恶妻来还要恶劣得多。至于士兵，仆以为长官激励其斗志时，常使之念及家人，而依鄙私见，土耳其人对婚姻的鄙视，正是使那般粗俗丘八品行更劣的原因。妻子儿女无疑是对人续的训练制约，而独身者虽较之常人出手大方，因为其钱财不易耗尽，却常显得为人残忍，心硬肠冷（令其做审判使很合适），因为他们的温存，很少有用得着的时候，生性敦厚庄重者，加之婚姻的引导，便会心志不移，成为笃爱妻子的丈夫，一如古人之称道尤利西斯一样"宁要老妻而不欲仙女"贞节之女常常恃其美德而高傲不逊，而为人妻者，若能看到丈夫的明智，则容易对他忠贞不二，唯唯喏喏，但倘知她们觉得丈夫心胸狭窄，猜忌多疑，便不会如此。妻乃青年之情侣，中年之陪伴，老年之看护，故只要情愿，何时结婚，都有借口。但这一意见，又为一位智者回答何时结婚为好时所否定。他的话是："青年为时尚早，年老万万不要。"人常见劣迹昭著者家有贤妻，这或许是因为其偶然的德行因了常见的恶劣而愈显珍贵，抑或是因为妻子可以借此炫耀其为妇有道。但有一种解释每每中的：即如果这恶劣丈夫是她们不顾亲友反对而执意要嫁的，则其贤惠，无非是为了掩饰其择偶失策罢了。

第五章 中西小说比较研究

第一节 中西小说产生的历史文化土壤

中西小说的比较研究，应该从比较文学的视野出发，站在民族性和地域性特征之上，力图突破纯理论的探讨，以实际文本为基础，开拓中西小说视域，以期达到相互借鉴与吸收的目的。

一、经济、政治背景

（一）经济背景

小说是一种市民文学。这可以从它最初的定义中寻到证据。班固在《汉书·艺文志》中说："小说家流，盖出于稗官，街头巷语，道听途说之所造也。孔子曰：'虽小道，必有可观者焉，致远恐泥。'正以君子弗为也，然亦弗来也。闾里小知者之所及，亦使缀而不忘，如或一言可采，然亦刍荛狂夫之议也。"所谓"街头巷语，道听途说"即表明小说在其产生伊始，便具有浓厚的平民气质，而这种平民气质又是与城市经济的发展分不开的。市民社会是在"城市商品经济发展到一定阶段而出现的，相应地随即产生了为市民阶层所喜爱的和表达市民思想意识的都市通俗文学，市民文学"。

很明显，中国小说的兴起是与城市经济和商业文明的发展相联系的。由于城市的兴起，城市经济的发展，导致从事商业和制造业人数的激增，并逐渐形成了一个固定的阶层——市民阶层。这一阶层，在文化上表现出其鲜明而独特的价值取向。一方面，由于他们无法达到正统文化（或称雅文化），即一般意义上的诗词曲赋等所要求的知识层面，这类文化当时还被上层社会士大夫们所垄断；另一方面，也由于一些民间文学，如民谣、儿歌等过于简易、零散、篇制短小，很难满足这些具有一定文学基础的阶层对文学趣味上的更高要求，因此，一种满足市民阶层世俗要求的通俗小说样式形成了。在中国，真正意义上的小说是从唐传奇开始的。

在西方，小说的发展过程同样反映了特定经济类型的历史作用。被认为是西方文明的两个源头之一的古希腊文明，就是一种商业文明。罗素在《西方哲学史》中说："商业与海盗掠夺——起初这两者是很难分别的——对于希腊人的最重要的结果之一，就是使他们学会了书写的艺术。"由此可见古希腊的文明是海上贸易的直接结果。商业的发达，城邦的林立，平民成为社会的主要组成部分，于是产生了与之相协调的文学形式，史诗与戏剧就是典型例证。虽然，在这个时候，还没有严格意义上的小说，但史诗与戏剧对于小说的产生影响巨大，它们在相当大的程度上决定了后来西方小说的题材、结构和叙述方法等。在西方，真正意义上的小说的诞生是在文艺复兴时期，这是资本主义生产方式开始兴起的时期，虽然此前有古希腊史诗与中世纪城市文学的铺垫，但小说的产生仍然不能不说是一种飞越。叙事文学在此之前，都是以诗歌和戏剧的形式出现的，几乎找不到小说叙述方式的影子。但薄伽丘却一反常规，在《十日谈》中采用了类似短篇小说的形制。他所写的内容，完全是抨击、讽刺封建社会和教会思想的，而那些商人和手工业者则往往被表现得非常聪明和机智。很明显，小说是与新兴的市民阶层同时出现的。

（二）政治背景

中西小说的产生与政治背景也有紧密的联系。中国最早出现的小说样式是唐传奇，这是因为唐代的统治者在政治上采取较为宽容的政策。唐太宗曾说："自古皆贵中华，贱夷狄，朕独爱之如一。"这种华夷如一的思想体现在文化上，就是鼓励不同文化间的交流，由此，外来文化在唐代也找到了自由伸展的空间。这种较为开明的政策和文化观使得各种类型的文艺可以在一起相互取长补短，彼此交融，这在相当程度上促进了小说的形成。以唐传奇为例，它不仅继承前代文言作品的叙事传统，如史实和虚构的双重性、人物塑造的简约生动、情节描写的曲折迂回，还大量地从诗词中吸取营养，从而形成自己的独特品格。如在《霍小玉传》中，霍小玉在痛斥李益无情绝义时，所说的一段文字就明显带有诗赋的特征：

我为女子，薄命如斯。君是丈夫，负心若此。韶颜稚

齿，饮恨而终。兹母在堂，不能供养。绮罗弦管，从此永

休。征痛黄泉，皆君所致。李君李君，今当永诀！我死之

后，必为厉鬼，使君妻妾，终日不安！

除此之外，唐代的科举制度也大大推动了小说创作。唐代科举，行卷（即将所写文章呈与位高权重者阅览，以期碍到举荐）之风甚重，而行卷的学子

往往以小说投献。宋代赵彦卫在：《云麓漫钞》中记载道："唐代举人，先藉当世显人，以姓名达之王司，然后以所业投献，逾数日又投，谓之'温卷'，如＜幽怪录＞、《传奇》等皆是也。"现实的利益必然会极大地刺激文人的创作欲望，虽然不是单纯为了创作，但是这种间接的力量对于小说的发展。其作用是非常大的。科举制度始于唐代，而小说也正式产生于唐代，这其间的联系能够从一个侧面说明政治制度对于小说产生的影响。

在西方，政治对小说创作的影响也非常明显，如骑士小说，就是对骑士精神的一种宣扬，这种骑士精神归根结底是中世纪政治的产物。到了文艺复兴时期，人文主义思想首先是一种社会政治思想，它直接影响了西方最早带有人本主义色彩的小说的产生。到启蒙运动时期，小说更成为政治的代言人，如席勒就将小说作为其政治主张的传声筒，从而有"席勒化"之说。可以说，在西方，小说的产生和发展是与政治生活联系得非常紧密的。

二、宗教、文化背景

（一）宗教背景

1. 神话与小说

黑格尔说："最早的艺术作品都属于神话一类。"鲁迅也说过："神话大抵以一'神格'为中枢。又推演为叙说。"可见，神话是一切艺术理念及其艺术表达形式的始祖。从小说这一角度看，神话无疑也具有特别重要的意义。中国古代神话，是中国小说的最初渊源。神话有简单的故事情节和有一定个性的人物形象，这正是小说艺术的一些要素。鲁迅说："神话不特为宗教之萌芽，美术所由起，且实为文章之渊源。惟神话虽生文章，而诗人则为神话之仇敌。"在西方，神话也是小说的滥觞，塞昌槐说："希腊原始小说大约肇始于公元前6世纪，其滥觞则可上溯到神话和史诗时代。"

神话一般都产生于人类社会早期，神话的内容多表现为人类对大自然的抗争与征服，许多神话描述生动，主题突出，易为一般民众所接受，通过长期的传承、变化，神话几乎都成为各民族文学的重要组成部分，很多神话中的人物已成为一种民族精神的象征，如中国的《精卫填海》中的女娃形象，她表现了原始先民在面对大自然时坚毅不屈的精神，象征了中国人民不屈不挠的民族性格。像这样类似的例子还有很多，如《女娲补天》、《后羿射日》、《鲧禹治水》等。在西方，也有很多这样的例子，如关于阿耳戈英雄、俄底修斯、阿喀琉斯等神话人物的英雄传说。其中最具有代表性的神话人物之一是赫剌克勒斯。他贵为天神之子，力大无比，敢于向一切力量挑战，并完成了十大功绩。很明显，中西方神话对中西小说的产生和发展都起到过重要作用。从相同点上看，中西小说均吸收了神话的叙事性特点，注重情节的迂回曲折以及人物塑造的个性特征。从相异点上看，在中西小说中则体现出了不尽相同的神话精神，虽然两者都表现出抗争的一面，但这中间的内涵却大异其趣。在中国神话中，所弘扬的往往是一种敢于与大自然的恶劣环境进行斗争的精神，这类神话多具有一个圆满的结局。而在西方神话中，主人公则多为主动向大自然发出挑战，并在挑战中体现勇气与力量，英雄的胜利多体现在他的征伐或冒险过程中，而其结局，则多体现出一种悲剧性。很明显，中西神话体现出了中西美学精神中某些不同的气质，而这些精神对中西小说产生了深刻的影响。

2. 宗教与小说

中西小说由产生、发展到最终成熟，其中每一阶段都包含着大量的宗教内容。首先，宗教活动直接促成了小说的形成。中国唐代的变文与俗讲对唐传奇的产生就有很大的作用。"变文"是唐代的一种说唱文体，起初主要为佛教俗讲用于向信徒宣讲佛经，所谓"变"与"俗"说明这种文体对于佛经已不再是一般意义上的照本宣科，而是要通过演义、通俗化使佛教经义能为平民大众所接受。这恰恰是小说的基本要素。另外，"变文"所采用的骈散结合的文体，对于小说写作的启发意义也同样不可忽视。"变文的体制是散文与韵文相结合而成……其散文与诗句相生相切，映合成篇。除散文外，其中韵文大约可为长偈、短偈两种。短偈大抵皆七言八句，近于七律之体。长偈上章，一律七言，或间用'三、三、七'句法，或叠用'三、三、七'句法。"这种骈散结合的方法将中国文字的特点发挥到了极致，同时，也与小说作为综合型艺术的基本精神相融合。

其次，宗教给小说提供了思想的依托和大量的素材。西方的两希文明是一切艺术的源头，而其中的希伯莱文化在很大程度上是一种宗教文化。以《圣经》为代表的宗教典籍给后来小说创作提供了丰富的题材与主题上的启示。巴尔扎克在《人间喜剧》的序言中写道："我在两种永恒真理的照耀下写作，那是宗教与君主政体。"而列夫·托尔斯泰也说："现代的宗教意识——即承认生活的目的在于人类的团结——已经显示得够清楚了，现代的人们只需摈弃美的理论（这种不正确的理论认为艺术的目的是享乐），那么宗教意识就自然而然地会成为现代艺术的指引。"陀思妥耶夫斯基被誉为西方最具有宗教意识的小说家，他的小说通篇弥漫着一种赎罪与忏悔的气氛，陀氏正是试图通过小说创作来达到对自身灵魂的救赎。同时，宗教精神中的宽容、博爱等思想以及对世界永恒价值的信仰给小说家以创作的动力，并激发他们的灵感。

即使对无宗教信仰的创作者而言，宗教文化中的许多艺术因子依然是他们借鉴的对象。如中国敦煌，作为一个灿烂光辉的艺术武库，一方面其中所藏的文卷中有许多变文作品，另一方面，优美的塑像和华丽的壁画中也包含着许多美丽的故事，这给小说提供了无尽的养料。在西方，取材于《圣经》的小说不胜枚举。如美国著名作家福克纳的小说《押沙龙，押沙龙》，其篇名"押沙龙"原为《圣经·旧约》中的人物。又如《去吧。摩西》中的主人公了解到自己家族的罪恶以及生活于这个家族中的人们所受的苦难后，决心离家出走，悉心忏悔的情节明显是模仿《圣经·旧约》中的《出埃及记》。此外，海明威也有很多作品取材于《圣经》。如《太阳照样升起》这一题目就是摘引自《旧约全书·传道书》："日头出来，日头落下，急归所出之地。"而且其主题也同样是受其启发。

宗教对于小说创作的影响已经渗透到它的各个方面，宗教本身所具有的宗教性和世俗性这两个矛盾而又相互纠缠的命题正是小说的生命力之所在。

（二）文化背景

1. 儒道思想与中国小说

中国小说批评史，主要是以儒道的审美观点和文学观念为基本标准，孔子"子不语怪、力、乱、神"的儒家文艺观，老子的"大音希声"、"大象无形"的道家思想都与以志怪、志异为基本内容、以娱乐性为基本特性的小说创作背道而驰，这反映出小说在中国发展的艰难性。仅从对小说这个词本身的阐释，就可看出小说在中国文学史上的地位。道家的庄子首先提出了"小说"一词，他在《庄子·外物》中说："饰小说以于县令，其于大达亦远矣。"到汉代，儒家兴起，于是桓谭在《新论》中又给小说定性为"合丛残小语，近取譬论，以作短书，治身理家，有可观之辞"。在理学发达的宋代，曾在《类说序》中说：小说"可以资治体，助名教，供谈笑，广见闻"；陈振孙在《直斋书录解题》中说：小说只是"游戏笔端，资助谈柄，犹贤乎已可也"。即使是在小说创作已经相当成熟的明代，也有"小说野俚诸书，稗官所不载者"这样的评论。可见小说一直是被排除在正统的文艺行列之外的，这就造成了文士对于小说的矛盾态度。最具有代表性的是瞿佑在《剪灯新话序》中说的一段话："其事皆可喜可悲，可惊可怪者。所惜笔路荒芜，词源浅狭，无崑目鸿耳之论以发扬这耳。既成，又自以为涉于语怪，近于诲淫，藏之书笥，不欲传出。"一方面，对于小说所描述的内容怀着极大热情，甚至害怕自己的才学无法将这些可歌可泣之事和盘托出；另一方面，又因为有"语怪"、"诲淫"的嫌疑，以至对所写之事和自己写作的合法性又抱有很大的怀疑，甚至自责。这也就造成了中国小说的佚名状况，大量的作品无法确定真正的作者，这其中当不乏一些好的作品。

由于从事小说创作的人，大都接受的是儒家思想教育，所以儒家的美学观、伦理观、人生观全面渗透到小说之中。儒家倡导的"温柔敦厚"的美学观在很大程度上，成为中国小说创作的指南针。宋代将说话分为四类：小说（又名"银字儿"）、讲史、说经、铁骑儿。小说的内容应该是"胭粉、灵怪、传奇、公案、杆棒发迹、变态之事"，而以血腥征伐情节和宏大壮观场面为内容的说话都不在"小说"之列。虽然以后中国小说并没有按照这条道路发展，但这种认识对中国小说的影响是很大的。在中国古代小说中，描写日常生活、世态人情的小说所占的比例是其他小谲无法比拟的，即使是在历史演义、英侠传奇、神魔小说中，也可以体味到菲常浓厚的世态气息。如果深究其源，可以看到这种现象背后是儒家思想使然。

道家思想对中国小说主题和内容的影响也很深。历代都不乏表现人生虚幻、世事无常的作品。其大致的模式为：小说的主人公在经历一段磨难后，或在身陷困境时突然顿悟人世，或经高人点拨后窥见天机，于是胸怀澄澈，逍遥山林，羽化成仙。如《镜花缘》中的林之洋、《红楼梦》中的贾宝玉等。志怪小说是中国小说的一个重要分支，这类小说多记叙一些奇异灵幻之事，如《搜神记》《幽明录》等，而道家的经典著作《庄子》中也有大量关于奇闻异事的记载，这种类似不是偶然的，这是道家思想对小说影响的结果。

中国文化就其主体而言，表现为儒道互补的局面。体现在小说中，就是志人、志怪两大主题既各自发展，又相互融合的历史。

2. 两希文明与西方小说

古希腊文明与古希伯莱文明是西方一切艺术的发源地。就小说而言，古希腊文明赋予它的是叙事技巧、情节布置、结构安排的知识；古希伯莱文明主要给它的是主题的启示、丰富的题材以及宗教的精神。

古希腊文明因为史诗与戏剧而闻名，《荷马史诗》与三大悲剧诗人埃斯库罗斯、索福克勒斯、欧里庇得斯的作品给西方树立起了强大的叙事文学传统。亚里士多德在《诗学》中对此进行了系统的总结和阐发。亚氏在书中提出了悲剧的六大部分，即情节、性格、思想、言语、唱段和戏景，并强调"情节是第一，也是最重要的部分。根据定义，悲剧是对一个完整划一，且具一定长度的行动的模仿"。由此，亚氏提出了完整的"模仿说"理论。"模仿说"对西方文学的叙事传统起到了巨大的历史作用。所谓模仿，就是按照对象的形态来描摹，模仿实际的行动，这无疑为文学的叙事性奠定了理论基础。对于小说的产生与发展起到了极大的推动作用。

希伯莱文明主要是宗教文明。希伯莱文明表现出了一种非常谨严的宗教意识，对其律法和教义表现出了一种高度的重视，如："亚历山大里亚的犹太人，在哲学方面，都情愿向希腊人学习，但他们却异常顽强地墨守其律法，尤其是行割礼、守安息日，以及不吃猪肉和其他不洁的肉类等。从尼希米到公元后70年耶路撒冷陷落为止，他们重视律法的程度是与日俱增的。"美国当代哲学家巴雷特也指出，希腊人缔造了西方人的理性和科学，而希伯莱人则创立了西方人的道德和信仰。作为西方文明的源头之一，希伯莱文明深深地影响到后世的文艺创作。对于小说而言，这种影响就表现在作家创作过程的谨严与作品内容中的宗教精神。

中西文化的不同内涵铸造了中西小说不同的价值观、创作方法以及风格特征。

第二节 中西小说的美学精神

小说美学，是以作品为基础，以理论为依托，对小说这一文体进行形而上层面的总结，从而确立小说的核心内涵。对中西小说美学精神的探寻，将有助于中西小说的比较研究脱离浅层次的单纯对比，走向深入。

一、实与虚

（一）史传传统与现实主义

中国小说的一大特点就是它的史传传统。中国文学批评史，向来以"史"的标准评审文学作品，小说也不例外。中国小说史上以史命名的作品不胜枚举，如《儒林外史》、《燕山外史》、《熙朝快史》、《禅真逸史》，等等，再加上各朝代的"演义"、人物"志传"等，构成了中国小说创作中的主流。

小说创作的史化倾向，从创作实践上看，是因为中国悠久的历史给小说提供了大量题材，同时也在创作技法、结构形式上提供了借鉴和启示。如史学中纪传体以事写人、纪事体以人写事的手法就给小说以极大启发。同时，史传文学由于有历史的制约，使得其行文趋于严谨、细密，结构完整、严密。当然，这些影响还只是表象，在这背后，还有更深层的影响。由于小说在中国向来不被视为正宗，而历史却历来是被奉为正统的。由此，小说希望通过模仿史学，借史学的地位来抬高自己的地位，这也许是中国小说史化的极为重要的原因。这造成了两种结果：一种是小说成了"野史"的代名词。由于正规的历史已经由史传写出，小说只好另辟他途，唯一的道路就是采集民间传说，街谈巷议，弥补正史，虽然有时确有补苴罅漏之功，但大都流于虚假和调侃。另一种就是小说代替历史文本，充当了普及历史知识的角色，这主要表现在中国文学史上出现的大量历史演义类文本之上。《三国志通俗演义序》中说："文不甚深，言不甚俗，事纪其实，亦庶几乎史，盖欲读诵者，人人得而知之，若诗所谓里巷歌谣之义也。"一般来说，"质胜文则野，文胜质则史"，这一直是中国史家的秉笔之法，史书在显示其正统尊严的同时，也丧失了一般读者。而小说凭其通俗的语言和浅显的说理成为一般民众学习历史的最好教材。《三国志通俗演义引》中说："史氏所志，事详而文古。义微而旨深。非通儒夙学。展卷间。鲜不便思困睡。故好事者。以俗近语。隐括成编。欲天下之人。入耳而通其事。因事而悟其义。因义而兴乎感。不待研精覃思。知正统必当扶。窃位必当诛。忠孝节义必当师。奸贪谀佞必当去。是是非非。了然于心目之下。裨益风教，广且大焉，何病其赘耶。"这一段话，是对小说家心理的极好注解。一方面，为小说正名，说明小说不是无聊的野史，而是用通俗笔法，达正史之义；另一方面，又用大段文字说明小说所具备的教化作用。教化作用对于中国的文学作品来说，是极为重要的一项品质，作者正是试图证明小说同样也能"裨益风教，广且大焉"，从而提高小说的地位。

与此相比，西方小说现实主义走的则是完全不同的道路。中国小说的史传传统是长期受排斥和压抑从而进行抗争的结果，在相当程度上可以看作是一种被动行为，而西方则完全是有意识的主动介入。19世纪30年代崛起的现实主义创作潮流，容易给人造成一种错觉，即西方的现实精神始于此时，其实在此之前，西方文学，尤其是小说就已经有了反映现实社会生活的传统。从古希腊、罗马开始，小说虽处于萌芽阶段，但已经具有了现实意识。如现存最完整的古罗马小说《金驴记》描述了青年被施魔法而变成驴，为了恢复原形，他游历全国寻找解药，在此过程中，他接触到了各色人物，被人买卖和奴役，使他尝遍辛酸，对于人性有了深刻的了解。同时他也看到，表面繁荣的罗马帝国其实已经矛盾重重，暗藏危机。《金驴记》的这种写法无疑具有明显的现实主义风格。到了文艺复兴时期，真正现代意义上的小说开始出现，以《堂吉诃德》为代表的一批作品同样高扬着现实主义的旗帜。塞万提斯在其小说集的自序中说："你若好好地看一遍，那么无论从哪一篇小说你都能找到一些有用的鉴戒范例。"可以看出，这时的小说已经注意到现实内容的教育和警世作用。

西方的现实主义与中国的史传传统虽然都以反映现实自命，但是在美学形态上，却表现出差异性。首先由予出发点的、不同，中国小说更注重从历史中挖掘现实内容，用历史的事实去反映现实的意义；同时，在行文中还夹杂大量的议论性话语，使得教化作用得以凸现。西方小说则直接从现实中提取素材，让现实生活说话，通过情节展开和人物的描述，使得主题自己浮现出来。其次，两者的现实精神也不同。中国的小说，讲究"经世治用"，以古鉴今，反映的内容虽五花八门，但总有一个原道的"主题"。这实际上，还是小说借史传的正统地位来抬高自己的做法的结果。西方小说由于没有这样的先天不足，所以在创作时就显得无所顾忌，主题鲜明而多样，其现实精神来得更加干脆、果决。

现实是小说的生命。虽然出现了现代派小说、先锋小说等流派，但是它们只是对于传统小说的创作形式、创作理念的背叛，而非对其本质即现实的背叛。一部作品打动人的地方，就是它使人感受到真实的地方，所以，小说永远也不会抛弃现实。

（二）神话情结与浪漫主义

求奇是中国小说创作的一大特点。从志怪小说的"怪"到唐传奇的"奇"，再到以后的神魔小说的出现，显示出中国小说浓厚的神话情结。与此相仿的是，西方小说中除现实主义倾向外，也弥漫着不少浪漫主义色彩。言奇与浪漫共同构成了中西小说最为精彩奇幻也最富有意味的景观。

从源头上看，中西小说的最早雏形都是神话。神话的产生，是原始先民求知欲望的结果。"昔者初民，见天地万物，变异不常，其诸现象，又出于人力所能以上，则自造众说以解释之：凡所解释，今谓之神话。"从这句话可以看出：（1）神话产生于原始初民对天地万物的疑问和好奇心，神话正是对于这些疑问和好奇心的解释和满足。（2）这种解释是主观臆造而非理论依托下的科学分析的结果。所谓"自造众说以解释之"，说明神话在解释现象时，主要运用的不是理论，而是想象力。而小说的两大特征——求奇和想象，则正是对神话特殊想象力的继承。中西小说首先在这点上有了一个共同点。

从对象上看，小说是以普通大众为主要对象的文学体裁，其创作必然要考虑读者的兴趣。而好奇心是人的天性之一，也是市民阶层最为显著的特征，市民平庸的生活状态催发了他们的求变心理，但在实际生活中，这种诉求却很难实现，于是他们便寄希望于文学，通过文学阅读来延伸、拓展他们想象的空间，从而在审美快感中获得心理的平衡。而小说充沛的想象力正好适应了这种猎奇心理的需要，这从中外小说的本质特性即可得到证明。

从文体分工上看，小说以对奇人异事的描写弥补了中国文体叙述中的空白。以奇人异事为题材或内容，历来都被正统文学所不耻，这种现象在中国表现得尤为突出。但是，这种题材一方面本身是一个巨大的知识宝库；另一方面是它确实拥有广大的读者群体。而且，小说作为一种通俗文学，与民间文学有着天然的血缘关系，其本身的特征如题材、结构、语言等较之其他文体更加适合与这些民间传说或故事共存共生。所以，小说在中国较之其他文体就具有了其独特的优势。

虽然中西小说在求奇求异方面体现出了某种相似的特征，但是在很多具体的艺术表现内容和方法上，却存在着很大的不同。

在内容上，中国小说多专注于神异事物的描写，神鬼的世界与人的世界虽然相通，但却有一条分明的界线。在对神鬼的描写中，多强调他们与人不同的神性，突出他们作为一种异化物的存在。通过对这种非正常自然事物的描述，从而达到内容上的新奇，最突出的例子就是《山海经》。《山海经》共 18 卷，讲述的几乎都是奇珍异兽，奇景异俗，很少涉及到现实世界的内容。而西方小说的内容则较少对神异事物的奇异性作直接描写，其奇异的艺术效果，主要是通过对现实生活的幻化来实现的。如古希腊神话中的神皆具有人的本性，是通过对人的本性的提炼来完成的。这与中国的神鬼在本质上是不同的。又如英国小说《鲁滨孙漂流记》，虽然这部作品极具浪漫色彩，给人以不可想象的新奇感。但是，此作整个故事都是在一个非常具体的时代背景中展开的，从人物到场景，都带着很强的现实性。在作品中，作者将现实生活中的人与现实生活的环境进行了大跨度的错位，这种错位的结果就构成了对读者非常陌生而有趣的事件和人物，作者让一个欧洲人远离欧洲大陆独自生活在一个孤岛上，本来欧洲人和海岛都是大家所熟识的，但是将这两者奇妙地联系起来，奇异的效果就制造了出来。实际上，小说强调的是奇异中的现实性。由此可见，中国小说是以神奇写神奇，西方小说是从现实见神奇。

由于内容上的差异，也导致中西小说在风格上有了不同的取向。中国小说的奇异由于它的非现实性和人的实际生活相距较远，因而制造出的整体气氛是轻松、愉悦的，说的是神鬼之事，然而这些神鬼却并不太可怕，它们只是一些与人无碍的奇物，它们对人的影响是非常有限的，最后终于被人制服。而且，其篇幅一般比较短小，最短者甚至只有几十个字，阅读一个故事只需要很短的时间，这也给读者以轻松之感，如《搜神记》、《博物志》等。而西方小说的风格，由于叙事宏大和情节繁复，往往显得较为庄严沉郁。其中所描述的神与人几乎同处一个世界，神界与人界没有什么隔绝。人的任务不是维护个体的存在，而是要为整个世界而战斗。尤其在浪漫主义兴起之后，这种使命感就更加强烈。可见在西方小说的奇异风格中，暗含着古希腊的悲剧传统。中西这种风格上的差异性反映了中西小说不同的美学精神，即优美与壮美。王国维曾说：“美之中又有优美与壮美之别。今有一物，令人忘利害之关系，而玩之而不厌者，谓之日优美之感情。若其物不利于吾人之意志，而意志为之破裂，唯由知识冥想其理念者，谓之日壮美之感情。”中国的神话小说写神鬼之事，悠游于神鬼之世界，但这世界是与现实世界并无太大关联，也与现实人生无碍，所以其内容虽然奇异，但并不让人有深沉的压抑感和恐惧感。西方小说，在抒发浪漫情怀、叙说神人交往时，总难以丢弃对现实人生的关注，在新奇的情节与内容背后，总有着鲜明的现实主题，人们通过阅读作品，感受的是奇迷幻化下的痛苦与悲壮，品味到的是一种壮美的升华。

优美与壮美的划分，分别体现了中西小说在创作风格上的不同特点。

（三）再现与表现

一般来说，再现与表现两种文学创作方法是有区别的，从文体上考虑，诗歌倾向于表现，小说倾向于再现。然而，实际上这两者在本质上是有联系的。再现源于模仿，但不同于模仿。模仿是以对象为中心，主体则在模仿的过程中，将自身消解、隐藏；再现则肯定主体的存在，主体的活动在再现活动中是被认可的，再现对象由主导者地位下降到自然的对象物层次。而且，模仿注重的是过程，而再现注重的是结果。对小说来说，“虽然它所再现的对象在一定程度上仍同现实世界存在联系（这是它与模仿论的相似之处），但并不以此为转移，多少为主体的想象能力和选择的能动性网开一面地提供了活动机会”。这说明，再现与表现之间，并不是一条无法逾越的鸿沟。艺术由模仿走向再现的同时，就已经铺设了通向表现的大道。中国小说被定义为“街谈巷语，道听途说者之所造也”，这实际上兼有再现与表现的意思。一方面，这是说小说并非凭空捏造，而是有事实依据的，所谓街谈巷语，道听途说，就是小说题材，小说要做的是将它们形之于篇章。这是再现。另一方面，小说还要看重一个“造”字。造，就是要将所听所闻进行改造，将这些所听所闻的材料构成书面文字，对这些零碎、杂乱的故事进行重新的组织、编排，创做出动人的小说情节。这是表现。在西方，小说通常被说成 Novel 或者 Fiction，Novel 一词源于意大利语 Novella，Novella 又由 Novean 派生而来，而 Novean 正是“所闻”的意思。这与中国的街谈巷语、道听途说相类似。Fiction 是“虚构”的意思，这又与“造”之义相吻合。仅从上述词源的比较考察中我们可以看到，中西小说称谓的相同，并非偶然，这应该理解为中西小说家在小说创作过程中，已深切意识到这两者关系是有统一性的。

二、俗与雅

（一）中间文体

通俗性虽然向来被认为是小说的根本特性，但我们应该注意到，小说历来都不缺乏它"雅"的一面。从文体上考察，小说是最能体现出雅俗共赏的文体。

1. 雅与俗的共存

在内容上，小说涉及的生活面比较宽，往往能对社会图景进行全方位的、多角度的、展开式的描述。如《水浒传》，它以好汉聚义为主线而展开了对北宋社会图景的全面描写，这其中，达官显贵与市井平民并举，文人骚客与乡村野老同台，写僧人便要将僧人刻画得入木三分，写好汉也要将好汉摹画得活灵活现。三教九流的丰富个性特色成为小说内容的主要看点。在西方，雨果的《悲惨世界》、列夫·托尔斯泰的《战争与和平》等，也都是全境式的小说。艾布拉姆斯在解释艺术"四要素"中的第三要素"世界"时说："一般认为作品总得有一个直接或间接地导源于现实事物的主题——总会涉及、表现、反映某种客观状态或者与此有关的东西。这第三个要素便可以认为是由人物和行动、思想和情感、物质和事件或者超越感觉的本质所构成，常常用'自然'这个通用词来表示，我们却不妨使用一个含义更广的中性词——世界。"实际上，小说历来就是以现实的世界为自己的表现对象，与小说相比，其他文体不免陷于片面，它们总是较为执着于世界的一面，而小说却是一个名副其实的万花筒。在小说中，世界的繁复性得到最大限度地表现。各种生活状态、时代精神、思想观点都被小说密切注视，并用最贴切的方式和语言反映出来。在语言上，小说能将极具文采的铺叙与日常生活的俚语并存，以适应不同阶层、不同人群的口味和需要。这突出地表现在中国明清的市民小说当中。当时，由于市民阶层的发展，小说必须使用切合生活实际的语言，才能使他们看懂并产生亲切感。同时，小说家为了营造气氛，展示才华，又不会放弃对于华丽词句的使用。在形式上，诗词曲赋和俗谚民谣并存。如中国的章回小说中，其回目往往采用对仗工整的偶句，篇首有"词曰"、"诗曰"这样的字眼，行文中还常会出现"有诗为证"，诗词在小说中被大量应用。这构成小说雅的一面。与此形成鲜明对照的是，小说中也包括大量的俗谚、民谣等。民谣、俗谚在小说中常担任预言、警言一类的任务，如在《三国演义》中，董卓被刺杀之前就描写了一段流行的民谣："千里草，何青青！十日卜，不得生！"据统计，在《三国演义》中使用的文体包括：奏疏、诏书、表文、赞、论、诗、词、曲、传、谣、歌、评、赋、册、书、檄文、誓词、祭文、谏文、偈、行状等。这种多方面的特点使得小说在整体风格上亦庄亦谐，既符合普通大众的要求，又不失文人高士的喜爱。

2. 雅与俗的转化

在小说发展的过程中，雅与俗的概念是相互转化的。如"五四"新文化运动以大众文学（俗文学）的形式，为大众代言、立言，批判旧式的文言笔记小说，创造出了白话小说，并以为大众服务自命。然而，当这种文学革命取得成功以后，俗文学上升为主导文学，很快俗文学就同它的批判对象一样（也几乎以同样的罪名）也成为一种雅文学，甚至也成为新的批判目标。俗文学向雅文学革命的过程，也是一个自身调整并向雅文学靠拢的过程。当俗文学取代雅文学端坐庙堂之上时，俗文学也开始了向自身回归的内在旅程。因此可以说，俗文学革命的结果是以丧失自身的俗文学特征为代价，并最终向它的革命对象转换。俗文学一旦成为新的雅文学，也就孕育着新的危机，造就着新的反叛。从"五四"新文化运动中的白话小说到延安时期以赵树理为代表的大众化小说，从50年代反映工农兵的现实主义小说到新时期的大量通俗小说的出现，俗与雅几乎是以一个轮回的形式在永不休止地运动着。实际上，在整个小说发展的过程中，雅不避俗，俗不避雅。在西方，俗与雅的问题也是共存转换的。如在西方启蒙运动时期，一方面，批评家们继承了文艺复兴时期对于古希腊艺术的倾慕，在文艺创作上，出现了诸如德国古典美学这样奉古希腊罗马文艺为最高准则的文艺观点；另一方面，由于民族意识的觉醒，对于民族文学的提倡和发掘得到前所未有的重视。在这里，两种艺术是可以互置的，古希腊罗马文学必须依赖民族文学而生存，而民族文学又必然超越古希腊罗马文学而上升为文艺的主流。又如俄国著名的作家普希金，在他的文学创作中运用了大量的民间俚语、俗语，从而创造出世界最美的文学作品来。雅与俗的观念变化，正是文学发展的本质规律的反映。

（二）才学小说与哲理小说

才学小说是产生于明清时期的中国小说体裁中的一种，鲁迅在《中国小说史略》中专辟一章来讨论这种小说类型。才学小说作为一个流派"也讲故事，但又不仅仅讲述一个或多个故事，它还论学说艺、数典谈经，充分展示作者的学问，有时甚至'故事'让位于'学问'；它的某些作品脱离了拟说书腔调，拒绝让读者假想为听众；它'文备众体'，融合了历史演义、英侠传奇、神魔小说、人情小说等流派的特色"。才学小说的作者一般都是有才华的士子，他们以小说"见其才藻之美"，以小说为谈论学问、发表学术见解的平台，而且在主题上，也遵从史传传统，宣扬儒道思想。这派代表作有夏敬渠的《野叟曝言》、屠绅的《蟑史》和李汝珍的《镜花缘》。这是一种试图让中国小说脱俗变雅、融雅俗于一体的文体。而哲理小说是西方18世纪启蒙运动中产生的一类小说作品。这类小说与中国的才学小说有类似之处。较之西方一般意义上的小说，哲理小说的小说元素要淡化得多，其着重点不在人物形象的塑造、情节结构的整一，而是丰富的哲理性思考。小说的内容多针对现实的社会问题而展开，以揭露和批判为主。其作者多为具有深厚文学修养、知识渊博的学者。代表作品有孟德斯鸠的《波斯人信札》，狄德罗的《修女》、《宿命论者雅克》、《拉摩的侄儿》等。

从思想文化背景上看，才学小说主要是在乾嘉时期理学、汉学高度发达的背景下兴起的。清中叶是一个"博学的时代"，崇尚学问、注重考据，文人常常以学人诗，以理入诗，并得到了理论上的支持，这对小说创作的影响很大。如《野叟曝言》中的理学，《镜花缘》中的音韵学都达到了相当的学术高度，并提出了很多作者自己的见解，说明作者的学识和用心。哲理小说产生于启蒙运动时期，而理性正是这一时期的最高主题。唯理主义的代表人物笛卡儿在《第一哲学沉思集》中提出的"我思故我在"的著名论断标志着这一时代的基本精神。自然科学和哲学成为这个时期最为热门的学科，对思考和知识的热爱成为普通共识。哲理小说正是在这样的时代背景下产生的。可以看到，才学小说和哲理小说都兴盛于理性和思辨精神很强的时代，时代共铸了这类偏于理性思考的小说文章。但两者间也有很大的区别。清代理学是在文字狱这样的背景下诞生的，所以其内容大多不关乎现实社会，是纯粹的形而上式的学问。而启蒙运动是资本主义蓬勃发展的产物，所以必然带有明显的时代烙印，其思考的内容都是现实社会生活中的普遍存在的问题。这表现在两种小说中，就是才学小说完全沉浸于个人的世界中，醉心于自我学识的展示和炫耀，而缺乏反映现实的内容，所以其作品往往走向百科全书式的知识堆砌，显得苍白无力，不能打动人。而哲理小说的创作动机来源于现实，作家有着强烈的社会责任感，如孟德斯鸠、狄德罗、伏尔泰等，都以社会改革家自命，其作品在表现出作家深厚的知识素养的同时，也反映了极现实的社会问题，并对其有深刻的思考和认识。出发点的不同给中西两种趋"雅"的小说带来了不同的结果：才学小说由于其贫乏的现实内容，在经历了一个短短的时期之后，就销声匿迹了；而哲理小说却因为其有力的揭露、深刻的思考、隽永的说理对后世的小说乃至整个西方文学创作都产生了深远的影响。

三、人与道

（一）中国小说的"明道"思想

"救济人病，裨补时阙"是中国古典文艺的核心思想。文艺创作者必须以社会民生为己任，在作品中弘扬王道思想，从来都是中国文艺创作的正宗。对于小说，也不例外。

中国小说的"明道"思想主要是由外部和内部两个原因造成的。就外部而言，被视为中国正式小说的传奇，就诞生于明道思想极其浓厚的唐代。"文章合为时而著，诗歌合为事而作"的观点在当时非常流行，文学创作的首要原则被定格在发扬"兴寄"之上，当韩愈在不经意间提出文章"所以为戏"时，竟遭到暴风雨般的口诛笔伐。这种明道观必然会影响到小说创作，如李公佐在《谢小娥传》中写道："知善不录，非《春秋》之义也，帮作传以旌美之。"这说明他创作的目的就是要表扬谢小娥"足以做天下逆道乱常之心，足以观天下贞夫孝妇之节"的事迹。在宋、元、明三代，小说创作的明道思想又进一步被强化，到了清代，更是达到了一个高峰。清代的统治者为了笼络知识分子，巩固自己的统治，一方面非常注重吸收儒家文化，强调伦理道德观念；另一方面又大兴文字狱，打击具有异己思想的文人。反映在文坛上的就是对于"文以载道"理论的空前重视。毛宗岗在《读三国志法》中说："读《三国志》者当知有正统、闰运、僭国之别。正统者何？蜀汉是也。僭国者何？吴、魏是也。闰运者何？晋是也。"他十分明确地将小说作为宣扬正统观念的工具。从最初的"治身理家，有可观之辞"、"有益于世"到"可以资治体，助名教'、"事纪其实，亦庶几乎史"。由此可见，随着小说的发展，小说"经世治用'"的功能越来越突出。

小说长久的明道传统还有其内在原因。由于长期得不到正统文坛的承认和理解，使得小说一直处于"在野"文学的地位，难登大雅之堂。在这种情况下，小说开始有意识地学习被奉为权威和正宗的史传文学。史传文学由于肩负着重要的政治使命，所以历来以宣道、明道为核心精神，如在明清小说的评点性文章中，就有大量关于小说与历史关系的讨论内容。而且在中国小说中，历史小说是一个大类，其地位明显要高于其他类小说。毛宗岗在《读三国志法》中说："读《三国》胜读《西游记》。《西游》捏造妖魔之事，诞而不经，不若《三国》实叙帝王之实，真而可考也。"可见，历史小说中的"史"味正是其身价高于其他小说的原因所在。而这个"史"味之精髓正是它的道学意味。正因为历史小说将明道之价值观融于小说之中，使得小说本身也就带上了正统气息。中国历史小说如此，其他类小说，如英侠传奇、神魔小说、人情小说、才学小说等虽不以历史为主要内容，但也都有试图使作品具有史传意味的倾向。另外，在中国小说批评史上有很多小说家和小说批评家还有意将小说与史传相比较，如将《水浒传》同《史记》、《汉书》相比，赋予小说同史传文学同等重要的意义，即继《春秋》，承雅道，教化人伦。中国小说向史传文学自觉靠拢，造成了中国小说的明道精神。

（二）西方小说的"人文主义"精神

西方小说的人文主义传统，可以追溯到文艺复兴时期对古希腊人本主义的继承。由于中世纪长达近千年对于人性的压抑，使得在文艺复兴到来时，被压抑的人性有了全面的爆发。所谓人文主义精神，大致包含有两种含义。朱光潜先生在《西方美学史》中说："西文'人道主义'（Humanism）这一词有两个主要的涵义。就它的原始的也是较窄狭的涵义来说，它代表希腊罗马古典学术的研究，所以也有人把它译为'人文主义'。……其次，与这个意义密切相联系的是与基督教的神权说相对立的古典文化中所表现的人为一切中心的精神。就这个意义上来说，有人把 Humanism 译为'人本主义'或'人道主义'，人本主义所否定的是神权中心以及其附带的来世主义和禁欲主义，所肯定的就是上文所说的那种要求个性自由，理性至上和人的全面发展的生活思想。"

人文主义思想从文艺复兴时期开始，逐渐成为西方小说创作的主流。从外在原因来看，西方在经历了中世纪以后，新兴的资本主义开始登上历史舞台，随着这个阶级力量的不断加强，资产阶级在各方面都要求有自己的声音。在文艺方面，这个阶级要以人文主义为核心建立自己的思想体系和价值体系。从内在原因来看，西方经历了黑暗的中世纪以后，清楚地认识到泯灭人性所带来的毁灭性后果。因此，整个西方文学史，就是对于人性不断发掘、不断深化认识的过程。从文艺复兴、启蒙主义到浪漫主义、现实主义，每一阶段都涌现出了大量的人文主义巨著。在文艺复兴时期，出现了西方第一批带有人文主义色彩的小说作品，如薄伽丘的《十日谈》、拉伯雷的《巨人传》、塞万提斯的《堂吉诃德》等。这些作品从不同角度表现了文艺复兴时期的风貌和思想，高扬起了"人"的旗帜。《十日谈》被认为是近代小说的开端，它从内容到形式，都已走出古代史诗和宗教文学的阴影，进入世俗世界。其故事描写了僧侣、贵族、商人、手工业者等不同阶层的人们，覆盖面广，全是意大利社会现实生活的反映。小说形式上虽由若干故事的串连组成，显得有些松散，但小说却统摄于同一个主题之下，即对人性之恶的揭露、讽刺和对人性之善的描绘、赞美。作品对禁欲主义、愚民主义进行了彻底的批判，同时对追求自由、理性的行为和思想给予了充分的肯定。所以,《十日谈》不仅在时间上是近代小说的开始,在思想上也开创了西方人文主义小说之先河。到了启蒙主义运动时期,伴随着资本主义生产方式的确立和西方理性主义思想的出现,人文主义小说更是硕果累累,创做出了诸如《鲁滨孙漂流记》、《波斯人信札》、《浮士德》这样的杰作。这些小说反映了勇于冒险、寻求财富、追求自由的进取精神,表达了对社会的哲理性思考,体现出了启蒙主义精神。到了 19 世纪,随着资本主义工业文明的最终确立和社会内部矛盾的日益激化,批判社会现实的文学作品开始大量出现,涌现出了一大批浪漫主义和现实主义作家,如雨果、普希金、巴尔扎克、果戈理、陀思妥耶夫斯基、福楼拜、列夫·托尔斯泰等,人文主义思想仍然是这个时代的主旋律,如巴尔扎克的《人间喜剧》对资本主义的深刻批判就充分体现了这种人文主义精神。到了 20 世纪,人文主义再次转向,经济危机和两次世界大战给欧洲带来了灾难性的后果,反思人的生存价值与反传统成为时代的主题,传统的理性在这个时期遭到了质疑,人文主义的特点开始体现为对人性自身及其存在价值的深入关注、思考、发掘,批判高度的现代文明对人的压制与束缚,呼唤人的自由成为文学关注的主题。在小说创作中,有很多作品开始从文艺复兴甚至古希腊神话、圣经等古代作品中去获取题材,如乔伊斯的《尤利西斯》就是模仿荷马史诗《奥德修记》的结构和内容;美国作家福克纳的作品中也有很多是取自文艺复兴时期人文主义作品或圣经的内容,如《喧嚣与骚动》的题目与主题就是来源于莎士比亚的名剧《麦克白》的一段台词:"人生只是一个行走的影子,一个在舞台上装腔作势的拙劣的戏子,登场片刻便悄然退下;它像一个白痴所讲的故事,充满着喧嚣与疯狂,却无丝毫意义。"在 20 世纪,执著探求人的本质是大量具有人文主义思想的作家所共同追求的目标,如罗曼·罗兰、海明威、卡夫卡、艾略特、乔伊斯、福克纳、萨特等正是这个时代最有代表性的小说作家。综上所述,虽然人文主义在西方各个时期表现出不尽相同的内容和风格,但人文主义精神却一直贯穿始终。

（三）人与道的变奏

通观中国小说的明道精神与西方小说的人文主义精神,虽其中心意旨都指向于人,但着眼点却不同。明道是要通过外在的本体——宇宙生命使人合于社会;人文主义却是要通过内在的本体——自然生命使人组成社会。叶朗说:"中国古典美学认为,艺术家在自己的作品中须表现宇宙的本体和生命。"这里的宇宙本体和生命就是指的道。由此,中国小说更多的是指向高于人本体的社会和自然宇宙。而西方的人文主义兼有人道与人本双重内涵,本质上是以人的本体为中心的。古希腊的哲学家赫拉克利特就说过：我已经寻找过我自己。罗丹说：艺术向人们提示人类之所以存在的问题，它指出人生的意义，使他们明白自己的命运和应走的方向。卡西尔也说：认识自我乃是哲学探究的最高目标。西方哲学一直以来都有着关照人自身的传统，所以从美学角度来看西方小说，人的本体是其关注的主要对象。从比较的角度来看，将道纳入到小说创作中来，这给中国小说带来的后果是两方面的：一方面，明道传统的存在无疑对于深化小说的主题，避免中国古典小说流于无聊和庸俗起到重要的作用，遏制了小说迎合某些社会低级趣味的倾向。另一方面，明道又给小说在主题和内容上带来了极大的限制。明道传统在小说的创作中很容易陷入唯道论，将小说变为宣扬道统、教化人伦的工具。这使很多优秀小说作品都被扣以不合于道的帽子而遭到排斥，如由于《水浒传》反映的是官逼民反的主题，因此一直不为道学家所容，被认为有违"规矩"，是一部"反书"，于是有了俞万春的《荡寇志》。他的写作目的非常明确，就是要让《水浒传》的官逼民反式的英雄主题不能成立，要以"正道"制止这样的越轨写作，因此《荡寇志》中充满了教条式的说教和迂腐的道德观。同中国趋于明道倾向的小说相比，西方人文主义思想则使小说更趋于人性化，其影响也可以从两个方面看：一方面，人文主义将人的概念输入小说之中，这是对人的肯定，也是对人类社会本质的肯定；另一方面，西方人文主义小说在执著于对人性的反映时，在一定程度上使小说有忽视社会责任的倾向。

就文学创作来讲，两种不同的美学观，对中西小说的影响非常明显。从作品整体结构和内容组织上看，在中国，由于"道"是世界的本体，是万物之根，老子说："道生一，一生二，二生三，三生万物。万物负阴而抱阳，冲气以为和。"人和自然同出于道，人和自然应该是和谐的共存。这使得中国的小说在整体上呈现出一种温和的气质，比如大团圆式的结局，没有过激的矛盾冲突，作品的内容平和、恬淡、朴实，情节显得琐碎、平淡和日常化。而西方人文主义思想中人是价值的主体，一切以人为衡量的标准。由于人的生存需要，人必然会与自然、与社会发生冲突，所以，西方小说中的内容往往表现为人和自然的关系处于激烈的冲突和对抗之中，情节跌宕起伏、波峰谷底式的设置屡见不鲜，结局也多以悲剧性的分离、死亡为主。在人物塑造方面，中国小说中的人物由于与自然本体的同一，多忽视人的外在形体、动作、言辞的详细的描写，人物形象的塑造往往富于诗情画意；而西方小说则习惯于对人物进行详细的描写，包括对人物的外形、个性特征以及内在心理活动的详细描写等。因此，中国小说中的人物显得含蓄，西方小说中的人物却表现得异常真实而富于具体的行动。东方含蓄美与西方具象美，显示出中西方小说的差异性。

当然，明道小说与人文主义小说也不是严格的两条平等线。在中西小说中，有很多作品就突破了单纯的一种美学品质。中国小说的典型代表是《金瓶梅》。鲁迅在《中国小说史略》中将《金瓶梅》归为人情小说之列："当神魔小说盛行时，记人事者亦突起，其取材犹宋市人小说之'银字儿'，大率为离合悲欢及发迹变态之事，间杂因果报应，而不甚言灵怪，又缘描摹世态，见其炎凉，故或亦谓之'世情书'也。诸'世情书'中，以《金瓶梅》最有名。"《金瓶梅》对人性的描写的深刻以及其中所含着的对于人生的思考是许多西方小说无法比拟的。同样，西方小说史中也有很多"明道"式的作家和作品，如西方很多宗教小说，明道显然超过了人本主义的内容，如俄国作家陀思妥耶夫斯基，他在作品中始终贯穿着极为虔诚而令人肃然起敬的宗教精神，对于宗教教义和宗教思想的宣扬是他写作的主要目的，作品中关于宗教和哲学问题的思考和认识甚至胜过了中国的"道统"小说。

中国小说创作中的明道精神与西方小说中的人文主义精神是两者的根基所在，它们的形成和发展有着各自深厚的历史文化背景。通过对两者的比较研究将会对中西小说各自的特点有更清楚的认识。

第三节 中西小说的对比分析

一、主题对比分析

从主题学的角度看中西小说，通过对相同主题以及与主题相关的题材、母题、意象、人物在中西小说中的不同表现的研究，有利于更好地把握中西小说的不同特质。

（一）中西小说主题类别

中国小说的主题大致可以分为五类：神魔类、传奇类、历史类、人情类、讽刺类。这些主题在不同的历史阶段分别占据着主流位置。汉魏晋六朝时期，还没有严格意义上的小说，但是小说的雏形即神话已经大量出现，可以算是神魔类小说的先声，如《山海经》、《穆天子传》等。其后有《神异经》、《列异传》、《搜神记》等鬼神志怪类书籍出现，这些故事集继承了先秦神话的传统，结构短小，文字精练，在叙事上突出一种神秘色彩，在内容上却强调一种现实感，其故事都有具体的发生地点、发生时间和现实人物，这些神魔类小说给后世小说以很大的影响。传奇类小说是继神魔小说之后出现的小说创作主潮，以《世说新语》和唐传奇为代表。《世说新语》的特色在于只言片语间对人物描写的传神效果，这也是它对后世小说影响最大的地方。唐传奇被认为是中国真正小说的开端，它的篇幅较神话故事已经有了很大的增加，创作更加严肃，叙事更为严谨，尤其是情节设置上有了高潮的变化，具备了小说的轮廓特征。历史类小说是中国小说史上承上启下的重要阶段。在这一阶段，小说完成了由文言走向白话的过程，并在继承前代小说诸优点的基础上，使小说创作成熟起来，并在一定程度上使得小说走出了"稗宫野史"的阴影，开始正式登上中国的文学历史舞台。历史小说在内容、结构、情节、人物等方面上都呈现一个质的飞跃。以宋代"说话"（"讲史"）发端延续至明清，代表作品有《水浒传》、《三国演义》、《隋唐演义》、《东周列国》等。人情类小说是中国小说发展的高潮，主要集中于明清两代。这类小说代表了中国小说创作的最高成就，从主题到具体的创作，人情小说都是集大成者，代表作有《红楼梦》、《金瓶梅》等。讽刺类小说是清代产生的独特小说类型，但是在此之前的作品中，已经包含了这一因素，只是到了清代才渐成气候，形成了独立的一个门类。主要作品有《儒林外史》、《官场现形记》、《老残游记》等。

西方小说的主题也可按以上五个主题分类，不过在顺序上有所调整。首先，西方小说也发轫于神魔类。古希腊罗马的神话和圣经故事一方面是西方小说的源流，另一方面也给西方小说提供了大量的题材，以至后世的其他类小说有许多都取材于此。然后是历史类小说，这类小说主要出现于古典主义时期，它同中国的历史小说一样，强调庄严叙事，且多取材于历史事件、荷马史诗、古希腊罗马神话和圣经故事，具有较强的历史意味和正统文学观念。接之而起的是传奇类，这类小说是启蒙运动时期的主题。启蒙运动是伴随着资本主义蓬勃发展而兴起的，所以表现出了上升时期资本主义的昂扬精神和奋斗意志，表现在小说中就是航海探险类题材的兴盛，如著名的《鲁滨孙漂流记》。这类小说具有浓厚的传奇色彩，充满异域气息，给西方小说增添了一抹亮色。19世纪的现实主义与浪漫主义则可以归结为人情小说，但是它们不是统一的人情小说，而是各叙述了一半，即现实主义以写人为主，浪漫主义以写情为主。现实主义的勃兴是由于社会发展过程中人与社会、人与人之间的矛盾的激化而引起的，所以现实主义以人与其周边事物的关系为基本内容。浪漫主义以情感为主要的描写对象，它偏重于表现主观理想，抒发强烈的个人感情，强调创作自由和想象，并通过对大自然的热情歌颂来表达人的主观情绪。现实主义与浪漫主义虽然各抒其人、其情，但又常表现出互融的倾向，如雨果是浪漫主义大师，但他的作品却有着现实主义的背景，并散发出较浓的现实主义气息。所以可以将其总结为现实主义为情中之人，浪漫主义是人中之情。到了 20 世纪，随着旧的价值观念的彻底打破，西方小说创作表现出较强的叛逆精神，从内容到形式，都极具讽刺意味。如卡夫卡的作品，用黑色幽默式的笔调展现了现代人性的真实一面，其代表作《变形记》描述了男主人公格里高尔·萨姆沙在变成甲虫后的悲惨遭遇，用表面荒诞不经的情节对现实社会的伦理和价值观进行了辛辣的讽刺。因此，这类小说可称之为讽刺小说。

中西小说主题的分类变化大略依照了这一顺序，但也不是严格的阶段性变迁。在一个类型兴盛的同时，也会出现其他类型的小说，如中国在以历史演义为主流的时代，人情小说就已经开始成形，并初步与历史小说分庭抗礼。而在人情小说兴盛的时期，历史演义小说依然不绝如缕。西方小说的情况则更为复杂，各个时代的类型划分只是就整体时代的精神面貌而言，具体到作品中，会有很多出入。如启蒙运动时期，虽然传奇类小说表现出了这一时代的精神，但是卢梭的《新爱洛绮丝》却是典型的人情小说。另外，讽刺小说虽在总体上代表了 20 世纪的文学气质，但 20 世纪西方文学还包括其他很多小说类别，如政治小说、战争小说、言情小说甚至乌托邦小说。

（二）中西小说类型的对比研究

依照上文提出的五大类型，可以对中西小说的主题进行相应的对比研究。

1. 神魔类

神魔类一般指取材于神话，具有神话的奇幻色彩，以神魔反映现实的小说类型。中西方的神魔小说都以神话为源头，在神话的表象背后都蕴含着极深刻的现实内容。袁于令在《西游记题辞》中说："文不幻不文，幻不极不幻。是知天下极幻之事，乃极真之事；极幻之理，乃极真之理。故言真不如言幻，言佛不如言魔。"神魔小说正是要从神魔的特殊角度来揭露现实社会的扭曲、变态和异化，用非正常化的情节来更有力地反映现实。但在风格上，中西神魔小说差异却很大。中国的神魔小说在整体上表现出喜剧性的特色。轻松、幽默被认为是这类小说的一大特征，所以才有"闲居之士，不可一日无此书"的说法。闲居之士的读物说明这类小说在很大程度上还限制于休闲消遣的层次，而对"寓五行生克之理，玄门修炼之道"这些深义的理解只是附带的事。如《西游记》至今还被视为最佳的儿童读物。相比较而言，西方神魔小说则在整体上表现出悲剧性色彩。叙事沉郁、庄严，情节多以悲惨的现实境遇为背景，直接返照惨淡的人生和社会。20 世纪的现代主义文学中，就有很多神魔类的小说。如卡夫卡的《变形记》、《为科学院作的报告》、《乡村医生》等。最典型的是拉丁美洲的魔幻现实主义，以马尔克斯的《百年孤独》为代表的这一流派用魔幻的情节深刻揭示了现实生活的黑暗与丑陋。所以，西方神魔小说是一种非常严肃的小说类型。

2. 传奇类

中国的传奇小说以唐传奇为代表，西方则是一些探险题材的小说。唐传奇与探险类小说在情节上都较神魔类小说更具现实意味，都以日常生活为素材。此外，它们都继承了神魔小说的神异特色，所叙述的故事大都幻化奇秘，不可以现实主义日之。但唐传奇在具体结构与美学趣味上与探险类小说却有不同。唐传奇篇幅短小，情节简单，在整体上表现出平和、淡雅的气质；而西方的探险类小说一般都是鸿篇巨制，情节复杂，带有强烈的时代精神。我们可以以优美和壮美来界定唐传奇与探险类小说。

3. 历史类

历史主题为中西小说的一个大类。历史类小说由于以历史事件或具有历史意义的故事为题材，内容上加入大量的历史事件，使作品具有厚重的历史感。在情节上，此类小说严格按照历史时间行进，并穿插进一些真实的历史细节；人物也以历史人物为主，按照其本来个性特征加以适当的改造；语言上力求严谨、庄严，以宏大叙事为主。中西历史小说由于以文学正宗自命，所以在作品中都自觉地扮演起教化的角色。当然，由于历史文化土壤、文学传统的差异，使得中西历史小说也有各自的特色，突出表现在对待历史的态度上。中国的历史小说，虽被冠之以"演义"的头衔，但是对于历史依然有着严正的使命感和责任感，其中心主题就是历史，在整体上有"补正史之阙"和向民间普及历史知识的功用；而西方小说则主要将历史作为一个载体，其情节和主题的中心不在历史上。如托尔斯泰的历史小说，就被认为是写人心和人性的作品，历史在他的作品里，主要是渲染气氛，充任背景。

4. 人情类

中西的人情类小说都可以算是其小说创作的高峰。这不仅体现在数量上，而且体现在质量上。中西的人情类小说以人为中心，着重探讨的是人与社会、人与人之间的复杂关系，并通过描写这些关系，深刻揭露人性中的丑恶，赞扬人性中的美德。但中西人情小说在具体的创作方法上又有很多差异，中国的人情小说在风格上显得细琐、平实，情节进展的速度相对缓慢，较少激烈的冲突和对抗。语言上以平白而有韵味的日常话语见长，而西方的人情小说则以沉重、严肃的风格为基本特征。在现实主义小说中，取现实中最富有戏剧性的内容为题材进行创作，旨在通过激烈的矛盾冲突表现人与社会；在浪漫主义小说中，则通过大段的心理描写直接勾勒人物形象，语言上也以华丽、奇幻的长句为多。

5. 讽刺类

高尔基说："文学即人学。"小说基本的任务就是反映社会，指导人生。而这个任务可以通过正反两种手段完成：一种就是正面的劝讽，如人情类、历史类小说。这些小说将现实的生活原态展现予读者面前，美与丑清晰并陈，使人一目了然。另一种是反面的劝讽，如神魔类、讽刺类。这些小说将现实生活变形、异化后呈现出来，美与丑失去了明确的界限，混融于一体，读者可以不追究深义地进行消遣式的阅读，但如果认真地反思作品的内容，就会发现其深藏的意义。在中国古典的讽刺小说中，以清代的讽刺、谴责小说最为闻名，这些作品多揭示深刻，笔法老辣，讽刺手法富于韵味而多样。在内容上，一般不是直陈其事，而以委婉的叙述语调为主。西方的讽刺小说家和作品更是层出不穷，以塞万提斯的《堂吉诃德》为始端，而后以马克·吐温、契诃夫、果戈理、海勒为代表的一批作家分别在各自的时代创作了大量的讽刺小说。不同的时代对应着不同的特色。在马克·吐温时代，讽刺小说的创作是以较为轻松的形态出现，而到了黑色幽默盛行时，讽刺小说就已经成为最为严肃的小说门类。在创作手法上，与中国的讽刺小说相比较，西方采用的多是在事件的直接叙述中掺入讽刺内容的手法，而中国采取的是喜剧式的寓言小品形式。可以用王国维的"隔"与"不隔"的美学理论来分析中西讽刺主题的小说创作方法。中国是"隔"，以隔见味，西方是"不隔"，以不隔见力。

二、人物形象对比分析

（一）类型与典型

人物是小说的核心构成。类型与典型表现出中西小说在人物形象塑造上的各自特点。中国小说人物偏向于类型化的白描，西方小说人物偏向于典型化的摹写。

中国小说人物形象塑造的一大手法就是白描。白描本是国画术语，指用墨线勾勒而不着颜色的绘画技巧，这种技巧强调对于事物摹画的简洁明了，但又不失神韵。白描被运用到小说中，即要求对人物的塑造要简练传神，所谓"白描追魂摄魄"、"白描入骨"、"白描入化"就是强调这种传神写照。摹写则是西方小说塑造人物形象的主要方法，这种方法强调多方面、多角度的描写人物，将人物形象置于小说创作的中心地位，集中手段加以表现。

白描的手法在小说中有多种表现，如逆写法、衬托法、隐写法、对比法、连带法等，而以前三者最为常见。逆写法指以喜写悲、以愚写智、以好写坏的方法。这种方法常常采取人物本来个性特征的对立面来表现人物，从而达到更为有力的效果。如《红楼梦》中黛玉听到宝玉要与宝钗成亲的消息后，不写她哭反写她笑：见了紫娟笑，见了宝玉笑，被丫环搀走后，仍是笑。她的笑与其平时多愁善感的性格特征截然相悖，但却更将她的极度痛苦表现得淋漓尽致。衬托法是指以其他人或物的相关特性来衬托要表现的人物。如《水浒传》中将李逵与宋江并写。金人瑞曾评价道："只知写李逵，岂不段段都是妙绝文字，却不知正为段段都在宋江事后，故便妙不可言。盖作者只是痛恨宋江奸诈，故处处紧接出一段李逵朴诚来，做个形击。其意思自在显宋江之恶，却不料反成李逵之妙也。"在金氏看来，作者意在用李逵的诚恳憨直来衬托宋江的奸诈庸俗，却反倒写出了李逵的性格特征，不论作者是有心或是无心，也不论是李逵衬宋江，还是宋江衬李逵，都让人物的性格特色鲜活了起来。这种衬托方法是反衬。还有正衬法，如在《野叟曝言》第十四回中，为描写文白武艺高强，先写杭州豪杰郑铁腿以腿功见长，但他攻击恶头陀时，恶头陀毫发无伤，郑铁腿的腿却折了。而当文白出现时，又几拳就打得恶头陀七窍流血。这种方法就是以恶头陀之高来衬文白之高，是正衬。除了以人衬人外，还有以景衬人的方法，这种方法常常以与人物性格特征相合的景物、景色来衬托。如在《红楼梦》中，潇湘馆、蘅芜院的居所景色就同林黛玉、薛宝钗的个性气质相联系。隐写法就是对所要描写的人物避实就虚，用非正面的描写委婉而有韵味地塑造人物形象。如《三国演义》中写的是刘、关、张的"三顾茅庐"，实则要表现的是诸葛亮，虽然诸葛亮并未出场，其人物形象却已经跃然纸上。毛宗岗评价道："此卷极写孔明，而篇中却无孔明。盖善写妙人者不于有处写，正于无处写。写其人如闲云野鹤之不可定，而其人始远；写其人如威风祥麟之不易睹，而其人始尊。"对比法指将两个及两个以上人物进行对照。连带法则是用一个鲜明的人物形象来说明较为陌生的人物形象。

　　西方的叙事文学的传统以荷马史诗为开端。这部作品的人物形象塑造对后世小说有很大的启发意义。其最大的特点就是在"典型的环境中塑造典型人物"。这种典型的创作方法虽由恩格斯总结出来的，但实际上在荷马史诗中就已经存在。最具代表性的范例就是对英雄人物阿喀琉斯的描写。特洛伊战争这样一个典型的环境给塑造阿喀琉斯这样的典型英雄人物提供了典型的环境和气氛。阿喀琉斯先是在战斗中体现出他无人可挡的勇猛，后与阿伽门农因女俘和战利品产生矛盾，毅然退出战斗。然而，当他听到战友被杀的消息时，又愤怒而起再次加入战斗，亲手斩杀特洛伊的头号英雄赫克托尔，顿时扭转了希腊人的颓势。阿喀琉斯的几进几出充分表现出这一形象的英雄特征。第一次进，是为了表现其卓绝的战斗才能和无比的勇气，继之其后的出则是为了映衬其刚烈的气质和不惧权贵的品质。第二次的进,是在听到战友的噩耗以后所采取的行动,表现出他对于友情的珍视和不计前嫌的宽容。而杀死赫克托尔后将其尸体绑于战车后奔驰则又反映了他的残忍。显然,古希腊神话中这种典型化摹写的方法成为西方小说创作的主要方法。

从中西小说人物塑造方法的比较中我们可以看出,中国的人物白描法于寥寥数笔中可以将一个人物的个性鲜明地刻画出来,但正如其在绘画中的表现一样,这种手法虽然简洁传神,但只是一个轮廓,由于没有浓墨重彩的填涂,使得人物形象只见其最为突出的一面,而不见其丰富性,所以人物性格在整体上呈现出类型化的特点,虽能表现鲜明的性格特征,但有时不免显得过于单一,缺乏变化和个性。而西方摹写式的创作方法,针对一个人物不惜笔墨,好像西方的油画一样。所有的地方都会涂上油彩。人物形象处于中心的位置,用大量的语言来渲染、刻画人物的多方面特征,表现出人物形象的复杂性格和强烈个性,使其在复杂情节的展开中得以浮现出来。所以西方小说的人物性格显得更加典型化,既突出一个人物的个性,又充分表现其性格的丰富性和发展过程。当然有时会显得过于芜杂,缺乏一个统领性的性格。

(二)人物心理描写

在小说创作中,心理描写是不可或缺的表现手法。中西小说在心理描写上体现出各自的不同特点。中国小说心理描写以简洁为特色,西方小说则以细腻为特点。中国小说在创作上始终遵循中国古典美学的简洁原则,这也体现在心理描写上。作品中的心理描写都以一两句话结束,而且大多采取"某某心下想道"、"某某私下思忖道"这样的句式。但这样的描写并不因其简单就缺乏意义,相反,在很多情况下,这样的心理描写却成为情节发展的关键或转折点。如在《拍案惊奇》第一回《转运汉遇巧洞庭红波斯胡指破鼍龙壳》中,文实破落潦倒中突然遇到做海货生意的人时,写他的心理活动:"自家思忖道:'一身落魄,生计皆无,便附了他们航海,看看海外风光,也不枉人生一世。况且他们定是了却我的,省得在家忧柴忧米,也是快活。'"短短数句真实地写出了已处于穷困边缘的文实的潦倒心态和善于算计的性格,而且还使得已经无以维系的情节得以发展下去。而西方小说则不同,如以心理描写著称的托尔斯泰,他将心理描写作为人物形象塑造的最重要手段,《复活》中描写聂赫留朵夫在法庭中遇到玛丝洛娃时心理活动的变化一节,堪称心理描写的典范。作者将聂氏的紧张、矛盾、犹豫尽情展示于读者面前,在大段的心理描写中表现出了其复杂性格的各个方面之间的相互激烈斗争。心理描写在此不仅是推动情节发展的重要因素、刻画人物形象的重要手段,而且有些心理描写几乎可以独立成篇，自己就是一个完整的故事情节，情节中还有各种人物活动。另外，在西方小说的心理描写中，作者还常常将自己的价值观大段写入到作品中，从而提高了小说的理论化色彩。

中西小说的心理描写体现了中西不同的叙事传统和美学精神。心理描写直接指向人的内心，所以心理描写要求作家要以人和人性为其创作的出发点。中国小说由于继承了史传文学的传统，注重于外在的道学教化和价值规范，这使得小说家们的思维方式停留于人心之外，反映在创作中就是将描写的侧重点放在人物心理描写之外，甚至在行动、语言之外，这样，心理描写自然就相对少一些。而西方的人文主义传统由来已久，人作为一切价值的中心在西方文学中占据着主导地位，所以对于人和人性的研究一直就是文艺创作的重要任务。而最能真实反映人性的就是人的心理。所以，西方小说一直非常注意对人物心理进行直接的描写。如果说中国小说是将人的心理活动还原到生活本身来表现，那么，西方小说则是将社会生活纳入到心理活动中来表现。

三、情节对比分析

（一）奇异与平实

中西小说的情节的发展可以概括为奇异与平实的互相转换。中国小说从其形成之初开始，就以简短、质朴著称。随着小说的发展，尤其是到了明清时期，小说理论和创作经验趋于成熟，小说情节的设置虽然变得复杂了，但仍以平淡、朴实为主，如《红楼梦》等作品。但到了20世纪以后，随着西方现实主义理论的传人，以及中国国情的需要，小说开始以揭露现实黑暗、反映普通大众生活为己任，其主题和情节开始由平实转为激越。而西方小说在情节上却走上了一条大致相反的道路。从古希腊史诗开始，特洛伊战争的雄伟壮阔，使西方小说从一开始就在情节上追求一种奇特的效果。从文艺复兴、古典主义、启蒙运动直到19世纪的浪漫主义和现实主义，这种风格都在不断地加强和充实。但是我们在西方浪漫主义运动中多少已看到了这种风格的转变，而这种在西方延续了几千年的传统却在20世纪西方现代主义和后现代主义文学的浪潮中几乎要被抛弃了。当然，西方小说的这种趋向并不否认在西方还存在着大量追求情节刺激的通俗小说的存在。

（二）线性与整体

在中西小说情节的比较中，我们可以看到，中国小说情节倾向于线性式推进，而西方小说情节倾向于整一化表现。

　　由于中国小说由"说话"发展而来，"说话"每到高潮时，便戛然而止，从而产生悬念，并以此来招揽听众。这种方式传入小说中，就在篇章结构上逐渐形成了章回式的特点，使你接着上一章继续往下看。此外，在情节的设置上，中国小说家习惯于单线叙事，情节始终以一个人或一个团体的行动为主，遇到要变换人物时，还要通过前面的人物引出后面的人物。如《水浒传》中用史进引出鲁达，又用鲁达引出林冲，一旦引出之后，情节就会集中于被引出人的身上，是一种"你方唱罢，我登场"的流水线式的发展。章回制和单线发展使得中国小说的情节呈现出线性化的特点。

　　西方叙事文学从一开始就非常注重情节整一性。亚里士多德在诗学中不仅将情节放到首位，而且强调说："悲剧是对一个完整划一，且具有一定长度的行动的模仿……一个完整的事物由起始、中段和结尾组成。……此外，无论是活的动物，还是任何由部分组成的整体，若要显得美，就必须符合以下两个条件，即不仅本体各部分排列要适当，而且要有一定的、不是得之于偶然的体积，因为美取决于体积和顺序。"西方小说的情节有一个严格的整体框架，情节在这个框架下逐渐展开，并保持着连贯性和前后的关联性。另外，在时间和空间上也有着精密的安排，不会产生前后情节相互脱节的情况。

　　与西方的整体性情节特征比较起来，线性化的情节结构容易给人产生单一感。如美国汉学家罗溥洛就曾批评《水浒传》的情节道："108 位英雄好汉在一系列乱糟糟的互不相干的故事情节中上了梁山。"哥伦比亚大学的夏志清教授在论文中也指出："《金瓶梅》的写作技巧极为拙劣。很明显，结构上的无政府主义使其无论在思想内容还是哲学内蕴上都不可能保持连贯性。"当然，产生这种批评的原因主要是因为这些批评家以西方的理论来硬套中国小说作品的结果。实际上，中国小说这种线性的特点也有其优势。比较中西小说情节设置的差异，主要有下面两个方面的原因：

　　其一，中国小说创作非常注重单个单元的成功与否。这依然是"说话"的积习所致。因为在说话的过程中，听众不可能对话本的整体情节有所了解，只可能逐回欣赏，并根据每回的精彩程度决定自己是否继续听下去。所以，话本以及后来的小说在创作上自然更注重每个单元故事的情节性。这种创作方式还使得作家大量运用悬念、伏笔，制造奇特的情节效果，每一回中都有高潮、低谷，可以独立成篇。而西方小说则受史诗和戏剧的影响很大，其情节多以一个整体的形式出现于读者和观众的面前，情节的整一性和完整程度在很大程度上决定着小说是否成功，每一段情节并不像中国小说那样为其自身而存在，而是作为大情节的一部分而存在。

　　其二，中西小说的情节设置还与其各自的思维模式和世界观有关。中国小说的线性结构体现的是中国人的整体观。卡普拉先生指出：东方世界观的重要特点，就是认识到所有人、事、物的统一性和相关性。实际上，这种相关性往往又表现为相传性的特点。在小说中则是强调缘分和宿命。：如《水浒传》中众英雄的相遇表面上是巧合，实际上是因为他们都是天罡星临世、地煞星下凡，早已注定了要聚义落草，干出一番大事业。而西方的思维方式从亚里士多德开始就已经具有了严格的逻辑性，即具备了超越具象的抽象思维能力，这种能力能将各种事物都纳入到一个整体中来思考。而西方小说的整一性与西方人的思维方式直接相关。表现在小说中则是让多种情节线索同时展开，如在托尔斯泰的《战争与和平》中，多条线索交叉进行，给人以一种整幅的生活画面，表现出了一种深沉的历史感。当然，这两种整体观也各有特点和不足。表现在小说中，单个单元的突出会使人专注于具体、的、单独的情节，而淡化了整体性的印象；而整体性、多线条的情节结构也容易使小说出现不连贯的倾向，从而有损于单个情节的完整欣赏。因此，线性与整一性应在互补中达到同一。

第六章　翻译比较研究

第一节　论比较文学翻译研究

翻译研究在人文社科领域中，很长时间都处在比较边缘的地位，这与人们对翻译以及对翻译研究的认识有关。翻译过去被认为只是交流的工具，而翻译研究，也长期停留在"如何译""如何译得好"这样的语言转化研究层面上。1970年代开始，翻译研究出现了"文化转向"，拓展了传统翻译研究的空间。而人文社科学者也"发现"了翻译所蕴含的思想、文化等方面的研究价值，出现了人文社科领域的"翻译研究转向"。不同学科领域对翻译的重视，以及翻译研究的"文化转向"，里应外合，多元共生，相激相荡，形成了当代翻译研究丰富而多元的繁盛局面。

在丰富而多元的当代翻译研究中，比较文学翻译研究是其重要的研究范式。那么，翻译为何成了比较文学的研究对象？比较文学开拓了哪些翻译研究层面，它与通常意义上的翻译研究有何不同，又有何联系？翻译研究者常为这些问题感到困惑。为此，本文从梳理翻译与比较文学的关系着手，阐释比较文学翻译研究的研究性质、研究对象、研究范围及其研究目的，以揭示比较文学翻译研究在当代翻译研究中独特的学术价值和意义。

一、比较文学视域中的翻译

文学的跨民族、跨文化传播，是比较文学产生的必要条件之一。而文学的跨文化传播，很大程度上依赖于翻译。歌德"世界文学"概念的提出，就是由翻译而触发的。歌德发表关于"世界文学"谈话之前，他的作品已在法国、英国等国翻译发表，并且他的《塔索》《浮士德》也刚刚在巴黎上演。而歌德提出"世界文学"的主张更为直接的思想触发点，则是他读到了中国作品的译本。歌德看到，随着文学、文化交流的日益频繁，各民族文学可能会汇合。他在这种趋势下提出的"世界文学"概念，后来成为比较文学学科建立的理论滥觞。从这个意义上来说，翻译催生了比较文学。

意大利比较文学家梅雷加利（Franco Meregali）指出："翻译无疑是不同语种间的文学交流中最重要、最富特征的媒介"，"应当是比较文学的优先研究对象"。苏珊·巴斯奈特（Susan Bassnett）也强调："翻译带来了新的观念、新的文类、新的文学样式"，"是促进文学史中信息流形成的关键方法，因此，任何比较文学的研究都需要把翻译史置于中心位置"。但早期的比较文学，只是把翻译作为考察文学传播和影响考据的线索。至于将翻译作为专门的研究对象，并对如何认识翻译、如何研究翻译提出学术观点，则要到 20 世纪 30年代。

法国比较文学家梵·第根（Paul Van Tieghem）在《比较文学》（1931）的第七章《媒介》中，讨论了"译本和译者"研究，对如何研究译本和译者提出了富有启迪性的意见。他认为，译本研究有两个方面：第一，将译文与原作比较，看是否有增删，以"看出译本所给与的原文之思想和作风的面貌，是逼真到什么程度，……他所给与的（故意的或非故意的）作者的印象是什么"；第二，将同一作品不同时代的译本进行比较，以"逐代地研究趣味之变化，以及同一位作家对于各时代发生的影响之不同"。关于译者研究，他最早提出了应注意译本的《序言》，因为它提供了"关于每个译者的个人思想以及他所采用（或自以为采用）的翻译体系"等"最可宝贵材料"。

梵·第根《比较文学》中提出的"译本和译者"问题，开启了比较文学领域翻译研究的先河。其他比较文学家，如法国的基亚（Marius-Fran ois Guyard）、布吕奈尔（Pierre Brunel）、毕修瓦（Claude Pichois）和卢梭（André-Marie Rousseau），德国比较文学家霍斯特·吕迪格（Host Rüdiger），罗马尼亚的迪马（Al Dima），斯洛伐克比较文学家朱里申（Dion'yz Duri sin），日本比较文学家大塚幸男等，也都强调了文学翻译研究的重要性。比较文学论著几乎都有专门的章节来论述翻译问题。比如，日本比较文学家大塚幸男在《比较文学原理》（1977）的第八章《译者与翻译》中，提出了比较文学翻译研究内容的七个方面的问题：翻译的创造性叛逆问题；翻译创造的文体问题；直译与转译问题；自由翻译、窜改及改编问题；同一作品的不同译本比较问题；译者序言及解释问题；初译本的评价问题。苏珊·巴斯奈特的《比较文学批评导论》第七章《从比较文学到翻译研究》，专门论述比较文学中的翻译问题，她认为，翻译研究吸收了语言学、文学研究、历史、人类学、心理学、社会学和民族学等理论，体现了很强的跨学科特征，是一个对比较文学未来发展具有深刻意义的研究领域。她甚至提出："应当将翻译研究视为一门主要的学科，而把比较文学看作一个有价值但是辅助性的研究领域。"

早期的比较文学注重文学传播的路径及媒介，有专门的"媒介学"（mediology）研究领域。文学传播中，翻译和译本是最重要、最有效的途径和媒介，而受到特别的关注，后来成为比较文学独立的研究领域。随着对翻译性质认识的加深，当代比较文学逐渐用"翻译研究"概念来取代"媒介学"，即将原来的媒介学研究内容，都纳入了翻译研究的范畴。

二、比较文学翻译研究的对象与目的

既然是从比较文学角度来研究翻译，就自然体现了比较文学的学科性质，有其特定的研究对象、研究范围和研究目的，由此而与一般意义上的翻译研究不同。

传统的翻译研究，以原文为中心（source-text oriented approach），通过译文的对比，辨析优劣，评判高下，以此探讨如何才能译得好，如何最大限度地接近原文，为翻译实践提出标准，对翻译质量提出批评。这样的翻译研究，对指导翻译实践来说，很有价值，也很有必要，但从学术研究角度来说，则缺乏思想深度和学术性。王宏志就指出：传统的翻译研究，"拿着译文，对照原文，不是说这里妙笔生花，那里写尽丹青，就是说这一句理解错误，那一句不够通顺。必须承认，这样的所谓翻译研究，对这门学科造成太大的损害"。

从梵·第根在《比较文学》中提出的翻译问题，我们可以看到，比较文学从一开始，在对翻译的认识和研究思路上，就与传统的翻译研究有很大不同。比较文学，即使是进行译文与原文的对比，也不是对翻译的优劣做出评判，更不是为了建立某种翻译标准，而是希望通过对比，"看出译本所给与的原文之思想和作风的面貌，是逼真到什么程度"，并由此分析译本所塑造的作者形象。更重要的是，通过同一作品不同时代译本的比较，考察文学观念、文学风尚的变化，以及不同时代、不同的译本对译入语作家的影响。

比较文学翻译研究，虽然也涉及通常翻译研究上的翻译问题，但旨归不在翻译，而在文学。因此，比较文学把译本作为文学作品来看待，而不论其是否忠实、是否译得好。约瑟夫·T. 肖（Joseph T. Shaw）指出："现代翻译家往往完全忠实于原著的形式和内容，尽量用新的语言再现原作的风貌，也许正是因为这个缘故，翻译作品没有被看作本身就是文学作品而得到足够的研究。"在比较文学看来，译本无论好坏，都有文学研究价值，因为"水平最差的译者也能反映一个集团或一个时代的审美观，最忠实的译者则可能为人们了解外国文化的情况做出贡献。而那些真正的创造者则在移植和改写他们认为需要的作品"。比较文学关注翻译的选择与译者的关系，关注翻译的时代性、可接受性及其文学影响。"每一个翻译者多多少少都在使他的译作符合自己时代的口味，使他所翻译的过去时代的作品现代化。""译者对原作有一种'选择性共鸣（elective affinity）'，即使他的译文不能尽原文之妙，他选择哪一部作品进行翻译，至少可以反映出他对这部作品的共鸣。"

这里需要指出的是，比较文学不是主张，更不是推崇不忠实的翻译，而是看到不同文学有不同的文学传统和阅读审美方式，要达到文学传播和接受的目的，"外国作品的形式和内容往往要经过更改和翻译，对本国文学才能发挥最大的影响，因为只有这种形式才能被文学传统所直接吸收"。因此，即使是不忠实的译本，比较文学也不是简单地加以否定、摒弃，而是注意考察其在译入语文学系统中是否发挥过文学影响作用，有无文学和文化价值。

通常的翻译研究，往往关注对翻译过程、翻译策略等译文层面上的研究。比较文学翻译研究，重点不在译文层面，而是关注文学翻译的前后两个阶段上发生的问题，即翻译选择和译本出版后在译入语文学的影响与接受，即考察"哪些因素被吸收了，哪些被转化了，哪些被排斥了"，尤其是"借用或受影响的作家将他所吸收的东西做了什么，对所完成的作品产生了什么效果"。

比较文学从文学、文化的角度来研究文学翻译，其前提是比较文学的立场、目标，要体现比较文学的意识，也就是说，研究的出发点、目标、研究内容，都应体现比较文学的性质。如果离开了比较文学的立场，比较文学翻译研究就会趋同于一般意义上的翻译研究，而不能实现比较文学翻译研究的目的及其独特的学术价值。因此，比较文学翻译研究的目的，是通过翻译研究，分析两种文学、文化的相互关系及其特质，分析文化对话、沟通、文学关系建构的复杂性，探讨文化间的可通约性以及文学的共同性（即钱锺书先生所说的共同的"诗心"与"文心"）。因此，非文学翻译研究不在其研究范围。一般性的文学翻译问题，如果不是以文学关系为研究出发点，不是从文学、文化关系角度来探讨翻译问题，也不属于比较文学翻译研究范畴。

简言之，比较文学翻译研究就是翻译文学研究。

翻译文学不仅是中外文学、文化交流的主要中介，同时也参与了译入语文学的生产，丰富和拓展了译入语文学的表意和阅读空间。其突出的表现，就是翻译文学对作家的影响。人们在谈论外国文学对 20 世纪中国文学的影响时，往往忽视这样的事实，即大多数作家对外国文学的借鉴，并不是直接地阅读原著，而是借助于译本。也就是说，影响文本不是原作，而是译作。文学翻译的选择倾向、翻译的种类，很大程度上影响了作家的世界文学视野；译者的阐释，直接影响了作家对外国文学作品的认识；译文的语言特征、语言风格则影响了作家对作品形式特征的感知和把握。因此莫言说："我不知道英语的福克纳和西班牙语的加西亚·马尔克斯是什么感觉，我只知道翻译成汉语的福克纳和加西亚·马尔克斯是什么感觉，所以从某种意义上说，我受到的其实是翻译家的影响。"约瑟夫·T. 肖（Joseph T. Shaw）指出："即使有了一个能够阅读外国作品原著的读者群，或者一个通过媒介语言能够阅读原著的读者群，一部作品在被翻译之前，仍不真正属于这个民族的传统。作品经过了翻译，经常会有一些人为的更动，也会有一些释义，然而，在吸收和传递文学影响方面，译作却有着特殊的作用。直接影响往往产生于译作而不是原作。"

　　近年来，达姆罗什（David Damrosch）关于"世界文学"的新观念及其世界文学研究方法，为比较文学翻译研究，同时也为文学、文化关系研究，提供了新的学术启示。达姆罗什认为："世界文学不是一套让人难以捉摸的固定的经典，而是一种传播和阅读模式。"他特别强调世界文学形成中翻译的重要作用，指出："世界文学是从翻译中获益（gains in translation）的文学。"翻译是文学传播、流通的最主要媒介，没有翻译，也就不会有世界文学。翻译，连接起两种文化，并促成了它们的对话与协商。达姆罗什从"世界文学是从翻译中获益的文学"观点出发，探讨作品如何经由翻译进入两种文化交织的空间，而成为世界文学。

　　在达姆罗什看来，世界文学是一种动态的文学关系，这个关系所构成的文学场域，就是世界文学产生的空间。达姆罗什用"椭圆形折射（elliptical refraction）"的比喻来形容这个世界文学场域："译入语文化与译出语文化分别作为两个焦点，建构起一个完整的椭圆，其中即为世界文学。它既与两种文化彼此相连，但又不仅仅受制于某一方。"这个文学场域中，充斥了两种文化的磁力，文学场因而也是文化磁力场，在此空间中的文学作品（通常是译作），受到两种文化的制约，其存在方式和形态，是两种文化合力的结果。因此，此间的文学作品在内容和形态上已发生了变化，其已不完全是原初文学作品，而是既有原初民族文学的特点，又带有译入语民族文学的投射。"所有作品一经翻译，就不再是其原初文化的独特产物；它们都变成了仅仅'始自'其母语的作品。""当一个作品进入世界文学，它就获得了一种新的生命，要想理解这个新生命，我们需要仔细考察作品在译文及新的文化语境中如何被重构。"

　　达姆罗什的"椭圆形折射"理论，凸显了跨文化场域中文本的双重文化特性以及潜含其中的文化对话和权力关系。因此，以译作形式存在的世界文学，就不仅仅是新的文学作品，同时，也是两种文化冲突、交流、协商的结果，包含了作品的跨文化生成、文化对话达成、文学关系建立的丰富信息。达姆罗什的世界文学观，为比较文学研究翻译文学的跨文化性以及文学、文化互文关系，提供了理论启示。

在比较文学看来，翻译文本是跨文化场域中所产生的新文本，其中包含了来源文化的基因以及译入语文化中的新基因，是两种文化基因作用下的文本重构，体现了两种文学、文化关系的内容。而这个新文本进入译入语读者的阅读领域，获得了新的解读和阐释，又生产出新的文本意义。原著、译者翻译、阐释的文本以及被读者阅读、解读的文本，构成了文本意义动态生成性互文关系。而一旦作品对创作文学产生了影响，受影响的作品与译作及原作之间，又构成文学性互文关系（如莫言的创作之于福克纳的《喧哗与骚动》、加西亚·马尔克斯的《百年孤独》），受影响的作品融合了两种文化的基因，而富有了世界性的品质。构成互文关系的作品，无论是译作与原作之间，译作与受影响作品之间，以及受影响作品与原作之间，都相互照现、相互阐释、相互发明。

在比较文学视野中，翻译不仅生产了新文本，同时也是在跨文化时空中的文本意义的再生产，以及文学、文化互文关系的跨文化再生产。译本不仅是原作简单的生命延续和跨文化意义上的文学新生命，也是文学性和作品所隐含的文化意蕴的辐射和播散。

如果说，翻译的选择和翻译的过程是一种跨文化对话意义的生产，那么译本进入了流通领域，就会扩大跨文化对话的范围，并会增加文化对话的新内涵，产生新话语，因此，也是跨文化对话意义的再生产。

可见，比较文学翻译研究的思路，是紧扣比较文学的研究目标，体现了比较文学的学理要求与研究目的，也由此决定了比较文学翻译研究的研究性质，即它既属于翻译研究，同时也属于文学研究。理想的比较文学翻译研究成果，应该既对翻译研究，同时也对译入语的文学研究、文学关系研究，都有学术价值。

三、比较文学翻译研究方法的理论化

比较文学翻译研究和当代翻译研究的共同点，是超越了传统的翻译研究模式，而关注译入语系统中的文化因素对翻译各个环节、各个层面的影响。它们都以译入语文化为中心，以译入语文化、文学作为研究的出发点和研究视点，因此，不是孤立地看待文学翻译／翻译文学现象，而是将文学翻译现象纳入译入语文化语境中来分析。

在翻译研究文化转向之前，比较文学翻译研究就已关注译入语文化对翻译的影响，只是缺乏比较系统的理论方法。

法国比较文学家毕修瓦和卢梭指出："翻译理论问题"是"当前比较文

学的中心问题"。如前文所述，从 1930 年代开始，比较文学就特别关注翻译，并对翻译研究提出过一些富有开创性、启迪性的观点。但这些观点比较零散，没有进一步上升到理论层面进行系统的阐述。当代西方翻译研究的发展，尤其是文化转向后出现的翻译理论，如多元系统理论、操纵理论、改写理论等，对比较文学翻译研究理论方法的构建，提供了有效的理论资源。

20 世纪 70 年代，西方翻译研究开始出现"文化转向"，改变了人们对"翻译"和"翻译研究"的传统观念，研究视点从以"原文为中心"转向以"译本为中心"，研究内容从"如何译"转向"为何译""为何如此译"等方面上来，注重译入语文化对翻译的操纵。其中，多元系统论对革新传统翻译观念、开拓翻译研究新空间、建立翻译研究新范式，发挥了先锋性和奠基性的作用。传统的翻译研究是以语言学为导向，专注于"如何译"和翻译标准等问题，以原文为中心，不甚关注"外部政治"对翻译选择、翻译过程和翻译策略等方面的影响。多元系统论"将翻译研究直接置于更为广阔的文化活动领域"，"将翻译与更为广泛的社会文化实践和过程结合起来，使之成为更激动人心的研究对象"。

埃文 - 佐哈的多元系统论为"面向译入语（target-oriented）"的翻译研究"提供了一个全面而又雄心勃勃的框架，研究者可据此对实际行为做出解释或分析其背景"。

比较文学要求将文学译介与当时的文化语境结合起来，在这方面，多元系统理论更显其特长。多元系统论的认识论系统（多元系统论的系统观念和事物普遍联系的意识，以及张南峰的"大多元系统论"）能为比较文学翻译研究提供一个宏观理论框架，使其最适合从整体上研究一个大的文学翻译现象或某一时期的文学翻译现象。

在研究内容和方法上，多元系统论在文化多元系统中来考察文学翻译与译入语文化系统诸多因素的复杂关联，考察翻译文学的并存系统（co-system）如何制约翻译文本的选择，影响翻译规范和翻译文学文库的形成，决定翻译文学系统在文化多元系统中的运作方式、地位和作用。

在多元系统论的启发下，翻译研究者对翻译的性质有了新的认识。赫曼斯（Theo Hermans）指出："所有的翻译都是出于某种目的而对源文某种程度上的操纵。"巴斯奈特和勒菲弗尔（AndréLefevere）指出："翻译当然是对原文的改写。无论出于什么意图，所有的改写都反映了某种意识形态和诗学以及在特定的社会以特定的方式对文学的操纵。改写就是操纵，为权力服务，就其积极方面来说，有助于文学和社会的变革。"

"操纵（manipulation）"和"改写（rewriting）"概念，显豁了翻译的文化性质。以此观点来观照文学翻译现象，就会认识到，文学翻译并不是简单的文字转换，而是与译入语文化系统诸多因素有复杂关联的文化行为。文学翻译，从翻译选择、翻译过程、翻译策略，到译本的出版、流通、评价以及文学的接受与影响，都会受到译入语语境的制约与影响。翻译既然是对源文的操纵，经过了译入语文化的过滤和改写，译作就不能等同于原著，而是操纵文本（manipulated text）。

翻译的"操纵""改写"的概念，更新了我们对翻译文学性质的认识，也深化了我们对文学关系及其研究的认识。目前的中外文学关系研究，对翻译文学中存在的文化操纵没有给予足够的重视。20世纪外国文学对中国文学的影响，很大程度上指的是"翻译文学"的影响，由于翻译文学的文化操纵性质，这种文学影响，实际上是一种经过操纵和改写后的选择性影响。

系统理论不仅弥补了比较文学翻译研究理论建构上的缺失，也提供了新的、比较系统的研究方法。埃文-佐哈关于多元系统运作的观点（结合张南峰的"大多元系统论"）、勒菲弗尔的"改写"、赫曼斯的"操纵"的概念，可以构建面向译入语翻译研究的认识论系统，有助于我们从整体上观照翻译现象，从译入语文化角度把握翻译的性质、文化功能；埃文—佐哈、图里的"多元系统""形式库""经典""规范"等术语，勒菲弗尔关于"意识形态""诗学""赞助"的"三因素"论，张南峰阐述的六个主要系统规范，可以构建翻译研究的实践论系统，即将他们理论中的关键词作为考察具体文学翻译现象的理论视点，从政治、意识形态、文学、经济等角度，来探讨译入语多元系统对文学翻译的操纵和制约，阐述这种制约和操纵的文化意图。这样不但避免了多元系统理论的简单化、抽象化的缺点，而且可提高其可操作性。

整合后的系统理论（systems theories），特别有助于研究翻译文学史，或者某个时期的文学翻译现象。多元系统要求将文学翻译纳入译入语多元系统中来考察，通过系统内各系统的相互关系和运作情况，可以看出，多元系统内的多种因素（文学翻译的并存系统）对翻译规范和翻译文学形成的影响，由此可以探讨翻译文学系统在文化多元系统中的运作方式，以及翻译文学的地位及其文化功能。

总之，多元系统论等当代西方翻译理论的很多理论方法，都可以运用到比较文学翻译研究上来。同时，比较文学研究方法，也可以对多元系统理论进行有益的补充。

四、比较文学之于当代翻译学的意义

巴斯奈特和勒菲弗尔指出："翻译学吸收了比较文学和文化史学的研究方

法，已发展成为一门有独立地位的学科。"借鉴比较文学研究方法，是文化转向后翻译研究的基本要求。比较文学研究最基本的要求，就是整体意识、语境意识、比较意识和关系意识。

图里、赫曼斯、勒菲弗尔等人的理论视点，关注的主要是译入语文化多元系统对翻译过程、翻译策略的影响，至于翻译作品进入译入语系统后的运作，即翻译文学对译入语文学多元系统乃至文化多元系统的影响，则缺乏充分的理论阐述。埃文 - 佐哈的多元系统论本身包含了这方面的内容，特别是《翻译文学在文学多元系统中的位置》一文，直接涉及这方面的内容，但实际研究成果还比较少。翻译研究不仅要考察翻译的选择、翻译的策略、翻译作品的形态特征，还要考察翻译作品在译入语系统里的评价、接受与影响，这是一个完整的翻译研究过程。对翻译结果的考察，也是进一步考察译入语文化多元系统对翻译操纵的深层原因。研究翻译作品进入译入语文学系统后，它与创作文学的关系，这是比较文学研究方法的特长。研究者可以借鉴比较文学研究方法，研究翻译文学与创作文学的互动与互文关系。

以系统理论为研究视点，就要求研究者深入到翻译文学生产的具体文化语境中，去考察翻译文学生产现象，去探讨"为何译？""翻译的意图是什么，想达到什么目的？""这种意图如何渗透在翻译策略和副文本当中？译作的阅读和接受效果如何？""读者是如何接受该译作的？""翻译文学是在什么层面上对译入语文学产生了影响？影响的效度如何？在创作文学中是如何体现或转化的？"等问题。这些问题，只有在翻译文学生产和传播的具体语境中才能发掘出来。因此，对翻译文学和翻译文学史的考察，不能就译本而译本，而应将翻译文学现象纳入译入语时代语境中来考察。将翻译文学看成是译入语文学多元系统中的一元，考察与翻译相关的其他多元系统对翻译的制约和影响。这些研究思路，与比较文学翻译研究相一致。比较文学翻译研究从文学关系角度出发，特别强调翻译研究的语境意识，即将翻译文学作品放置到其产生的时代文化语境中，回到翻译文学生产的"历史现场"，深入到翻译现象背后，考察特定时代的文学观念、政治、意识形态等因素对翻译的影响，在此基础上对翻译现象做出切合历史实际的深刻阐释。

但是，埃文 - 佐哈的多元系统论，虽然要求将每一个文化活动都纳入多元文化系统中去考察，但他本人的研究却很少将文本与文本产生的具体情况联系起来，而只是从他的假说的结构模式和抽象的规律出发。"在实际研究中，往往对文学或文化（包括翻译）发展的动因不作探究。""忽视实际的政治和社会权力关系……只关注模式和形式库，依然完全停留在文本层面。"总之，他的理论与实践相脱节，"没有充分运用多元系统论，并以此探讨语言或文学系统与其他系统（尤其是政治和意识形态）多元系统的关联"。不仅埃文 - 佐哈，西方当代翻译研究者在实际的翻译研究中也没有贯彻多元系统论的理念，还是停留在翻译实践层面。苏珊·巴斯奈特在其 1993 年出版的《比较文学批评导论》中，充满信心地宣称：随着翻译研究的跨学科拓展和跨越式发展，翻译研究在比较文学中学科地位将发生颠覆性的变化，"应当将翻译研究视为一门主要的学科，而把比较文学看作一个有价值但是辅助性的研究领域"。但 13 年后，巴斯奈特失望地发现，"翻译研究在过去 30 多年里发展并不快"，没有取得她所预期的成果，在研究范式上，也没有达到她所期望的转型，"对比依然是翻译研究的核心"。

相比较而言，中国比较文学领域的翻译研究，却取得了丰硕的成果。中国的比较文学翻译研究，就不是以译文优劣的比较，或原文、译文的对比为研究宗旨，而是以文学译介现象为切入点，探讨文学作品在跨文化、跨语际转换过程中政治、意识形态、文学传统、文化观念的干预和操纵，以及翻译文学对中国文学的影响、接受等问题，充分体现了比较文学翻译研究的比较文学性质。

如果要真正体现系统理论的这些观点和研究思路，就应该借鉴比较文学翻译研究的思想，即强化翻译研究中的文学关系意识、语境意识、文学互文性和文化间性研究意识。

比较文学翻译研究，基于比较文学研究性质和研究目的，从一开始，就超越了仅从语言层面上来研究翻译。比较文学对翻译过程的每个环节，从翻译的文学文化动机、翻译的选择、翻译策略，到译作的流通、阅读、评价、接受与创造性转化的研究，都贯穿了比较文学意识，体现了比较文学性质和研究目的。

西方当代翻译理论视野中的翻译研究，其关注的对象，主要还是翻译问题本身。而比较文学翻译研究的问题域，则要广泛得多。其研究的主旨，甚至不是翻译问题，而是从翻译文学中发掘出问题，作为研究的逻辑起点，最终抵达对文学、文化关系的探讨。西方当代翻译理论提供了理论框架和研究视点（如操纵、动态经典、翻译规范等），比较文学则提供了具有学术和思想深度的问题。在研究方法上，多元系统论具有社会学方法论的色彩，而比较文学则更多地运用文学研究方法，尤其是比较文学的影响研究、接受理论、互文性理论等方法。

从一个完整的文学翻译 / 翻译文学研究过程上看，比较文学的翻译研究刚好从系统理论研究"停止"的地方开始。多元系统理论、操纵学派理论等西方当代翻译理论需要整合，针对翻译文学 / 翻译文学史研究，还需借鉴比较文学翻译研究的思想方法，将它们互补融通，综合运用，就可构建一个前后相继、互为补充、多元共生的翻译研究方法论系统。

最后，需要指出的是，比较文学以跨越性、开放性和先锋性著称，比较文学学术触角敏锐而强劲，敏于吸收人文社科领域的新理论、新观念、新思想、新方法，而化为己有，不断扩大本学科的研究边界，提出新的问题，使它傲然走在当代人文学科领域的前沿，成为当代人文学科领域最具活力的学科。尤其是 1990 年代以来，国际比较文学出现的文学研究的语境化、历史化、跨学科趋向，更是彰显了当代比较文学跨越性、开放性、跨学科性的特征，而成为人文学科领域的学术先锋。正如苏源熙所说："比较文学学者的思维、著述和教学方式，像福音一样传遍人文科学领域，成为人文学科领域里的'首席小提琴'，为整个人文学科'乐队'定调。"当代比较文学问题视域不断扩展，后殖民、离散、跨文化写作、文化身份、文化政治、权力话语、性别等文化研究议题，也进入其研究视野，这些议题很多都不同程度涉及翻译问题。与此同时，人文社科领域"翻译转向"提出的翻译研究课题，也为比较文学所关注，而成为其新的研究内容。这些都不断拓展了比较文学翻译研究的空间。由此，我们也可看出比较文学与翻译研究间的相互促动的关系。可以预想，未来的比较文学翻译研究，一方面是进一步深化翻译文学研究，向文学关系研究的深度开掘；另一方面，是对人文社科领域提出的翻译问题的多学科、多视角、多维度研究，而进入文化史、思想史、观念史的研究层面。

第二节 比较翻译研究

一、比较翻译研究的重要性

现在比较理论业已变成一门时髦的学科了。比较文化、比较语言学、比较语法等已经不是什么新鲜的学科。就中国而言，英汉比较研究已经做为一门重要学科而进入了许多高校讲坛。所以英汉语比较研究的出现并非突然从天而降，而是有它的萌生和发展过程的。实际上远在 19 世纪初，中国就出现了英汉语比较研究的萌芽。领头人就是《马氏文通》的作者马建忠和《天演论》的译者严复。从此比较语言研究在中国 El 益盛行，逐渐变成一门流行的学科。为此人们在与语言的关系非常密切的翻译方面做了大量研究工作，在语言和翻译刊物上发表了大量有关文章，可是目前尚缺乏比较翻译方面的系统论述。这与现实情况形成一定的反差，因为：首先，许多外语学生和初学翻译的学生面对同一篇（首／部）文章（或诗歌、小说）的不同译本，不知究竟哪种译文好，好在哪里？哪种译文差？为什么差？他们在同一篇原作的多种译本面前觉得无所适从。比如李白的《静夜思》就有十多种译本。其中不少出自外国翻译名家之手。面对这种情况，许多初学翻译的人不知道究竟应该学习什么。他们只能从外语刊物上阅读到一些有关翻译的文章，头脑中缺乏比较系统的概念，更谈不上具体翻译实践了。其次，改革开放以来我国学术研究领域出现了一个朝气蓬勃的局面，中国的世界地位日益提高，民族威望日益增强，所以形势要求有一部系统研究比较翻译的理论专著。第三，改革开放要求翻译工作者能够赶上时代发展的步伐，迅速提高自己的翻译水平。欲达此目的，他们也急需一部系统研究比较翻译理论的专著，因为比较不同的译文不但可以提高翻译水平，还可以解决一些翻译理论上的问题。有比较才有鉴别，而有鉴别才可以把感性知识提高到理性认识的水平。俗话说，没有比较就没有存在，没有比较就不能鉴别。这既是理论研究的需要，也是学生们和翻译研究工作者通过比较研究翻译理论和实践的需要。所以概括地说，从宏观角度来看，比较翻译不是为比较而比较，而是为适应当前我国翻译界形势的需要、为促进国际文化交流的需要而比较的。这样看来，比较翻译就具有更重要的意义了。许渊冲先生说："创造美是世界上最大的乐事，而比较翻译则是创造美的竞赛。"这句话说得非常正确。

二、比较翻译研究的理论基础和基本原理

从哲学的角度看：世界上一切事物的存在都是以其他事物的存在为前提的。事物的比较反映了事物存在的相对性，世界上所有事物都可以通过比较加以鉴别。连奥运会的冠军也是在比较中存在的，没有亚军怎么能有冠军？翻译也一样，中国有句话"不怕不识货，就怕货比货"。翻译作品的好坏也是在比较中存在的。为什么同一部小说的译文有的精彩，有的平淡？为什么莎士比亚戏剧的中译本首推朱生豪的译本？这些都是在比较中鉴别出来的。在众多的译本中朱生豪先生的译本之所以好，是因为在广大读者群中他翻译的莎士比亚作品影响比较大，能够为大家所接受，所承认。这就是大家公认比较好的译本。从这个角度看，比较翻译有它的哲学基础。

从思维的角度看：翻译不仅是一种语言活动，更主要的是一种思维活动。因为语言本身就是人类思维的产物，所以与语言有密切关系的翻译也必定是一种思维活动。而且是一种比较高级的思维活动。但是，由于世界上东西方人所处的人文及自然环境不同，所以他们的翻译思维也必定有所不同。为了说明问题，下面我们分两方面来探讨这个问题。

人是大自然的产物，劳动创造了人类本身和人类社会，也产生了人类的

语言。人类语言出现之前的思维属于原始思维范畴。仅当语言出现之后人类的思维才开始发生了质的变化。因为人类语言和思维的发展是相辅相成的。而这一切又都是建立在人类对客观世界认知基础上的。所以可以说人类的思维和语言的发展都是人类认知的产物。哲学告诉我们，人类对于客观世界的认知有一个由低级到高级的发展过程，所以人类的思维和语言的发展也经历了一个由低级到高级、由简单到复杂、由神秘到理性、由具体到概括和由形象到抽象的发展过程。而科学、艺术、哲学等方面的发展又反过来促进了人类思维的发展。所以我们可以说，人类社会所有的东西都是人类思维的产物。好比桃肉长在桃核上，没有桃核就没有桃肉一样，没有思维也没有人类社会。既然语言是人类社会的产物，所以语言的发展也与人类思维有密切的关系；既然翻译是一种语言活动，所以翻译也与思维有密切的关系；既然思维受一定社会环境的影响，所以与语言有密切关系的翻译思维也与社会环境有密切关系。由于东方人的思维模式与西方人的思维模式有巨大的差别，所以反映在翻译思维方面也有两种不同的思维模式。下面我们分两节具体论述这个问题。

（一）东方人的翻译思维模式

中国是一个以农业为基础的国家，中国人祖祖辈辈耕耘在同一块土地上，所以长期以来血缘关系和家族观念一直统治着他们的思维。在远古时代"乐"是中华民族感情生活的重要形式。形成了中国古代思维的重要制约因素。只有到了春秋战国时代中国的理论思维才得到了迅猛的发展。到宋朝，中国的封建社会发展到非常高级的阶段，所以中国古代哲学、文学和科学也都得到了巨大的发展。纵观中国人的思维历史，我们可以看出中国古代思维具有一种混沌的整体性。人们认为"天道""天理"是宇宙万物的最高本体；认为宇宙万物都被天道统摄；认为人与万物处于一个循环的过程中；认为宇宙万物之间，人与万物之间没有绝对分明的界限，而是一种互相影响互相感应的关系。所以他们认为宇宙万物是一个整体，是不可分割的。从孔子哲学中的辩证法萌芽直到康有为时代，中国哲学中逐渐产生了辩证思维的成分。中国古代的"统一观念"就闪耀着辩证思维的火花。康有为把他自己的新进化论和万物自变的思想交织在一起产生了他变法的思想和行动。但是由于中国古代的思维过多地强调"整体性"，所以我国古代缺乏实证科学和严密的逻辑分析的科学方法，结果使中国的自然科学处于长期停滞状态。例如"黑箱"理论就反映了中国人原始的直觉思维方式。这种直觉的思维方式又影响到中国人的翻译方面。这就是中国人的翻译思维模式特征。

（二）西方人的翻译思维模式

每个民族的思维特征和思维风格都深深地扎根于本民族的传统文化中，它反映出使用这种语言的民族在漫长的历史过程中形成的语言心理倾向是什么。影响这种语言心理倾向的直接或间接因素就是本民族的哲学、论理学、美学等文化因素。英语的表现手法基本上脱胎于逻辑语法规范。主动和被动、过去和现在等必须符合逻辑事理。这就是为什么多数英语句子都按照 SV 或 SVO 排列着。实际上所有英语句子都必须符合主谓结构形式。英语（尤其是政论文和哲学著作）中之所以有许多很长的句式就是因为这个原因。笛福的《鲁滨孙漂流记》中有些地方整整一段话就是用 and 或 which 等词连接起来的一个长句子。英语的这种思维图式最突出地表现在以 it 作为句子的形式主语上。同样的道理，it 也可以作为句子的形式宾语或形式表语。例如 Gossip had it that she would marry Granby 以及 Stop acting as though you were it 中的 it 就明显地说明了这个问题。在汉语中没有这种语言现象。张今认为英语思维突出事件的方法有 12 种，即根据所强调的内容可以把被突出的事件在句子中向主语、宾语或表语等转化。汉语却是采用语序颠倒的办法达到这个目的。比如 This gives me much trouble 和 What gives me much trouble is this 两句翻译成汉语分别是这样的："这件事给了我很多苦恼。"和"给了我很多苦恼的就是这件事。"。

第三节　比较翻译的研究方法

比较翻译可以分为"同等比较（Parallel Comparison）"和"优劣比较（Superior & Inferior Comparison）"两种。

一、同等比较法

同等比较也叫"同类同质比较"或"同项同质比较"。它指比较同一篇文章、同一部小说、同一首诗歌等的不同译本，看这些译文各有何不同的特色。例如白居易的《长恨歌》在国内至少有杨宪益夫妇的译本和许渊冲先生的译本两种。他们都是国内经典翻译名家。可是若仔细研究他们翻译的《长恨歌》，我们会发现这两种译本的翻译特色区别很大。一种注重诗歌意蕴的表达，不太强调诗歌的韵律和节奏这些表面形式的东西；另一种则正好相反，在译文中特别重视诗歌表面的形式美，韵律特别整齐、节奏非常明显。可是却不可避免地损坏了一些诗歌的蕴意。面对这个情况，一个人可以采取两种学习方法：一种是通过对比发现两种译文不同的翻译特色，从中吸取自己所需要的东西。即把他们二者最具特色的地方吸收过来，作为翻译者自己的东西。这样他可以通过对比学到非常有用的东西。有了这种对比学习的态度，他会发现在对比中他可以迅速提高自己的翻译水平，可以迅速得到人们的承认和尊重，可以有越来越广阔的研究视野。所以我们不能说谁的译文好，谁的译文差，只能说哪个译文在哪方面有长处或特色。莎士比亚的戏剧固然是朱生豪先生的译文最好，可是卞之琳的译文也是大家公认的好译本。所以聪明的译者采取的态度应当是"蜜蜂采蜜"的方式，吸取各家不同的长处或特色作为自己的营养。另一种是肯定一家，否定一家的走极端的做法。只要发现一种译文在某方面有些问题就说这种译本不好；反之，自己认为某种译本好就说"十全十美"。这不是辨证的学习方法。这样无论于别人还是于自己都非常不好。香蕉和苹果固然风味不同，营养各异，我们不能说哪种好，哪种不好；郁金香和玫瑰花的颜色和芳香各自不同，它们都是名贵的花卉。翻译的"同等比较"也是这个意思。

二、优劣比较法

也叫做"同类异质比较"或"同硕异质比较"。如果我们上面说的是不同翻译家翻译同一篇（部／首等）作品的横向比较的话，那么本小节说的是"纵向"比较。即不同翻译家翻译同一作品的质量比较。也就是说，尽管同一篇文章（一部小说／一首诗歌等）有不同的译文，我们不能说所有译文都"优秀"。这样世界上就没有等级差别了。这就是翻译的"优劣比较"（或"同项异质比较"）研究的范围。

第四节 不同文体作品翻译的比较

我们通常说的比较翻译多数属于同项比较。这种比较的目的在于通过同一篇原文（作品或其他文件）不同译本的比较，我们可以看出哪一个译文在哪方面有长处或不足的地方，从而认识到什么是好的译文，什么是比较差的译文。这样我们可以迅速提高自己的翻译水平。一般说来，凡是出版物中刊载的译文都各有千秋。只要我们能看到它们各自的"千秋"就是收获。因为世界上不存在绝对正确的东西，译文也是如此。但是，通过比较我们仍然可以发现许多非常有趣的现象，可以看出许多非常生动的译笔。这些离开比较是没法学到的。现在高等学校的翻译教材中常有关于一篇文章或一首诗歌多种译文的比较章节，让学生在比较中认识应当如何学习翻译，如何尽快地提高自己的翻译水平。冯庆华曾经对比了英国诗人拜伦的 When We Two Parted 一首诗的四种译文。这些译文的特点各不相同，有的使用长短句，有的使用七言诗，有的使用五言诗。这些译者都是中国当代知名学者。他们的译文都不同程度地存在着这样或那样"不理想"的地方。为了充分说明问题，笔者以这首诗为例说明如何使用翻译的"同项比较法"，以及通过这种比较可以从中学到什么东西。

英语原文：

When We TWO Parted

When we two parted

In silence and tears，

Half broken, hearted.

To sever for years，

Pale grew thy cheek and cold，

Colder thy kiss；

Truly that hour foretold

Sorrow to this!

The dew of the morning

Sunk chill on my brow；

It felt like the warning

Of what I feel HOW.

Thy VOWS are all broken，

And light is thy fame：

I hear thy name spoken

And share in its shame.

They name thee before me，

A knell to mine ear：

A shudder comes o'er me——

Why wert thou so dear?

They know not I knew thee

Who knew thee too well：

Long，long shall I rue thee

Too deeply to tell.

In secret we met：

In silence I grieve

That thy heart could forget，

Thy spirit deceive.

If I should meet thee

After long years，

How should I greet thee?——

With silence and tears.

       Lord Byron

下面是这首诗歌的四种不同译文：

卞之琳的译文：

想当年我们俩分手

想当年我们俩分手，

也沉默也泪流，

要分开好几个年头，

想起来心就碎；

苍白，冰冷，你的脸，

更冷是嘴唇；

当时真是像预言，

今天的悲痛；

早晨的寒露在飘落，

冷彻了眉头——

仿佛是预先警告我

今天的感受。

你抛了所有的信誓，

声名也断送：

听人家讲你的名字，

我也就脸红。

人家当我面讲你

我听来像丧钟——

为什么我从前想像你

值得我这么疼？

谁知道我本来认识你，

认识得太相熟；——

我今后会长久惋惜你，
沉痛到说不出！
你我在秘密中见面——
我如今就默哀
你怎好忍心来欺骗。
把什么都忘怀！
多年后万一在陌路
偶尔再相会，
我跟你该怎样招呼？——
用沉默，用眼泪。

黄果断的译文：

当初我俩分离时

当初我俩分离时，默默无语泪满面，
离愁搅得心半碎，一别将是若干年；
你的脸苍白冰凉，你的吻冷而又冷；
真就是那个时光，预示了今日悲恨！

那天的黎明露水，冷冷凝在我眉头，
像预先让我体会，我这如今的感受。
你把前盟都抛弃，你把名声也轻丢——
听人提起你名字，连我也感到害羞。

人家当我面谈你，听来像丧钟一阵；
我感到全身战栗，我怎会对你钟情？
我对你了解太深，可人家并不知道；
你给我无穷遗恨，深得已没法相告。

我们曾幽期蜜约，如今我默默哀伤；
你的心竟能忘却，你的灵魂竟欺诳。
经过了多年离别，你我如再次相见，
我拿什么迎接你？默默无言泪满面。

石瑶的译文：

那年离别日
那年离别日，默默双泪垂，
远别将经年，我心已半碎；
君颊苍且冷，君吻犹如冰，
当彼别离时，已兆今日情。
清清晨起雾，冷冷坠额头，
似系事先兆，预告今日忧。
君誓已背尽，君誉人轻视，
闻人道君名，我也为之耻。

人道君我前，宛如丧钟音，
战栗遍身起，君昔何可人？
知君为我秘，此情人鲜悉，
久久为君惜：深长不可语。

昔日共幽欢，而今独悲叹，
悲君心所弃，叹君魂所骗。
之后如有缘，与君重相会，
何示以迎君？默默双泪垂。

陈锡麟的译文：

昔日依依别

昔日依依别，泪流默无言；
离恨肝肠断，此别又几年。
冷颊何惨然，一吻寒更添；
日后伤心事，此刻已预言。
朝起寒露重，凛冽凝眉间——
彼时已预告：悲伤在今天。
山盟今安在？汝名何轻贱！
吾闻汝名传，羞愧在人前。

闻汝名声恶，犹如听丧钟。

不禁心怵惕，往昔情太浓。

谁知旧日情，斯人知太深。

绵绵长怀恨，尽在不言中。

昔日喜幽会，今朝恨无声。

旧情汝已忘，痴心遇薄幸。

多年离别后，抑或再相逢，

相逢何所语？泪流默无声。

译文比较：

上述四种译文都出自翻译名家之手。他们的译文结构、用词等都不同。卞之琳翻译成长短句式。其他人都翻译成五言或七言律诗。现在让我们分析比较如下：

卞之琳译文：

全诗用长短句式译出。诗歌基本能够表达原诗意思。但是从翻译语言角度来看，译文中有些句子没有诗意，如同白话或口语。这样就在某种程度上损害了诗歌的语言美。下面是几个例子：

听人家讲你的名字，

我也就脸红。

……

谁知道我本来认识你，

认识的太相熟：

……

我今后会长久惋惜你，

沉痛到说不出！

……

这些译句读来如同白水，淡而无味。该诗其他地方也有类似的译句。另外从诗歌的形式结构来看，这个译文使用了长短句式的译法，可是其中的长短句又不规范，文字数不一致。读后使人觉得不是诗歌，好像是把一些长句子从中断开一样。再加译文中使用了许多例如"听人家讲"之类没有诗意的词语，大大影响了该诗译文的质量品位。综合上述，我们可以认为这个译文质量比较低。

黄果断的译文：

全诗用七言诗译出，结构非常整齐。这是这个译本的优点。但是，中国七言诗歌一般是属于２２３节奏式。例如"默默无语泪满面"的结构是：

当初 我俩 分手时

默默 无语 泪满面

　２　　２　　３

可是在诗歌译文中不少地方不符合２２３节奏的句式。给人印象是诗歌的七言结构不是诗歌本身的需要，而是为了适应诗歌表面结构而安排的。这就大大地影响了诗歌译文的音乐美。

中国七言律诗结构没有一首不是２２３节奏的。所以上述句子无论如何也不合乎七言律诗的要求。这样的诗句怎么能出现在诗歌译文中呢？这是该译文的明显缺陷。这种情况是诗歌翻译（英译汉）的大忌。固然诗歌翻译中"因韵害义"的做法不对，"因形害韵"也是不可取的。这个译文就犯了诗歌翻译中"因形害韵"的忌讳。

另外，例如"可人家并不知道"这样的句子读来毫无诗味。这种情况的出现也是因为翻译时译者过多地看重了诗歌的"形式"（结构）美，而忽略了诗歌形式内包含的韵律、意境、语言等其他因素的缘故。这些不合乎诗歌翻译要求的句子出现在诗歌的译文中除了损害诗歌"美"以外什么用处都没有。

一、小品文体的同项比较

时文小品不同于演讲文，它的特点主要是用文字形式进行传播的，所以它的语言结构非常严谨，要求在最短的篇幅中包含尽可能多的信息，因此语言必须简练。虽然这些小品文往往只有几百个字，其含义却非常深刻，很有教育意义。下面举一篇美国《大西洋月刊》（The Atlantic）上的著名小品为例，研究一下它的两种译文，看看有何异同？

"论领导"是一篇非常有名的小品。其原文和译文曾出现在国内多种翻译杂志和翻译教材中。以上两种译文又都是国内名家的译作。本篇翻译的关键在于对原文个别词语意思的理解和译文汉语词语的选择上。另外对于它的一些名词和代词的翻译也应当特别注意。从整体上看，这两种译文都属于上乘译作，是不可多得的翻译作品。现在我们把上述两种译文作一个对比：

（1）标题 On Leadership，这里的 leadership 是"领导的能力或艺术"，而不是"领导者"。在口语中"领导"可以指"领导人"也可以指"领导的能力或艺术"，但在书面翻译中却不宜翻译成"论领导"。所以"陈译"有所欠缺。

（2）But they are not So difficult to identify．陈译为"但描述指称却不难。"

冯译为："但描述其特点却不难。"对比之下，陈译的"描述指称"不如冯译的"描述其特点"明白，顺畅。

（3）Leaders are flexible rather than dogmatic. They believe in unity rather than conformity. And they strive to achieve consensus out of conflict. 陈译为"领导者处事灵活而不武断。他们认为与其顺从不如和谐统一。他们力图在矛盾冲突中求得意见一致"。冯译为"领导者处事灵活而不武断。他们认为与其循规蹈矩不如和谐一致。他们力图在矛盾冲突中求得意见协调"。粗看起来两种译文都无懈可击，可是仔细研究发现陈译比较流畅、自如。

（4）They are open to new ideas, but they explore their ramifications thoroughly. 译为"他们愿意接受新的建议，但是对于其结果要做认真的探讨"。在再版（《泽艺》）中，陈译为"他们愿意接受新的设想或建议，但对他们的后果要作认真的探讨"。后来又改为"但是对他们的细节和后果要作认真的探讨"。看来陈译用词比较严谨，表达也比较具体。

二、小说文体的同项比较

小说是一种重要的文学形式，主要通过情节的发展来说明一个问题或表达一个思想。无论短篇小说还是长篇小说都有一定的情节结构。除了环境描写和心理描写语言外，小说中还有对话语言。小说中的对话语言（不是内心独白）在不同人物的口里风格也不同。此外，长篇小说中还有一个前后照应的问题。有时小说中的某一人物或情节往往与小说前面的某一事件或人物有密切的关系。所以要求翻译工作者注意下列几点：

（1）翻译时一定要弄清楚小说情节的来龙去脉，弄清楚各种人物或事件之间的关系。

（2）长篇小说的地名和人名一定要遵循约定俗成的原则；其次要注意翻译小说的地名和人名一定要前后一致。不能一个人前后用两个名字。这样会引起人们对小说内容的误解。

（3）由于小说以描写语言为主，而描写语言又有非常细微的语义区别，有时在好几个同义词中只能使用其中的一个词语，其余词语都不足以表达作者要表达的意思。这就要求翻译工作者具备比较高的词义选择能力。为此，翻译者必须首先掌握比较丰富的词汇。

（4）与其他文学形式一样，小说的翻译也讲究概念的对等。这个问题说起来容易，可是具体做的时候往往是相当困难的。

（5）由于小说翻译可以是汉译英，也可以是英译汉，这样又要求翻译家能够通晓两种语言文化的特点以及中国作家和外国作家不同的思维特征。

（6）小说是以描写为主要语言手段的文学形式，不同作家在不同作品中会有不同的语言特征。有的古色古香，有的犀利尖锐，有的文绉绉的，等等。所以，只有具备了这几方面的基本知识才能从事小说的翻译工作。

《傲慢与偏见》的很多译本，总的说来这几种译文都"合格"，能够比较正确地传达原作的意思，没有什么明显的错译或误译。但是在这个大前提下，从小说翻译的角度做横向比较，这些译品并非无懈可击。上面不同译者的译文存在着多方面不尽人意的地方。让我们按照前面小说翻译的要求来看看这些译文的"瑕疵"（或错误）在什么地方？

1. 从人物和事件关系角度来看

张经浩先生把 "My dear Mr. Bennet." said his lady to him one day, "have you heard that Netherfield Park is let at last?" 译成"有一天，贝内特先生的太太问他道'亲爱的……你听说过了吗？'"在这里若不考虑上下文，单独从这个句子来看似乎"贝内特先生"和"他"是两个人。好像译文中的直接引语是贝内特先生的太太对另外一个什么人说的。这属于表达欠考虑，这在译文中容易出现歧义。其余六种译文的表达均没有歧义。

2. 从人名和地名翻译的角度来看

除了张经浩先生翻译成"庄园"外，上面几种译文都把 Netherfield Park 翻译成"园"，还有一种是"花园"。究竟应该怎么译，笔者查阅了英语字典，发现 park 不是"庄园"，而是"英国乡间别墅的园林"。既然《傲慢与偏见》是英国的事情，这里肯定是"园林"无疑。所以比较起来张经浩先生翻译成"庄园"比较接近原意。另外，他们七个人把 Netherfield 分别翻译成：

王科一 尼日斐花园

孙致礼 内瑟菲尔德

张玲等 内瑟菲德

义海　　尼日斐尔德

张经浩 内瑟菲尔德

张隆盛 内瑟菲尔德

张晓宇 尼斯菲尔德

我们可以看出，上面七种译文中就有五种不同译法。为什么会有这些区别呢？唯一的解释是翻译家们忽略了两个问题：一个是约定俗成的原则，另一个是没有查阅"英汉译音表"。依笔者所见，翻译成"内瑟菲尔德"比较好。

3. 从翻译描写语言的角度来看

由于这个问题非常复杂，无法在很短的篇幅中概括一切，所以我们只以原文的第 10 句 "Why, my dear, you must know, Mrs. Long says that Netherfield is taken by a young man of large fortune from the north of England; that he came down on Monday in a chaise and four to see the place, and was So much delighted with it that he agreed with Mr. Morris immediately; that he is to take possession before Michaelmas, and some of his servants are to be in the house by the end of next week. "为例，看看上面七位翻译家如何处理？

王科一译文：

"哦，亲爱的，你得知道，"朗格太太说，"租尼日斐花园的是个阔少爷，他是英格兰北部的人；听说他星期一那天，乘一辆驷马大轿车来看房子，看得非常中意，当场就和莫理斯先生谈妥了；他要在'米迦勒节'以前搬进来，打算下个周末先叫几个用人来住。"

孙致礼译文：

"哦，亲爱的，你应该知道，"朗太太说，"内瑟菲尔德让英格兰北部的一个阔少爷租去了；他星期一那天乘坐一辆驷马马车来看房子，看得非常中意，当下就和莫里斯先讲妥了；他打算赶在米勒节以前搬进新居，下周末以前打发几个用人住进来。"

张玲等译文：

"嗨，亲爱的，你可要知道，"朗太太说，"租内瑟菲德庄园的是英格兰北部来的一个年轻人，有大笔家当；说他星期一坐了一辆驷马轿车来看了房子，一看就十分中意，马上跟莫里斯先生租妥，说要在米迦勒节以前就搬进去，而且他的几个用人周末就要先住进去了。"

义海译文：

"咳，亲爱的，你应该知道，尼日菲尔德庄园被一个从英格兰北部来的年轻人租去了。他可是大富翁啊。星期一那天，他坐着一辆驷马马车来看房子。他对房子很满意，并立即同意从莫里斯先生手上租下；他将在米迦勒节前住进来，他的一些用人将在下周末提前过来。这是朗格太太告诉我的。"

张经浩译文：

"哼，告诉你吧，亲爱的，听朗太太说，租下内瑟菲尔德的是个年轻人，很有钱，原来住在英格兰北边。星期一他坐了辆四轮马拉的车来看房子，中意得很，马上就与莫里斯先生谈定了。他本人准备搬来过米迦勒节，有几个仆人下周末先住进来。"

张隆胜译文：

"嗨，亲爱的，你可要知道，"朗太太说，"租内瑟菲尔德庄园的是英格兰北边来的一个年轻人，有大笔家当；说他星期一坐了一辆驷马轿车来看房子，一看就十分中意，马上跟莫里斯先生谈妥，说要在米迦勒节以前就搬进去，而且他的几个用人下周末前要先住进去了。"

张小余译文：

"喂，亲爱的，你听好了，"本奈特太太说，"租尼斯菲尔德庄园的是英格兰北部的一个阔少爷，星期一那天他乘着辆驷马马车来看房子，看了以后非常中意，当场就跟莫里斯先生谈妥了，说要在米迦勒节前搬进来，他打算下周末先打发几个用人过来住。"

从上面原文第十句的七种译文中我们可以看出许多有趣现象：

A．原文开头的 why 是个感叹词，它可以表示多种不同的意思，在本句中它只有一种意思。可是由于翻译者对于这个词的理解不同，导致他们的译文也不同。上述译文中分别有"哦""嗨""咳""哼""喂"五种。由于人们一般不太重视感叹词的翻译，所以就导致出现了一个词有五种不同译法的现象。为了准确起见，我们把上面五个感叹词的意思（《现代汉语词典》）分别说明如下，看看究竟哪个准确：

哦：表示"将信将疑"

嗨：表示"得意"

咳：表示"伤感、后悔或惊异"

哼：表示"不满意或不相信"

喂：表示"打招呼"

根据上面五个感叹词的不同解释，我们不难发现使用"嗨"是比较正确的选择。而"哼"却离题有点太远。

B．原文的 chaise 究竟是什么意思？上面译文中出现了"驷马马车""驷马轿车""四轮马车"三种译法。那么究竟是"驷马轿车"还是"四轮轿车"只有词典才是唯一的裁判。The Advanced Learner's Dictionary of Current English 告诉我们 chaise 的意思是 low, four—wheeled horse—carriage（formerly）used by people driving for pleasure《新英汉词典》的解释是"四轮的马车"。所以看来翻译成"驷轮马车"是比较好的选择。至于是否由四匹马拉那就无关紧要了。

C．原文的 from the north of England 究竟是在"英格兰北部"

还是在"英格兰北边"？因为"北部"和"北边"的概念不同。"英格兰北部"仍然在英格兰里面，而"英格兰北边"却到了英格兰外面了。例如日本在"中国东边"而不在"中国东部"。根据这个思路我们可以看出翻译成"英格兰北部"比较妥帖。

4．从不同语言文化的角度来看

从语言文化的角度来看，一种译品不是符合译入语（汉语）的语言文化习俗，就是符合原语言（英语）的语言文化习俗。前者叫"归化"翻译法，后者叫"异化"翻译法。在这个问题上要尽量使译文保持一致，不能一会儿是"异化"译法，一会儿是"归化"译法。按照这个标准研究一下上述七种译文的情况：张经浩先生在译文中使用了诸如"娶亲""单身汉""福气"等词语，符合汉语言文化的特征，译文比较和谐一致；张小余使用了"娶媳妇""成家""福气"，也符合汉语言文化的特征，可是一个"朗太太"似乎就显得不太和谐。按照"归化"译法，"朗太太"应当翻译成"朗先生家"似乎比较好些。末了笔者按照"归化译法"把上面的全文改译如下：

男人一有了钱，首先就要讨个老婆，这是大家公认的事实。因为这种情况在人们的脑海中非常根深蒂固，所以每逢这种单身汉迁入新居之机，四方邻居虽然对他的性情和见解不够了解，他们仍然把这个人看作他们家女儿理所当然的一笔财富。

一天，班内特妻子对她丈夫说："当家的，你听说了吗？尼瑟菲尔德园林还是租出去了。"

班内特说他没有听说。

"的确是这样，"她回答道，"朗夫人刚刚来过，她把一切都原原本本地告诉我了。"

班内特先生没有答腔。

"难道你不想知道究竟是谁租的？"班内特太太焦急地喊道。

"既然你非要告诉我，我听听也可以。"

她听了这句话非常满意。

"嗨，当家的，你应当知道。朗家妻子说尼瑟菲尔德园林是一个有钱的年轻人租的。他周一乘一辆驷轮豪华马车来看了房子。看后觉得非常满意，于是立刻就与莫里斯先生谈妥了。还说他在米迦勒节前就要搬进来。下周末他的几个用人先搬进来打扫房子。"

"他叫什么名字？"

"彬利。"

"他成家了没有？"

"噢！还没有呢。我敢肯定！他是个家藏万贯的阔少爷。

一年有四五千镑的收入呢。这可是我们女儿们的福气呀！"

"为什么？与我们的女儿有何相干？"

"哎呀，班内特，"他夫人说，"你脑子怎么这样不开窍！你该知道我在盘算着他怎么能娶我们的一个女儿呢？"

"难道他搬来就是为了这个？"

"为了这个！什么话？你怎么能这样说话？他很可能爱上我们的一个女儿，所以他一来你就得亲自去拜访他一下。"

"我看没有必要。你可以和女儿们先去，要不你可以打发她们去。或许这样会更好些，因为与我们的女儿相比你显得更漂亮些。你去了说不定彬利先生会爱上你的。"

一般认为"灵魂"对应于"肉体"；"鬼魂"对应于"尸体"。可是小说中的 spirits 和 bodies 可以分别翻译成"灵魂"和"鬼魂"，"肉体"和"尸体"。一般认为，人是由肉体和灵魂组成的。一即人体是灵魂和肉体的结合。若人死去，就不应当称为灵魂，而是鬼魂。所以与此相对应的就应该是"尸体"，而不是"肉体"。根据这个逻辑分析，译文 1 倒是把灵魂与肉体作了对应翻译，可是小说中的爵爷已经去世，这样翻译成灵魂和肉体就不符合逻辑。应当分别翻译成"鬼魂"和"尸体"；而译文 2 又把"鬼魂"与"生前"对应。"鬼魂时常出没于它们生前常去的地方"也是错译，因为"鬼魂"不存在什么"生前"与否的问题。这种微妙的逻辑概念混乱现象出现在翻译中并非翻译家不知道这些问题的错误所在，而是因为他们只注意译文意思的"通顺性"，而未能发现译文逻辑概念混乱的问题，所以结果导致了他们译文的败笔或翻译的瑕疵。

三、诗歌文体的同项比较

诗歌是一种重要的文学形式。诗歌翻译一般要求做到"三美"：意象美、语言美和结构美。换一句话说就是诗歌的译文要做到"形神兼似"。形似要求诗歌的译文不仅要语言优美，还要做到"三讲"：即讲韵律、讲节奏和讲结构。所以诗歌是所有文学形式中最难翻译的文体。其难处就在于诗歌的翻译要符合形、音、意三方面的要求。也就是说，诗歌的翻译要求译文符合"三维度"美的标准。如同三棱锥一样，它是三个面都能发出灿烂异彩的立体艺术品。从这个意义上说，诗歌翻译的过程也是翻译家在进行创造性的形象思维的基础上用优美的语言准确地表达这些形象的过程。神似要求翻译的诗歌能够准确、生动地再现与原诗同样效果的精神气韵。是意象美、语言美和结构美三个因素的综合效果。这既是诗歌翻译美的最高体现，也是诗歌翻译追求的最高境界。它是诗歌翻译的灵魂所在。

四、散文文体的同项比较

散文是为大众喜爱的一种非常生动活泼的文学形式。它的特点是内容无所不包，多数散文的篇幅短小、结构灵活。有的意境高远，有的清丽隽永，有的哲理深刻。从其作用上分析，散文具有下列几种功能：（1）信息功能；
（2）表情功能；（3）美感功能。而美感功能又主要表现在声响和节奏、作品
的意境和氛围以及作者的个性化话语上。

这里所谓的美感功能就是散文的韵味。在翻译散文的时候，一般信息功
能和表情功能比较容易表达，重要的在于散文的韵味表达。这是要求散文翻
译达到的最高境界，也是评论一篇散文译质的重要标准。散文的声响和节奏
在汉语中表现为"平声"和"仄声"，在英语中表现为语言的语调。由于二者
在声响和节奏方面相差很大，所以把一篇优美的汉语散文翻译成同样优美的
英语散文非常困难。另外由于散文都带有作者本人的个性化语言特征，这使
得散文的翻译更加困难。所以，比较两篇散文的译质也不妨以下列三方面作
为标准：（1）信息传递是否充分；（2）表情（或情感）的传达是否正确；（3）
韵味的表达是否恰当。

五、科技文体的同项比较

科技文体有下列几个特点：
（1）为了说明问题，科技文章中常常使用图表、公式等形式；
（2）在实验报告、使用说明书等中常常使用被动语态或祈使句；
（3）科技文章中的小词多来自盎格鲁—撒克逊语，而长词多来自拉丁语
和法语。另外复合名词也比较多；
（4）科技文章的篇章结构比较严谨，逻辑顺序比较强。

所以翻译科技文章时，一定要注意三点：一是译文的概念要准确，不能
使用似是而非、模棱两可的词语。二是译文要简洁明了，不要拖泥带水，更
不要画蛇添足。三要注意文章的逻辑关系，不能随意颠倒，因果互换。一般
来说在译文中不要能做到这几点就是比较好的译文了。

六、杂文文体的同项比较

杂文是现代散文的一种。杂文不是抒情文，不是叙事文，也不是游记文
等，而是以叙事文或议论文形式为主。所以我们把杂文另列一节，具体研究
一下杂文的翻译特点以及杂文的翻译对比。下面我们以一篇有名的杂文为例，
看看不同翻译家如何处理杂文的翻译问题。

文章的题目是 How Should One Read a Book? 作者是 Virginia Woolf。这篇
文章用生动的语言介绍了不同作家的写作风格，以及如何阅读这些作家的作
品。文章的语言充满了形象的比喻和哲理的思考，读后能给人深刻的启迪和
思考，是一篇不可多得的好文章，在国内多家翻译教材或杂志上都可以见到。

参考文献

[1] 刘爱华 . 生态翻译学之 "生态环境" 探析 [J]. 东疆学刊 , 2011（4）: 104-108.

[2] 胡庚申 . 生态翻译学的研究焦点与理论视角 [J]. 中国翻译 , 2011（2）: 5-9.

[3] 胡庚申 . 生态翻译学 : 产生的背景与研究的基础 [J]. 外语研究 , 2010（4）.

[4] 胡庚申 . 生态翻译学 : 译学研究的 "跨科际整合" [J]. 上海翻译 , 2008（2）: 3-8.

[5] 周兆祥 . 汉译哈姆雷特研究 [M]. 香港 : 中文大学出版社 ,1981.

[6] 许建忠 , 著 . 翻译生态学 [M]. 北京 : 中国三峡出版社 ,2009.

[7] 胡庚申著 . 翻译适应选择论 [M]. 长沙 : 湖北教育出版社 ,2004。

[8] 陈福康著 . 中国译学理论史稿 [M]. 上海 : 上海外语教育出版社 ,2000。

[9] 宋志平 , 胡庚申 . 翻译研究若干关键问题的生态翻译学解释 [J]. 外语教学 , 2016（1）: 107-110.

[10] 韩德信 . 还原论、生态整体论与未来科学发展 [J]. 学术论坛 ,2005（12）: 1-4.

[11] 陈月红 . 生态翻译学研究的新视角——论汉诗英译中的生态翻译转向 [J]. 外语教学 ,2015（2）: 101-104.

[12] 冯庆华 . 文体翻译论 [M]. 上海 : 上海外语教育出版社 ,2002.

[13] 韩德信 . 还原论、生态整体论与未来科学发展 [J]. 学术论坛 ,2005（12）: 1-4.

[14] 胡功泽 . 生态翻译学的运用幅度 [J]. 生态翻译学学刊 ,2012（2）: 29-31.

[15] 刘爱华 . 生态视角翻译研究考辨—— "生态翻译学" 与 "翻译生态学" 面对面 [J]. 西安外国语大学学报 ,2010（1）: 75-78.

[16] 王耀东 . 略论简单性思维与复杂性思维 [J]. 沈阳师范大学学报 ,2003（2）: 50-53.

[17] 张美芳 . 中国英汉翻译教材研究（1949—1998）[M]. 上海 : 上海外语教育出版社 ,2001.

[18] 孙荔．生态翻译学研究 [J]．海外英语，2016（1）：124-125

[19] 果笑非．中国文学海外传播的生态翻译学研究 [J]．学术交流，2015（8）：198-203.

[20] 张小丽．关于生态翻译学理论建构的三点思考 [J]．浙江师范大学学报（社会科学版），2015（6）：73-78.

[21] 陈金莲．2001 年以来国内生态翻译学研究综述 [J]．昆明理工大学学报（社会科学版），2015（2）：89-63.

[22] 陈圣白．国内生态翻译学十年发展的文献计量分析研究 [J]．河北联合大学学报（社会科学版），2014（3）：140-143.

[23] 郭英珍．生态翻译学视阈下的新闻英语汉译 [J]．中国科技翻译，2011（11）：36-38.

[24] 蒋骁华，宋志平，孟凡君．生态翻译学理论的新探索——首届国际生态翻译学研讨会综述 [J]．中国翻译，2011（1）：34-36.

[25] 刘云虹，许钧．一部具有探索精神的译学新著——《翻译适应选择论》评析 [J]．中国翻译，2004（6）：40-43.

[26] 王宁．生态文学与生态翻译学：解构与建构 [J]．中国翻译，2011（2）：36-41.

[27] 王宁．文化翻译与经典阐释 [M]．北京：中华书局，2006.

[28] 胡庚申，刘爱华．新的定位，新的发掘——从《翻译适应选择论》到《生态翻译学》[J]．翻译界，2016（1）：48-60.

[29] 王军．生态翻译学视角下的翻译教学模式改革探索 [J]．西安航空学院学报，2017（6）：76-79.

[30] 赵鹏．生态翻译学视角下的高校英语专业翻译教学改革 [J]．太原城市职业技术学院学报，2013,149（12）：134-135.

[31] 潘华凌，刘兵飞．地方高校的翻译专业人才培养：问题与对策 [J]．宜春学院学报，2009,31（5）：50-55.

[32] 袁斌业．近 10 年我国英专本科翻译教学研究的回顾与评述 [J]．外语界，2003,93（1）：9-14.

[33] 陈金莲．接受美学翻译观与生态翻译学的关联与借鉴 [J]．广东外语外贸大学学报，2016（2）：111-117.

[34] 孙致礼．2002．中国的文学翻译：从归化趋向异化 [J]．中国翻译（1）：40-44.

[35] 思创·哈格斯．生态翻译学的国际化进展与趋势 [J]．上海翻译，2013（3）：1-4.

[36] 胡庚申.生态翻译学的理性特征及其对翻译研究的启示 [J]. 中国外语,2011（6）：96-101.

[37] 孔慧怡,杨承淑.亚洲翻译传统与现代动向 [M].北京：北京大学出版社,2000.

[38] 唐祥金.生态翻译学语境下的翻译改写及其理据 [J].湖南科技大学学报（社会科学版）,2014（3）：114-120

[39] 廖七一.文化典籍的外译与接受语境 [J].东方翻译,2012（4）：4-8.

[40] 赵稀方.被改写的昆德拉 [J].东方翻译,2011（2）：65-67.

[41] 鲍晓英.中国文化"走出去"之译介模式探索 [J].中国翻译,2013（5）：65.

[42] 刘绍铭.到底是张爱玲 [M].上海：上海书店出版社,2007.

[43] 吴婷.浅谈生态翻译学的发展与前景 [J].西部皮革,2016（2）：284-285.

[44] 王志雄,张春艳.英美文学作品翻译中的不对等性 [J].求知导刊,20116（5）：51.

[45] 刘若男.中西文化差异与英美文学作品英汉翻译研究 [J].校园英语,2016（34）：231.

[46] 徐楠.英美文学作品中谚语的传神意义与翻译方法探讨 [J].校园英语,2017（26）：234.

[47] 崔维.英美文学翻译中的问题与对策 [J].语文建设,2017（17）：53-54.

[48] 刘晶晶.翻译英美文学典故需注意的问题及策略 [J].语文建设,2017（23）：75-76.

[49] 张隆溪.比较文学研究入门 [M].上海：复旦大学出版社,2009.

[50] 叶绪民.比较文学理论与实践 [M].武汉：武汉大学出版社,2004.

[51] 查明建.论比较文学翻译研究 [J].同济大学学报（社会科学版）,2016（4）：98-106.

[52] 张梦井.比较翻译概论 [M].武汉：湖北教育出版社,2007.